대통령을 만드는 사람
PRESIDENT-MAKER

최고가 아니면 만들지 않는다 **THE BEST OR NOTHING**
나는 눈물로 천하를 얻었다 **I WON THE WORLD BY TEARS**

대통령을 만드는 사람
PRESIDENT-MAKER

석가 출판사

대통령을 만드는 사람
PRESIDENT-MAKER

국가 중대사 길일 지정은 물론
전 · 현직 대통령과 정 · 재계
인물 권좌 예언하고 명당 묘 터까지
잡아 준 역술 지관
나 "제갈공명 청오 정와룡"이가 정해준
택일과 명당 운명의 길 따라
움직이지 않은 거물 누가 있겠소!
바로 이 사람 괘에 의해
오늘도 거물급 인사들의 운명이
좌우되고 있다.

추 천 사

정와룡 대국사님의 국가 장래를 위한 도서 『대통령을 만드는 사람 (President-Maker)』 출판을 진심으로 축하합니다.

신축년 2021년 12월 20일

이 진 삼

李 鎭 三

아호 : 旿堂 　　　본관 : 龍仁

출생지 : 충남 부여 　생년월일 : 1937. 2. 10

상훈

- 화랑무공훈장 3회
- 보국훈장 통일장
- 삼일장
- 이태리 최고 공로훈장
- 말레이시아 최고 공로훈장
- 월남 1등 명예훈장
- 대통령 표창

- 수교훈장 광화장
- 국선장 천수장
- 미국지휘관 공로훈장 2회
- 중화민국 운휘 훈장
- 태국 1급 기사훈장
- 인도네시아 1급 공로훈장
- 국무총리 표창 외 21회

학력 및 경력

- 대전중학교 · 부여고등학교 · 대전고등학교

- 육군사관학교(이학사)
- 서울대학교 행정대학원
- 국제대학원 대학교 명예교육학 박사
- 美UCLA 최고경영자과정
- 美CALPOLY대학교산업교육연구소 이사장
- 20사단 61연대장(대령)
- 9공수특전여단장(준장)
- 정보사령관(소장)
- 참모차장(중장)
- 육군참모총장(대장)
- 국회의원
- 제2대 체육청소년부 장관
- 제18대 2008년 총선 18대국회의원
- 충남 부여군 · 청양군 자유선진당 28,284표 55.37% 1위 초선
- 자유선진당 최고위원
- 자유선진당 전당대회 의장
- 군복무 대한민국 육군
- 최종계급 대장
- 근무 대한민국 육군본부

- 육군대학 · 국방대학원
- 동국대학교 행정대학원(석사)

- 사격지도단장(준장)
- 21사단장(소장)
- 3군단장(중장)
- 1군사령관(대장)
- 체육청소년부 장관
- 제28대 육군참모총장

- 국회 국방위원회 위원
- 군사 경력
- 복무기간 1959년~1991년
- 지휘 육군참모총장
- 참전 베트남 전쟁

추 천 사

  우리나라 대한민국의 총 인구는 약 5,300만 명이고 직업도 다양하여 고용노동부 집계에 따르면 13,600여 개로 분류되고 있다.

  그 많은 직업 중에 음양오행과 바람과 물의 원리를 이용하여 인간의 길흉화복을 알아보고 양택과 음택(묘지)을 골라주는 풍수지리가(일명 지관)의 역할도 특이한 직업 중의 하나로 자리 잡은 지 이미 오래 전의 일이다.

  조선왕조 때 유일한 왕사였던 무학대사(1327~1405)나 유학의 거목 성리학자 정도전(1342~1398)에 이어 20세기에는 국립서울현충원과 대전현충원 박정희 소장의 군사혁명 거사일을 잡아준 관상 풍수지리 청오 지창룡(1922~1999) 선생과 육관도사 손석우(1928~1998) 선생이 풍수지리의 대가로 명성을 날린데 이어 수맥의 대가 근영 임응승(1923~2015) 신부님 이 세 분의 최고 수제자인 청오 정와룡(본명 정일) 대국사님의 활약이 돋보이고 있다.

  김영삼 대통령 임기(1993~1998) 중에는 전국에서 크고 작은 화재가 유난히도 많이 일어나고 있을 때 정와룡 대국사님 그는 화기로 꽉 차 있는 관악산의 기가 대통령과 인왕산의 기와 상충하여 화재가 빈번하다면서 이를 제압할 수 있는 비법은 돌 해태 한 쌍(30㎏ 정도)을 마주 보는 남산 중턱에 묻어둬야 화재를 줄일 수 있다면서 이를 김영삼, 전 대통령 특별 지시로 실행에 옮겨 신기하게도 더 이상의 화재가 일어나지도 않았던 일이 있다.

19대 대통령선거 때 **UN**사무총장(2007~2016.12)을 역임한 반기문 총장이 자신의 의지만 끝까지 지킨다면 대통령에 당선될 수 있다고 예언하기도 하였고, 2022년 3월 9일 선거에서 20대 대통령으로 윤석열 전 검찰총장이 필연적으로 당선된다는 확신 아래 2021년 5월 29일 신라의 천년고도 경주 남산 통일전 광장에서 300여 명이 참석한 가운데 "윤석열을 사랑하는 모임" 중앙회 총재 정와룡(윤사모) 겸 "윤석열 대통일당 발대식"을 개최한 바 있다.

"난세에 영웅 난다"는 말이 있다.

국내외적 상황이 그리 녹록치 않은 시점에서 속 시원한 사람이 대통령에 당선된다면 얼마나 좋을까 생각해 보면서 와룡 대국사님의 『대통령을 만드는 사람』 도서출간을 진심으로 축하하며 추천사로 대신하고자 한다.

2022년 01월 03일
(사)충효예실천운동본부 총재 **김 용 해**

추 천 사

정와룡 대국사(大國師)님의 도서 『대통령을 만드는 사람(PRESIDENT-MAKER)』 출판을 진심으로 축하드립니다.

- 국민생활 체육 서울시골프연합회 회장 6년
- 서울시 골프협회 통합 공동회장 2년
- 시사메거진 회장 3년　　　• 월간 골프 저널 회장 9년
- 명사신문 총괄회장　　　• 명사 포럼 총괄회장
- 세종대왕연구소 총장
- 윤석열사랑하는 모임(윤사모)중앙회 수석 부총재
- 태영호를 사랑하는 모임(태사모)총괄 수석부 총재/
  후원회 중앙회 총괄 부회장

수상경력

- 대통령표장　　　　　• 보건복지부장관 표창
- 문화체육부장관 표창　• 경기도 도지사 표창
- 서울특별시장 5회표창　• 민주평화통일자문회의 공로상
- 대한민국 최고 국민대상(국민체육발전부문)
- 대한민국 최고 국민대상(스포츠발전공로부문)
- 연세대학교 행정대학원 자랑스런 최고위인상

신축년 2021년 12월 30일

회장 **라 원(창환)**

달라이라마 존자(尊者) 님과의 약속

코로나가 끝나면 나는 인도로 가서 달라이라마 님과 독대를 하기로 약속했다.

수많은 서방세계, 일본을 갔음에도 중국의 반대로 아직까지 한국 땅 한 번 밟아보지 못한 티베트의 지도자 달라이라마 님의 장거리 여행이 무리지만 한국에 꼭 한번 오시고 싶어 하는 작은 희망을 이루어 드리고 싶어 나는 한국에 초청하는 절차를 중국 정부 시진핑 국가 주석과 협의하고 있다.

화가 난 존자(尊者) 님이 한 말씀 "중국 공산당 또한 반드시 현세의 업보로 내세에 그 대가를 받을 것이라고" 말씀하셨다.

관세음보살

추 천 사

나의 최고 수제자 명 예언을 보라!

청오 정와룡, 그와 한국의 명산대찰을 수없이 오르내리며, 인간의 현실과 내세의 세계를 관찰하고, 명산과 명당에 따른 인간의 길흉 대운을 예리하게 짚어가며, 나의 최고 수제자로 전수한 지도 27년이라는 시간이 흘렀다.

이제 그가 이 한 권의 책을 만인 앞에 펴내니 참으로 영광된 일이다. 이 책이 인간에게 주어진 천운의 뜻대로 영명해가는 참삶을 살아가는데 크나큰 지침이 되길 바란다.

다시 한번 출간을 진심으로 축하한다.

한국 역술인협회, 한국 역리학회 중앙회장

고㈜ 청오 **지창룡 박사**

추 천 사

와룡의 미래를 지켜보며

　사람과 산, 오묘한 우주 섭리에 심취하여 한평생을 길흉과 선악을 예언하여 수많은 사람에게 삶의 지혜를 깨닫게 한 나의 최고 수제자 정와룡이 그간의 경험과 체험을 토대로 인생의 참 진리를 깨닫게 하는 주옥같은 내용의 책을 펴내니 스승의 한 사람으로서 한량없이 기쁘다. 오묘한 대자연의 섭리 속에 와룡의 신묘한 예언들이 중생 앞에 촛불처럼 찬란히 빛나길 기원한다.

보광 정사 우거에서
고(故) 육관도사 **손석우**

추 천 사

사랑하는 최고 수제자

나와 전국 방방곡곡 수맥을 찾아 헤맨 지 수십 년, 이제 나의 사랑하는 최고 수제자 만금, 정와룡이 그간의 경험을 모아 한 권의 책을 펴낸다니 스승인 나로서 기쁘기 그지없다. 스승으로서 바람이 있다면 불행한 운명의 길목에서 울고 있는 이웃은 물론, 이 책을 읽는 독자들에게 불행을 면할 수 있는 길잡이가 될 수 있다면 더없는 기쁨이라 하겠다.

노량진 성당에서

고(故) 근영 **임응승 신부**

추 천 사

큰 뜻을 품다, 장지온(壯志蘊)

정부장지온도광(郑怀壮志蕴韬光) : 정 씨는 큰 뜻을 품고 뛰어난 재능을 감추고 아직 드러내지 않았다.

와저서기서홍장(卧底瑞气书鸿章) : 깊이 감추어진 길조이니 큰 글을 쓰일 것이다.

룡등호약천하경(龙腾虎跃天下景) : 용이 날아오르고, 호랑이가 뛰어오르듯이 천하의 일경이 될 터이니

기업흥륭주휘황(企业兴隆铸辉煌) : 이 집의 기업은 크게 발전하고 눈부시게 이루어지리라.

정부출영호(郑府出英豪) : 정씨 가문에 영웅호걸이 나오니

와유악소요(卧游乐逍遥) : 깊은 물에서 수영하듯이 유유자적하며 즐긴다네

룡상비향원(龙翔飞向远) : 용은 하늘을 빙빙 돌며 날아 먼 곳으로 향하듯

재부추고표(财富追高标) : 가문에 자산은 더 높은 목표로 추구하리다.

북경에서 시진핑 비서실장 만나는 날, 장경항, 장수정이 글을 쓰다.

계사년 1월 1일

추 천 사

와룡의 눈으로 세상을 읽다

이제 그가 책을 내려 해 원고를 보니, 그간 국풍의 오랜 신비한 연조에 몸담아, 사주와 풍수와 관상 그리고 수맥 등의 분야에서 큰사람들 모시며 가르침을 전수받은 모양이네.

옛적 초나라 굴원이 쓴 『초사』에는 '도가수혜불가전(道可受兮不可傳)'이라, 도는 받을 수는 있으나 전할 수는 없다고 했는데, 이 무슨 해괴한 희언인가 의심할 만하네.

말인즉 받는다는 게 스스로 노력해 깨쳐야 한다는 뜻이고, 그래서 본질적으로 전할 수 없다고 한 것이네.

하여, 나는 와룡 대국사가 전수받았다고 하는 그 도를 옛사람들이 말하는 도와 다르게 생각하네.

믿을 만한 사람으로 하여금 자신의 이름과 명예와 세상에 대해 깨친 이치가 오래 전해지기를 바라는 마음이 바로 그 도이며, 그런 점에서 이 도는 세상에 드러나기를 원하는 도이네.

나, 돌아간 육관 선생의 이야기를 엮어 한 시대를 풍미한 책을 만든 사람으로서 이제 정와룡 대국사의 글을 보니 쟁쟁했던 기인 거사들의 신비한 이야기들이 저 아래에서 꾸물꾸물 되살아 나오는 듯하여 놀라운 듯, 반가운 듯, 무릎이 허청거리는 듯하네.

보는 이들은 알괘라! 神靈(신령)의 이야기는 본래 황탄한 모래바람과 같지만, 오늘 와룡 대국사와 함께 드러나는 옛사람의 도가 이제 왜 드러나야 하는가를 스스로 잘 헤아리실 줄 아노라.

2007년 10월
윤덕산 삼가 씀

추 천 사

혜안을 뜨게 할 수 있는 경지

사람에 관한 운명 철학은 인간의 행, 불행의 과거와 현실을 설명하거나 미래를 예언함으로써 신비 속에 묻혀 역사에 도도히 흘러왔으며 또 흘러가고 있다. 사람이 옷깃을 스치는 현실의 만남도 억겁 년전에 맺은 인연이 풀린 것이라고 믿는 민족이 우리 조상이다.

이 책을 집필한 정와룡 대국사는 본인이 교편을 잡고 있을 때 꿈많은 중학 생활을 보냈던 사람이었다. 이제 그는 전국적으로 유명한운명과 역술, 관상, 사주, 풍수, 수맥, 전문가로서 풍수지리설의 정통적 신비 영역을 다루는 사람이 되어 이 책을 갖고 내 앞에 나타났다.

그동안 와룡 대국사는 한국의 풍수와 역학의 대가이며 혜안(慧眼)으로 알려진 '청오 지창룡 선생'과 풍수학의 쌍두마차로 신안(神眼)으로널리 알려진 '육관도사 손석우 옹', 그리고 한국의 풍수와 수맥의 일인자로 일컬어지는 '근영 임응승 신부'의 문하생으로 입문하였다. 그리고 37년간이라는 오랜 배움 끝에 깨달아 인간의 행, 불행을 예언하고 그에 대비할 수 있는 혜안을 뜨게 할 수 있는 경지에 이르렀다고주장할 정도가 된 듯하다.

이 모든 체험과 예측을 한 권의 책으로 모아 가을 하늘 아래 영그는 오곡백과처럼 결실을 내놓게 된 것으로 본다.

많은 사람의 관심이 쏠릴 책으로 믿고 출간을 진심으로 축하하면서 발전을 격려하는 바이다.

前, 경북대학교 교수
한국 언론 중재위원 정치학박사
한 점 수

추 천 사

당대 최고 명 역술 지관!

'당대 최고의 명 역술 지관인 청오 정와룡 대국사의 『대통령을 만드는 사람(PRESIDENT-MAKER)』이라는 책의 발간에 즈음하여 추천의 말씀을 드리게 되었습니다.

청오 정와룡 대국사는 기업인이며 당대 최고의 명풍수, 명 역술 지관이며, 관상과 풍수의 대가로서 혜안(慧眼)으로 알려진 '청오 지창룡 선생'과 풍수의 신안(神眼)으로 알려진 '육관도인 손석우 선생', 『수맥과 풍수』의 저자 당대 수맥의 선구자이신 '근영 임응승 선생'을 모시고 39년 이상을 수학하였으며, 이러한 명인 세 분으로부터 각각 최고 수제자로 인정받은 명풍수, 명 역술 지관입니다.

정와룡 대국사를 종종 만나 대화를 나누며 형제같이 친교를 맺고 있는데 정와룡 대국사는 관상, 사주, 풍수, 작명, 개명, 수맥, 측자 파자(測字 破字)의 당대 최고의 대가라 감히 추천합니다.

관상, 사주보는 경우를 가끔 곁에서 지켜보는 경우가 있는데 그 신통력에 놀라는 경우가 한두 번이 아닙니다. 어떤 경우는 사진만 보고도 상대방의 성격이나 특징을 집어내 설명하는데, 귀신이 곡할 지경입니다. 그래서 '어떻게 그렇게 판단하느냐고' 물어보면 웃고 마는데, 신통력도 있지만 정와룡 대국사의 피나는 노력과(나는 눈물로 천하를 얻었

다) 세분의 훌륭한 스승님에 가르침의 결과라고 여겨집니다.

풍수에 관해서는 본인의 선영을 모시고 가서 답사를 한 일이 있는데 산세와 지형, 위치 등을 판단해서 보는 안목이 탁월하고 보통사람의 안목으로는 잘 모르는데 설명을 들어보면 신(神)도 놀랄 정도의 안목에 고개가 절로 숙여집니다. 전후 후손들의 흥망과 현재와 미래에 다가올 일들을 귀신(鬼神)이 곡(哭)할 정도의 관평에 감동을 받아 이 신비한 학문에 매료되었습니다.

측자파자의 경우는 성명이나 상호, 로고 등을 보고 한자를 분리하거나 결합하여 앞일을 예측, 추리, 유추하여 인생의 길흉(吉凶)을 판단하는 사례들을 종종 접하면서 그 명석함과 예측력에 감탄하는 일이 한두 번이 아니었습니다.

우리가 인생을 살아가는 데에는 여러 가지 경우가 있어 미래에 불길한 조짐이 보이면 조심해서 피해갈 수도 있고 평소 자주 만나는 사람 중에도 상극상충이 되어 화합되지 않거나 해를 입힐 경우가 예상되면 접촉을 피해서 만나지 않아야 할 것으로 생각이 됩니다. 어떤 사람과 '합'이 들었는지 '상극상충'이 되는지를 예측해서 원원으로 상생하거나 피해가야 할 경우를 가려야 할 것으로 생각됩니다.

이제 무더운 여름도 지나고 천고마비의 가을을 맞이하여 정와룡 대국사의 『대통령을 만드는 사람(PRESIDENT-MAKER)』 출간을 진심으로 축하드리며 오곡백과가 무르익는 가을 들판에 농부들의 풍년가가 전국 방방곡곡에 울려 퍼지듯이, 이 책을 읽는 모든 독자에게 삶의 위안이 되고 지침이 되었으면 하는 뜻에서 이 글을 씁니다.

평소에 저자가 주장하는 말처럼 '불간지서(不刊之書), 오래 갈 훌륭한 책' 이 책이 최고의 명저가 되기를 축원 드리면서 다시 한번 '청오 정와룡 대국사님'의 출간을 진심으로 축하드립니다.

무자년 9월

경영학 박사 **임향순**(林香淳)

- 서울대학교 사범대학 및 동 행정대학원 졸업
- 행정고등고시 제 10회 합격
- 국세청 공보관, 용산 세무서장 및 광주지방 국세청장
- 서울대학교 사범대학 총동창회 명예회장
- 연세대학교 경영전문대학원 총동창회 명예회장
- 한국세무사회 명예회장
- 재경광주전남향우회 명예회장
- 전국호남향우회총연합회 총재
- 국민통합실천중앙회 상임수석 부총재
- 전 국세청장

추 천 사

아! 이래서 이분이 그 분야에서 최고가 되었구나!

오랜 세월을 해외에서 보내고 운 좋게도 가는 곳마다 주위에 훌륭한 분들을 알게 되어 나름대로 유감없이 원하는 분야의 활동들도 마음껏 할 수 있었다. 또한, 귀국해서도 인복이 많음을 실감하게 해주었던 고마운 분들을 생각하자면 가장 먼저 떠오르는 이가 정와룡 대국사님이신데 반갑게도 이번에 『대통령을 만드는 사람(**PRESIDENT-MAKER**)』이란 책을 출판한다고 하시니 진심으로 축하의 말씀을 전해드리고 싶다.

그동안 가까이서 그분을 지켜보아 온 몇 가지 느낌은 자기 철학이 분명하시고 의협심 또한 강하며 세상에 대해 깊은 애정과 관심을 두고 계셨다. 산 지혜에서 우러나오는 해박한 지식으로 오늘의 정치와 사회현상에 대하여도 가감 없이 자신의 소신을 피력하시며 때론 탁월한 식견으로 미래지향적인 대안들을 말씀하시곤 할 땐 그 안목에 내심 놀라기도 했다.

요즘은 세상사 모든 이치에 과연 모범답안이 있을까마는 정와룡 대국사님과 대화를 하다 보면 '아! 이래서 이분이 그 분야에서 그 정도까지 인정을 받을 수가 있었구나' 하고 명쾌하게 수긍이 간다. 대인적인 기질과 올곧은 성품도 훌륭하거니와 오고 감이 분명하고 게다가 겸손하고 깊고도 따뜻한 인간적인 훈훈함마저도 지니셨으니 금상첨화가 아니겠는가 싶다.

보이는 것만 제대로 볼 수 있어도 그런대로 살맛 나는 세상일진대 보이지 않는 것까지도 읽어내시는 정와룡 대국사님은 자타가 인정하는 그 분야의 일인자이시다.

모든 것이 그러하듯이 최고의 일인이 되었다는 건 어떠한 이유로든 칭송받아 마땅하다.

부디 뜻을 두고 하신 이번 출판이 그 명성에 걸맞은 좋은 결과로 이어지시길 진심으로 바란다.

뉴저지주 하원 문화예술자문위원
뉴저지주 에시언 어메리컨 연구재단 연구위원
손 인 자

프롤로그

하늘이 스승을 보내다

내게는 세 가지 보물이 있어 이를 지니고 보존한다.

하늘이 나에게 천하에 제일 귀하신 세 분의 스승님을 함께 보내 주셨다. '풍수지리, 관상학의 제일인자 국풍(國風) 청오 지창룡 선생님'과 풍수학의 쌍두마차로 알려진 거목 소설 『터』의 저자 김일성의 죽음을 정확하게 예언한 '육관 손석우 선생님' 그리고 '수맥과 풍수학의 선구자이신 근영 임응승 선생님' 이 세 분 선생님의 제일인 최고 수제자(第一人 最高 首弟子)가 되었다. 그리고 '토정 이지함'을 특허청에 등록한 것이다.

－ 구룡당(九龍堂)에서 제갈공명 청오 정와룡

나는 눈물로 천하를 얻었다

평소 청오 지창룡 선생님은 성자위수(成者爲首) : 성공을 하면 우두머리가 되어 존경받고,

불성자위미(不成者爲尾) : 성공하지 못하는 자는 꼬리가 되어 천대받게 된다고 하시면서 너는 남들이 하나도 가질 수 없는 보물을 세 개나 가졌다는 뜻의 '삼보당(三寶堂)'과 평생 사용하시던 아호(雅號) '청오(靑奧)'와 상호(商號) '지청오(池靑奧)'를 함께 하사하시고, 생전에 특허청에 등록까지 마치도록 당부했다.

또 육관도사 손석우 선생님은 제갈공명의 아호인 와룡(臥龍)이라는 휘호와 함께 너는 내 장자방(張子房)이고 나의 제일인 최고 수제자라는 휘호를 하사하셨다.

근영 임응승 신부님께서는 남아일언 중천금(男兒一言重千金) 남자의 한마디 말은 천금보다 무겁다는 것을 잘 알고 만인(萬人)에게 존경받고 천만금(千萬金)을 주고도 살 수 없는 훌륭한 사람이 되라는 뜻에서 '만금(萬金)'이라는 휘호와 수맥(水脈)의 일인자가 되라는 뜻으로 '모세의 지팡이'라는 칭호를 주셨다.

구룡당(九龍堂)에서 제갈공명 청오 정와룡

석주 스님!

석주 스님은 '청오 정통 곽박 재림 정와룡(靑烏 正統 郭璞 再臨 鄭臥龍)', "풍수학의 시조 청오(靑烏) 선생의 정통 학문을 이어받은 죽은 곽박(郭璞)이 살아 돌아온 사람이 와룡이 너다"라는 찬사를 해 주셨다.

석주 스님은 생전에 필자에게 부자 되는 부적 '오유지족' 네 글자를 써주셨다.

'오유지족(吾唯知足)'이 무슨 뜻인가 하면,
나 오(吾), 오직 유(唯), 알 지(知), 족할 족(足)
'나 스스로 오직 만족함을 안다'라는 뜻이다.

석주 스님 세수 93세에 나에게 써 주신 '대자대비(大慈大悲)'라는 천하의 보물이 내게 있다.

성철 스님

성철 스님은 생전에 "와룡이 너는 만인(萬人)에게 사랑받는 산삼(山蔘) 같은 귀한 사람으로 살아가라"고 말씀하셨다.

성철 스님은 "하늘이 내게 주신 재주 반드시 쓰일 것이다."라는 격려의 한마디와 함께 주민등록증과 생전에 아끼던 웃가지를 나에게 주신 고마운 분이다.

법정 스님과의 약속

법정 스님은 평소 내 법명을 **"대석가"** 같은 사람이 되어 만인에게 사랑받는 사람이 되라고 **"대석가"**라는 법명을 주셨다.

그리고 때가 되면 **왕사 "대석가사", "대극락사", "대한불교 대석가종"** 종단을 만들어 신선한 불교 중흥발전에 힘써 달라고 당부하셨다.

평소에 길상사(대원각) 대원각 소유주인 김영한 보살님과 무소유 법정 스님은 무척이나 나를 아끼고 사랑해 주셨다.

나는 법정 스님과의 약속을 지켜 드리기 위해 노력한 덕분에 부처님의 가피로 **왕사, '대석가사', '대극락사', '대한불교 대석가종'**이라는 상호를 특허청에 등록 확정할 수 있었다.

* 구원의 손 영생, 천국의 열쇠 교회 특허청 상호 등록확정

법정 스님! 큰 스님에 소원이 50% 이루어진 것에 감사 드립니다.

1000억 재산이 그 사람 시 한 줄만도 못해

* 『내 사랑 백석』 : 자야의 저서(1995년 문학동네)
* 지은이 : 자야(子夜) - 백석이 지어준 아호
* 본명 : 김영한(1916년~1999년)
* 아호 : 자야(중국 시인 이백의 시 '자야오가(子夜吳歌)'에서 인용)
* 법명(法名) : 길상화(吉祥華)
* 기명(技名) : 진향(眞香)
『내 가슴 속에 지워지지 않는 이름』(창작과 비평)

1996년 5월 20일 폐암으로 투병 생활을 하면서 대한불교 조계종 송광사 분원으로 등기 이전을 하고 대법사라는 이름을 붙인다.

법정 스님은 길상화의 뜻을 존중하여 1년 뒤 1997년 12월 14일 "**길상사(吉祥寺)**로 개명. 길상사라는 상호는 법정 스님이 나에게 어떤 이름이 좋을까? 좋은 이름이 생각나면 내게 지어달라고 해서 내가 직접 지어드린 이름이 **길상사(吉祥寺)**다."

백석과 자야의 사랑 이야기

백석은 함흥 영생여고에서 영어교사로 재직하던 1936년, 회식 자리에 나갔다가 기생 김영한을 보고 첫눈에 반하게 됩니다.

백석 시인은 그녀를 옆자리에 앉히고는 손을 잡고, "오늘부터 당신은 영원한 내 여자야. 죽음이 우리를 갈라놓기 전까지 우리에게 이별은 없어."라는 유명한 말을 남깁니다.

훗날 자야는 당시 시가 1,000억원 상당의 대원각을 조건없이 무소유 법정 스님에게 시주를 합니다.

세상에 금도 있고 진주도 많거니와 "지혜로운 입술이 더욱 귀한 보배니라"(잠언 20장 15절)

나는 생전에 김영한 보살님과의 인연을 소중하게 생각한다.

극락왕생 하소서 나무관세음보살.

구룡당(九龍堂)에서
제갈공명 **청오 정와룡**

Presented by the President's Council on Service and Civic Participation to

Eun Young Choi

In recognition and appreciation of your commitment to strengthening our Nation and for making a difference through volunteer service.

2012

2 6 9 4 0 0

Presented for
**NATIONAL &
COMMUNITY
SERVICE**

★ ★ ★ ★ ★ ★ ★ ★ ★ ★ ★ ★ ★ ★ ★

The President's Volunteer Service Award
An initiative of the President's Council on Service and Civic Participation.

The Award
The President's Volunteer Service Award is issued by the President's Council on Service and Civic Participation on behalf of the President of the United States to recognize the best in the American spirit, and to encourage all Americans to improve their communities through volunteer service, and civic participation.

There are three levels and four categories of the Award varying by age and hours of service completed within a 12-month period:

Kids	(14 and under)	**Adults**	(26 and up)
Bronze	50-74 hours	Bronze	100-249 hours
Silver	75-99 hours	Silver	250-499 hours
Gold	100+ hours	Gold	500+ hours

Young Adults	(15-25)	**Families and Groups***	
Bronze	100-174 hours	Bronze	200-499 hours
Silver	175- 249 hours	Silver	500-999 hours
Gold	250+ hours	Gold	1,000+ hours

*Two or more people, with each member contributing at least 25 hours toward the total.

Recipients can earn more than one level of the Award within 12 months. In addition, individuals who complete 4,000 hours or more of volunteer service will be recognized with the President's Call to Service Award.

All Award recipients receive a personalized certificate of achievement, a congratulatory letter from the President of the United States, a congratulatory letter from the President's Council on Service and Civic Participation, and an official President's Award pin.

Guidelines
To earn an Award, individuals, families, and groups must keep a record of volunteer activities and hours served. Activities may be kept as a diary or calendar, or tracked

online with the USA Freedom Corps Record of Service, available at www.presidentialserviceawards.gov.

Each volunteer must submit a record of service to a registered Certifying Organization, which will review and verify the record and distribute the Award. Nonprofit, community and faith-based organizations, businesses, schools and colleges, membership and trade associations, and federal, state, or local government agencies can serve as Certifying Organizations.

While almost all volunteer service contributes to eligibility for the Award, volunteers are encouraged to participate in service that addresses particular areas of need in our Nation. Priority areas include youth achievement, parks and open spaces, healthy communities, public safety, and emergency response. Activities should be unpaid and may not include court-ordered community service.

The President's Council on Service and Civic Participation
President George W. Bush created the President's Council on Service and Civic Participation in 2003 to help recognize the valuable contributions volunteers are making to our Nation. Chaired by two-time Super Bowl champion Darrell Green, with former U.S. Senators Robert Dole and John Glenn serving as honorary co-chairs, the Council includes leaders from government, business, media, entertainment, education, and nonprofit, volunteer service and community organizations.

More Information
To learn more about the Award, visit www.presidentialserviceawards.gov or call 1-866-545-5307. To learn more about volunteering and service, please visit www.usafreedomcorps.gov or www.nationalservice.org.

Corporation for
**NATIONAL &
COMMUNITY
SERVICE**

The President's Volunteer Service Award is an initiative of the President's Council on Service and Civic Participation in conjunction with the Corporation for National and Community Service and the USA Freedom Corps and is administered by the Points of Light Foundation and the Volunteer Center National Network.

**USA
Freedom Corps**
Make a Difference. Volunteer.

THE WHITE HOUSE
WASHINGTON

Dear Eun Young Choi

October 12, 2012

Congratulations on receiving the President's Volunteer Service Award, and thank you for helping to address the most pressing needs in your community and our country.

In my Inaugural Address, I stated that we need a new era of responsibility—a recognition on the part of every American that we have duties to ourselves, our Nation, and the world. These are duties that we do not grudgingly accept, but rather seize gladly, firm in the knowledge that there is nothing so satisfying to the spirit than giving our all to a difficult task. Your volunteer service demonstrates the kind of commitment to your community that moves America a step closer to its great promise.

Our Nation faces the most challenging economic crisis in a lifetime. We will only renew America if we all work together. Individuals, the private sector, and government must combine efforts to make real and lasting change so that each person has the opportunity to fulfill his or her potential.

While government can open more opportunities for us to serve our communities, it is up to each of us to seize those opportunities. Thank you for your devotion to service and for doing all you can to shape a better tomorrow for our great Nation.

Barack Obama
President of the United States

차 례

대통령을 만드는 사람
PRESIDENT-MAKER

예부터 경복궁 터는 궁궐로 집터와 같으므로
지금의 청와대 터는 대통령의 운이 맞는 사람이 들어설 자리다.
그러나 우리의 역대 대통령들은 대부분
청와대 터와 대통령 운과 맞지 않았다.
그래서 늘 시끄러운 시국이 형성되고 말로가 좋지 않아
철창신세를 면하지 못하거나 아니면 하극상이 일어나
부하의 총탄에 비운의 운명을 맞게 되는
불운을 면치 못하는 신세가 되기도했다.
나는 박정희 정권 때부터 청와대를 옮길 것을 꾸준히 지적해 왔다.
그리고 청와대 터를 옮길 수 없다면 북악산 뒤편의 큰 바위를 없애든지
담쟁이 풀을 심어 가릴 것을 요구해 왔다.
그러나 이러한 요구가 늘 묵살돼 안타깝기만 하다.

1

청와대 터와 김씨 성과는 상극

고려 말 무학대사가 한양 도읍을 위해 서울의 지형지세를 살펴보다 "천기를 품은 지상은 당대에 크게 발복할 대지임에 틀림없으나 청룡(지금의 낙산 신설동)이 낮고 허약한 것이 흠이며, 지장지세와 용자지세는 갖추었으나 덕장지세가 약하다"고 하며, 이 또한 국운이니 어찌하겠는가? 했다.

이것으로 볼 때 조선왕조 태조 이성계 등극 이후 오늘날까지 모두 지장지세 영향을 입어 왕위계승이 때로는 지략 모략으로 이루어짐이 많았고, 왕이 단명하며, 용장지세의 모반과 무력으로 쟁탈이 끊이지 않아 백성들의 뜻에 따라 이루어진 왕위계승이 없었다.

이는 무지세와 용세가 평평할 정도로 강하기 때문이다.

그러므로 이후 풍수지리 대가와 국사들이 풍수설을 내세워 외청룡(지금의 신설동 외곽지역)이라도 더 두텁게 쌓으려 했으나 이 또한 불가능했다.

그래서 할 수 없이 허한 청룡을 보필한다는 뜻으로 흥인지문(동대문)을 세워 놓고 득세의 발복을 기대하였으나, 이 또한 순천하지 못하고 천리를 거역하는 역천행위가 되어 뜻과 같이 이루어지지 못했다 한다.

이와 같은 서울의 지세지기로 오늘날까지 통치자가 지와 용으로 선출되고 통치되었다.

그러므로 무학대사의 말대로 이 또한 국운이 아닌가 한다.

2
역대 대통령 지, 용으로 분류

- 이승만 대통령 : 지장(智將) 장기(長期)
- 윤보선 대통령 : 덕장(德將) 단기(短期)
- 박정희 대통령 : 용장(勇將) 장기(長期)
- 최규하 대통령 : 덕장(德將) 단기(短期)
- 전두환 대통령 : 용장(勇將) 장기(長期)
- 노태우 대통령 : 덕장(德將) 단기(短期)
- 김영삼 대통령 : 지장(智將) 단기(短期)
- 김대중 대통령 : 지장(智將) 단기(短期)
- 노무현 대통령 : 지장(智將) 단기(短期)
- 이명박 대통령 : 논할가치 조차도 없다.
- 박근혜 대통령 :
- 문재인 대통령 :

이와 같이 지묘와 용맹으로 보위에 오른 통치자는 그의 세가 장기
적으로 통치 가능했으나 덕으로 보위에 오른 통치자는 그의 세가 단
기임을 알 수 있다.

예부터 경복궁 터는 궁궐로 집터와 같으므로 지금의 청와대 터는

대통령의 운이 맞는 사람이 들어설 자리다.

그러나 우리의 역대 대통령들은 대부분 청와대 터와 대통령 운과 맞지 않았다.

그래서 늘 시끄러운 시국이 형성되고 말로가 좋지 않아 철창신세를 면하지 못하거나 아니면 하극상이 일어나 부하의 총탄에 비운의 운명을 맞게 되는 불운을 면치 못하는 신세가 되기도했다.

나는 박정희 정권 때부터 청와대를 옮길 것을 꾸준히 지적해 왔다. 그리고 청와대 터를 옮길 수 없다면 북악산 뒤편의 큰 바위를 없애든지 담쟁이 풀을 심어 가릴 것을 요구해 왔다.

그러나 이러한 요구가 늘 묵살돼 안타깝기만 하다.

청와대 뒷산인 북악산은 양채에 해당하며, 한 개의 개체로 볼 때 그 모양이 화형으로 불꽃과도 같다.

이를 음양오행학의 상생상극 원리로 볼 때 청와대 주인이 되기 위한 대통령 후보는 하늘을 향해 치솟고 있는 북악산의 형태가 화형이기 때문에 불로 인한 강력한 거부의 도전을 받게 되어있다.

그러면 청와대 뒷산이 불꽃 형이라 했으니, 이 불을 중심으로 하여 오행의 상생상극 원리를 역대 대통령의 성씨에 맞춰 생각해 보자.

이 씨는 목(木)이므로 목생화 생하여 상생이 가능했다.

조선왕조가 왕족의 단명과 지략 모략 속에 5백년의 유구한 역사를 이어온 것도 이 씨 성이라는 상생이 가능했기 때문이다.

조선 말 개화기 때 김 씨 성이 왕이 될 수 있었는데 김옥균이 그 주인공이다.

그러나 김옥균 김 씨는 금(金)이므로 화극금 하여 상극하니 '3일천하'에 만족해야만 했다.

이승만 이 씨는 목이니, 목생화하여 상생하니 장기 집권한 것은 사실이다.

그는 4·19혁명이 없었다면 죽을 때까지 장기집권에 성공하는 운세다. 단지 아쉬운 점이 있다면 간신의 모략에 놀아나는 등 민생정치를 펼치지 못하는 우를 범했다.

그 역시 조선왕조 5백년을 이어온 이 씨 성인 목이므로 지략과 모략에는 별 수 없었던 모양이다.

윤보선 윤 씨는 목이니, 목생화하여 한양 터와 상생하니 입궐 가능했다.

비록 윤보선 대통령은 단기집권에 그쳤지만 우리나라에서 윤씨 성이 왕에 올라 역시 상생하는 성은 대통령 운이 될 수 있음을 입증해 주었다.

박정희 박 씨는 목이니, 목생화하여 상생하니 장기집권이 가능했다.

박정희 대통령은 비록 김재규의 총탄에 쓰러졌지만 18년 장기집권을 통해 근대화 작업을 일구는 등 근대화의 아버지라는 칭호를 들었다.

박정희 대통령에게 아쉬운 점이 있다면 그가 집권 욕망을 버렸으면 비명에 가는 일은 없었을 텐데 권력에 대한 욕심이 화를 불러 일으켰다.

최규하 최 씨는 목이니 목생화하여 상생이니 입궐이 가능했다.

그는 대통령 운을 타고난 성품은 아니었다.

대통령으로 집권이 가능했던 것도 10·26 당시 국무총리에 있었기 때문이다.

우리나라 헌법상 대통령이 서거하면 국무총리가 대통령 직무를 수

행해야 하기 때문에 짧은 기간이나마 권력의 최상부에 앉을 수 있었다.

전두환 전 씨는 토(土)이니, 화생토하여 상생하니 입궐 가능했다.

전두환 대통령의 흠이라면 쿠데타를 일으켜 집권했다는 것이다.

노태우 노 씨는 화(火)이니 비견이므로 상화(相火)라 입궐이 가능했다.

노씨는 5년의 단임 대통령으로 단기에 그쳤지만 그의 운은 대구 팔공산의 정기를 받는 등 천운에 의해 권좌에 올랐다.

김영삼 김 씨는 화극금하여 청와대 터와 상극이므로 입궐하기가 어려운 성씨다.

김영삼 대통령은 그의 민주화 투쟁에서 보듯 늘 어려웠고 힘들었던 삶을 살아왔다.

그의 고난은 청와대와 김 씨 성의 상극에서 일정 정도기인 한다고 볼 수 있다.

김 대통령은 상생극 원리에 대해 서로가 상생할 때 입궐이 가능했다.

김 대통령은 상생할 때 대통령에 당선되고 입궐했다.

김 대통령 집권 이후 대형 참사가 계속 일어나는 이유를 군사정권의 부패로 인한 사고로 연결시킬 수도 있으나 이는 청와대 터와 김 대통령의 상극에서 기인한다고 볼 수 있다.

김 씨 성이 대통령이 되고자 할 때는 화금극하여 불로 인한 강력한 거부의 도전을 받게 되므로 보통의 수완과 인내력 없이는 입궐이 어렵다.

그러나 쇠는 불로써 연금되어 조형되는 것과 같이 들어가기만 하면 업적이 생긴다.

『격암유록』에 '태백산 아래 지역에서 세 성이 나와 돌아가며 군사 정권을 세운다.'고 했다.

박정희, 전두환, 노태우 세 사람은 태백산 정기를 이어받은 인물들임에는 틀림없는 사실이다.

그들의 전기를 읽어보나 타고난 운으로 보나 큰일을 해야 될 인물임에는 틀림없다.

그러나 방법론이 잘못돼 권좌에서 물러난 후에도 연일 고통을 당하고 있다.

박정희 전 대통령은 금오산, 전두환 전 대통령은 가야산, 노태우 전 대통령은 팔공산 정기를 받고 태어났다.

세 사람 모두 유명산의 정기를 받았는데 가장 큰 운을 받은 사람은 노태우 씨다.

팔공산 정기는 정말 놀랍다.

안 되는 일도 팔공산 정기를 받으면 해결된다고 할 정도로 유명한 산이다.

이미 전국에 소문난 것이지만 아들을 못 낳으면 팔공산에 가서 3일만 빌면 된다는 말도 있다.

이처럼 유명한 팔공산 정기를 노태우 씨는 듬뿍 받았다.

비단 노 씨 뿐만 아니라 팔공산이 품안에 안고 있는 대구 또한 마찬가지다. 이런 탓에 현대 정치사에 유명세를 떨친 TK 지역 인사들이 한 둘이 아니다.

한때는 천년만년 갈 것 같은 승승장구의 꿈속에 빠져 있을 때도 있었다.

그런데 이곳이 지금은 온통 쑥대밭으로 돼 있으니 이게 웬일인가?

잠시 노태우 씨에게로 방향을 틀어보자.

노 씨는 1932년 12월 4일 팔공산 서쪽자락 큰 계곡인 불당골 들머리에 자리 잡은 용지라는 작은 마을에서 태어났다.

지금은 약 50여 가구가 살고 있는 이 마을은 용이 또아리를 틀고 있는 형상으로 마을 뒤로는 산자락이 병풍처럼 둘러쳐져 있고 앞으로는 널따란 분지가 펼쳐진 전형적인 농촌이다.

노 씨의 어머니 김태향 씨는 시집와 8년 만에 노 씨를 낳았다고 한다.

그것도 김 씨가 파계사(팔공산에 현존하고 있는 유명 사찰)에서 살다시피하며 불공을 드려 낳은 아들이다.

동네에서는 노 씨가 태어났을 때 "이 아이는 부처님의 은공과 팔공산의 정기를 받고 태어난 신동"이라고 했다고 한다.

이 때문인지는 몰라도 노 씨는 팔공산 불당골에서 청와대에까지 발을 들여놓는 행운을 잡았다.

그러나 잘 될 때는 팔공산 정기를 논했지만 이제는 이를 논할 처지도 못된다.

옛 말에 명산에는 함부로 곡괭이질도 하지 않는다고 했다.

그런데도 노 씨는 어찌 했는가.

그는 권력의 권좌에 앉아 있을 때 자신에게 정기를 불어넣은 팔공산의 맥을 끊는 실수를 범한 것이다.

산도 혈과 맥이 있듯이 함부로 훼손해서는 안 된다.

그럼에도 명산 팔공산은 골프장이다, 도로다 뭐다 해서 가장 중요한 동맥이 끊겨 버렸다.

이때만 해도 팔공산 골프장 건설반대로 대구, 경북이 온통 시끌벅적할 때였다. 수많은 사람들이 찾아와 "팔공산에 골프장을 건설하면 영험이 사라지는 것 아니냐", "이러다 대구, 경북이 망하는 것이 아니냐", "팔공산이 가져다 준 복을 우리 스스로 발로 차고 있다"는 등 반대 여론이 엄청났었다.

그러나 시민들의 반대 여론에도 불구하고 팔공산은 포크레인의 삽질로 동맥과 정맥이 모두 끊긴 채 사경을 헤매왔다. 그것도 모자라 산을 가로지르는 도로까지 만들어 사경을 헤매는 팔공산을 더 죽여 놓았다.

그 장본인이 누구인가 굳이 말하지 않아도 잘 알 것이다.

이제 대구의 지난 날 권세는 끝났다. 예전의 환상에 빠져 그때의 영광을 되찾으려 아무리 발버둥쳐도 한번 간 님은 돌아오지 않는다.

산이 한번 성을 내면 천재지변보다 더 무서운 결과를 갖고 온다.

북악산 밑에 터를 잡아 조선 5백년이 말할 수 없는 고통 속에서 헤어나지 못했듯이 대구의 영봉인 팔공산은 이제 악을 내 뿜고 있다.

잘생긴 사람의 머리를 머리 깎는 기계로 한군데만 밀어 놓으면 보기 흉하듯이 팔공산도 흉상이 돼 버렸다.

발복하던 정기도 점차 사라지고 있다. 참으로 애석한 일이다.

앞으로 대구 땅은 계속해서 사분오열이 가속화할 가능성이 높다. 특히 정치 쪽에서는 어떠한 명분이 있더라도 예전의 일체감은 불가능하다.

일본인들은 우리나라를 식민통치할 때 유명 지관들을 앞세워 전국 방방곡곡의 발복지에 민족정기를 끊는 쇠말뚝을 박았다.

쇠말뚝 하나에도 이처럼 엄청난 결과가 뒤따르는데 하물며 대구의 영봉인 팔공산을 온통 피투성이로 만들어 놓았으니 성할 게 있겠는가?

그렇다고 시대의 흐름에 별수 없는 일 아니냐 하고 말할 수도 있지만 그 지방의 주산을 건드리는 데는 신중해야 한다.

첫째는 맥을 끊지 말아야 하고 둘째는 절대적인 흠이 되는 형상 변화를 주지 말아야 한다는 이야기다.

서울의 북악산 밑 청와대 터를 무학대사가 궁궐터가 아니라고 지적한 것도 북악산의 자태 때문이었다.

주산이 비뚤어지면 심성이 바른 사람이 나오기 어렵고 흉악한 주산은 흉악무도한 사람을 배출하기 때문인 것이다.

주산이 단정하지 못하면 바른 지도자가 나오기 어렵다.

이런 상황을 믿지 않더라도 조금만 염두에 두었다면 굳이 팔공산을 이처럼 흉산으로 만들지는 않았을 것으로 생각된다.

깨진 바위에 나쁜 기운이 서려 그 기운이 밖으로 뻗쳐 나오면 흉한 일이 계속 생긴다.

대구, 경북 지역은 지금 정치권으로부터 소외당하고 있는 것이 아니다.

스스로 선택한 화 값을 톡톡히 치르고 있는 것이다.

될 듯 될 듯 하면서도 안 되는 것이 바로 이 때문이다.

어쩌면 경상도의 운을 끊어 놓았다고 해도 과언이 아닐 정도로 팔공산은 엄청 화를 내고 있다.

이제 대구 사람들은 팔공산 살리기에 앞장서야 한다.

상처가 아물도록 치료해야 한다.

그렇지 않으면 핍박받는 지역이 될 수도 있다.

어느 길을 택할 것인가는 모두 팔공산 정기를 조금이라도 받은 사람들의 몫이다.

서울에 안산인 남산 옛 지명은 목멱산(잠두형)이다.

온통 사통팔달(四通八達)로 터널을 뚫어 놓고 대못으로 누애 정수리에 대못을 박아 놓아 통수권자인 대통령들이 콩밥먹는 신세가 아닌가?

뭐니 뭐니 해도 팔공산의 인물은 고 박정희 대통령, 고 노태우 대통령, 전 경상북도지사 김관용 씨다.

3
약무호남(若無湖南) 시무국가(是無國家)
'호남이 없으면 나라도 없다'

김대중 전 대통령이 '이충무공 왈(曰)'이라며 '무 호남 무 국가'라고 말씀하셨는데, 이는 자칫하면 충무공의 본의가 잘못 전달될 수도 있다.

원래 충무공 이순신이 썼던 정확한 표현은 '무호남 무국가'가 아니라

'약무호남(若無湖南) 시무국가(是無國家)'이다.

'만약 호남이 없었으면 곧바로 나라는 없어졌을 것'이라는 뜻이다.

군자주야 서인자야(君者舟也 庶人者也) 임금은 배와 같고 백성은 물과 같다 함이니 물은 배를 띄우는 것이요

또한 배를 엎어뜨리는 것인즉, 백성은 한 사람을 임금으로 모실 수도 있고 폐할 수도 있다는 뜻.

4
정치는 재물 도둑

밑천이 있어야 장사를 하고 돈이 있어야 돈을 벌 수 있다.

돈이 있어야 사람이 모여든다.

시장 한복판에 살아도 돈이 없으면 개미 새끼 한 마리도 안 찾아
온다.

정치도 돈이 있어야 정치를 할 수 있다.

정치는 재물 도둑

굶주리면 달라붙고

배부르면 떠나가며

따뜻하면 달려오고

추워지면 버리는 것

이것이 정치의 공통된 병폐로다.

가혹한 정치는 호랑이 보다 무섭다.

화정(華政) : 화려한 정치를 하라!

"장욕탈지(將欲奪之) : 빼앗으려면

필고여지(必固與之) : 일단 줘야 한다"

지여지위취(知與之爲取) : 주는 것이 취하는 것이 됨을 아는 것이

정지보야(政之寶也) : 정치의 보배이니라

정치를 잘하는 자는 자연스러움을 따르고

그다음은 백성을 이롭게 하고 이끌어주며

그다음은 백성을 가르쳐 깨우치며

그다음은 백성을 다스리며

가장 못 하는 자는 백성과 다툰다.

나이가 들면 말은 적게 하고 주머니는 활짝 열고

인사와 자랑은 짧게 하라!

눈보라가 휘몰아치는 어느 추운 한겨울날 아침 조회 시간에 교단에 올라오신 교장선생님은 언제나 여러분들 "대들보 같은 사람이 되십시오." 이 12자의 짧은 인사를 하신 뒤 교단을 내려가시던 교장선생님의 뒷모습이 지금도 눈에 선하다.

5

사람의 상(相)을 보기 전에
목소리를 듣고

사고전서(四庫全書)에서는 '사람의 상(相)을 보기 전에 먼저 사람의 목소리를 듣고, 사람의 목소리를 듣기 전에 사람의 행동을 관찰하며, 사람의 행동을 관찰하기에 앞서 사람의 마음을 관찰한다.'라고 했다.

모든 사람이 그를 좋아하더라도 반드시 살피고, 모든 사람이 그를 미워하더라도 반드시 살펴야 한다.

때를 만나면 천지도 함께 힘을 도와주어 일이 순조롭게 이루어지지만, 운수가 없으면 영웅의 계략도 들어맞지 않는 법이라오.

전무후무 제갈무후(專無後無 諸葛武侯) : 유사 이래 현세에 이르기까지 공명만한 사람 없고, 역사가 이어지는 영원한 앞날에서도 공명만 한 사람은 없을 것이다.

'모사재인(謨事在人)이요, 성사재천(成事在天)'이라.

일은 사람이 꾸미지만 이를 이루게 하는 것은 하늘이다.

이 말은 중국 제일의 병법가인 제갈공명이 한 말이다.

한 사람의 책사의 변설(辨說)은 구정(九鼎)의 보물보다 더 중요하게 여겼고 논객(論客)의 세 치 혀는 백만의 군대보다 강했다.

문사는 인지와 천 리의 심연을 탐색하고 가슴속에서 만 리를 달린다.

음양의 조화에 어긋나지 않으면 귀신도 회피하지 못한다.

주나라 예랑부의 시에 '어리석은 임금의 마음이 백성을 어리둥절하게 한다.'라는 것이 있다.

인심의 험하기가 산과 같고 민중의 입을 막는다는 것은 냇물을 막는 것처럼 어렵다.

*특히 문재인 대통령 부부는 이 말을 깊이 새겨 들어야 할 것이다.

집권 후 문 대통령 사저 터는 "사사괘수형(死蛇掛樹形)" : 죽은 뱀이 나무 위에 걸려있는 형국이다.

이 형국의 진의는 철창신세를 못 면한다는 뜻이다.

내말을 듣지 않으면 박근혜, 이명박의 운명을 논한 이 사람의 말이 생각날 것이다.

그때는 이미 후회해도 소용이 없을 것이다.

6
인생에는 반드시
수수법칙(授授法則)이 있다

인생에는 반드시 수수법칙(授授法則)이 있다.

인간의 삶은 주고(授), 받는(受) 것.

즉 너와 나의 관계이며, 주지도 않고 받지도 않는 인생은 존재할 수 없다.

우리가 상대에게 주는 것을 '수(授)'라고 하고, 상대로부터 받는 것을 또한 '수(受)'라고 한다.

이와 같이 경제적 반대급부(反對給付)의 논리(論理)가 곧 인간관계이다.

옛 불조도 아함경(阿含經)에서

욕지전생사 (慾知前生事)컨대,

금생수자시 (今生受者是)요,

욕지내생사 (慾知來生事)컨대,

금생작자시(今生作者是)니라고 설파했듯이

대저 그 사람이 받고 있는 복록, 즉 운명을 알고자 할진대 그것은 곧 전생에 이미 지은 행위의 산물이며, 현재 행하고 있는 선악(善惡)이 곧 다가올 내생(來生)에 나타날 결과라는 것이다.

7
흑묘백묘(黑猫白猫)

이익을 주라!

속에 천불이 나더라도 만 얼음으로 불을 꺼라.

옳고 그름은 소용없다.

환경은 언제나 변한다.

문을 닫지 마라!

흑묘백묘(黑猫白猫), 흰 고양이든 검은 고양이든 쥐만 잡으면 된다.

1992년 초 덩샤오핑은 노구를 이끌고 중국 남부 지방을 순회하며 행한 담화, 즉 '남순강화(南巡講話)'를 통해 "이대로의 걸음으로 100년을 가자"라고 말했다.

또 모택동이 만리장성(萬里長城)에 서서

일찍이 '부도 장성 비호한(不到長城非好漢)',

장성을 오르지 않고서는 사내대장부라고 할 수 없다라는 말을 남겨서 유명하다.

만리장성은 달에서도 유일하게 보이는 건축물이라는 말도 있지만 사실 달에서는 만리장성이 보이지 않는다고 중국 정부가 뒤늦게 발표해 많은 중국인들을 실망시켰다고 한다.

8
단 한 표가 승패를 좌우한다

한 표를 얻기 위해서라면 지옥까지라도 쫓아가야 한다.

미국의 전 대통령 클린턴 선거참모(GEORGE STEPHANO POULUS)가 한 말이 생각이 난다.

천당과 지옥은 단 한 표가 좌우한다.

"한 표를 얻기 위해서라면 지옥까지라도 쫓아가야 한다."

*천국에 가는 가장 효과적인 방법은 지옥에 가는 길을 잘 아는 것이다.

홍준표가 대통령이 못 되는 이유는 그가 살아온 생활 습성 때문이다.

가난한 사람과는 동업을 하지마라.

그놈에 무식한 입 때문이다.

말로 주고 되로 받는 형국이다.

천번을 죽었다 다시 살아나도 홍준표는 대통령이 될 수 없다는 본인의 사전 예언대로다.

　나는 처음부터 홍준표는 윤석열을 이길 수 없다고 사전에 선포한 사람이다.

　그리고 이재명, 황교안, 이낙연, 홍준표, 안철수 인격은 아는 사람은 다 안다.

　대꾸할 가치 조차 없는 인물들이다.

　"말 한마디에 천냥 빚을 갚는다"는 속담과는 거리가 먼 사람들이다.

9
복은 가히 두 번 다시 구하지 못한다

부모라면 누구나 자식이 효성스럽기를 바란다.

그러나 효자라고 반드시 사랑받는 것은 아니다.

인생은 억지로 되는 것이 아니다. 여기에는 어느 누구도 예외는 없다.

성공보다는 성공 후 관리가 더 어렵다.

이 한 권의 책 속에 당신의 운명을 바꿀 수 있는 비결이 들어있다.

기적이란 지금 내가 살아 있다는 것이다.

회불여명(會不如命) 지불여복(智不如福) : 지식은 운명만 못 하고, 지혜는 복만 못 하다.

제자불필불여사(弟子不必不如師)요 : 제자라고 반드시 스승만 못 한 것이 아니며,

사불필현어제자(師不必賢於弟子)니라 : 스승이라고 반드시 제자보다 현명한 것은 아닌 것이다.

호표무문(虎豹無文) 즉곽동견양(則鞹同犬羊) : 호랑이와 표범의 무늬가

없다면 그 가죽은 개나 양의 것과 같을 것이다.

천년응금(千年凝錦) : 천년의 미래에 비단을 짠다.

명심보감, 순명편(順命篇)에 공자가 말하기를, '죽고 사는 것은 명에 있고 부자가 되고 귀하게 되는 것은 하늘에 있다.'라고 하셨다.

"모든 일은 분수가 이미 정하여져 있는데 사람들은 부질없이 스스로 바쁘게 움직인다."

경행록에 이르기를 '화는 요행으로는 면하지 못하고, 복은 가히 두 번 다시 구하지 못한다.'라고 하였다.

열자가 말하기를, '어리석고 귀먹고 고질이 있고 벙어리라도 집은 큰 부자요 지혜 있고 총명해도 도리어 가난하다.'

운수는 해와 달과 날과 시가 분명히 정하여 있으니 계산해 보면 부귀는 사람으로 말미암지 않고 명에 있는 것이다라고 하였다.

10
권력은 빌려 주면 잃는다

*의인불용 용인불의(疑人不用 用人不疑), 의심나면 쓰지 말고 일단 쓰기로 마음먹었으면 결코 의심하지 않는다.

먼저 이 책을 읽기 전에 서두에 내용부터 읽어야 이 책에 숨겨진 보물을 찾아 당신의 꿈을 펼치는 데 도움이 될 것이다.

군자는 그 때를 만나면 관직에 나아가지만,

때를 못 만나면 이리저리 날려 다니는 쑥대처럼 굴러다니는 신세가 될 것이오.

내가 듣기에 뛰어난 장사꾼은 물건을 깊이 숨겨두어 아무것도 없는 것 같이 보이고,

군자는 훌륭한 덕을 간직하고 있으나 외모는 어리석게 보인다고 들었소.

그대의 교만한 기색과 탐욕, 태도를 꾸미는 것과 지나친 욕망을 버리도록 하시오.

그런 것들은 모두가 그대에게 아무런 도움이 되지 않을 것이오.

내가 그대에게 말할 것은 단지 이것뿐이오.

"전쟁을 잘하는 자는 남을 끌고 다니기는 하지만 남에게 끌려다니

지는 않는다."

1년 살려거든 곡식을 심고
10년 살려거든 나무를 심고
100년 살려거든 덕을 베풀어라.
덕이란 인물을 말함이라.

자왈지자(子曰知者)는 : 공자님이 말씀하시기를, '지혜로운 사람은

낙수(樂水)하고 물을 좋아하고,
인자(仁者)는 : 어진 사람은
낙산(樂山)이니 : 산을 좋아하나니
지자(知者)는 : 지혜로운 사람은
동(動)하고 : 동적이고
인자(仁者)는 : 어진 사람은
정(靜)하며 : 정적이며
지자(知者)는 : 지혜로운 사람은
낙(樂)하고 : 즐기고
인자(仁者)는 : 어진 사람은
수(壽)니라 : 수를 하게 된다'고 하셨다.
아유삼보(我有三) : 내게 세 가지 보물이 있어
지이보지(持而保之) : 이를 지니고 보존한다.

일왈자(一日慈) : 첫째는 자애

이왈검(二曰儉) : 둘째는 검약

삼왈불감위천하선(三曰不敢爲天下先) : 셋째는 세상에 앞서려 하지 않음이다.

자고능용(慈故能勇) : 자애 때문에 용감해지고

검고능광(儉故能廣) : 검약 때문에 널리 베풀 수 있고

불감위천하선(不敢爲天下先) : 세상에 앞서려 하지 않음 때문에

고능성기장(故能成器長) : 큰 그릇들의 으뜸이 될 수 있다.

천장구지(天將救之) : 하늘도 사람들을 구하고자 하면

이자위지(以慈衛之) : 자애로 그들을 호위한다.

세 스승님을 모신다는 것은 차라리 쥐벼룩 서말을 쏟아붓고 목에 방울을 달고 목적지까지 소리 안 나게 데려가는 것보다 더 어려웠다.

내가 흘린 50년 세월의 눈물은 황하강을 적시고 남을 것이다.

나는 눈물로 천하를 얻었다.

부자 옆에 줄을 서라.

산삼 밭에 가야 산삼을 캘 수 있다.

처음 만남은 하늘이 만들어 주는 인연이고

그 다음 만남은 인간이 만들어 가는 인연이라 한다.

사람을 볼줄 알면 당신은 이미 성공한 사람이다.

국가와 기업도 빨리 망하고 싶으면 자국을 떠나 외국 중국과 북한에 투자해라.

중국과 북한에 투자하면 망하는 이유는

1. 사막 위에 내린 소낙비
2. 바위 위로 지나간 뱀
3. 중국, 북한은 개미 귀신

중국과 북한은 기업인들의 도살장과 무덤, 웃고 갔다 울고 온다.

중국과 북한에 안 속는 방법은 투자 안 하면 안 속는다.

머지 않아 집을 나간 탕자들이 하나둘 모두 귀환할 것이다.

앞으로 남고 뒤로 손해를 보는 사업이 외국 투자기업들

헐한 것이 비지떡이라고 어느 누가 말했던가?

나는 개성공단 투자를 처음부터 반대한 사람. 타향이 싫어 고향이 좋아 "개똥밭에 굴러도 저승보다 이승이 좋아!"

11
시진핑 주석 관상(觀相)

상제봉조형(上帝奉朝形) : 상제(上帝)가 조회(朝會)를 하는 형국.

"만리장성은 중국인을 먹여 살린다."

"아홉 마리 황룡이 여의주를 물고 승천하는 상."

이 집안에서는 세계를 지배하는 지도자가 3~4명이 속출하는 명문가.
"출세의 지름길은 부유한 배우자를 만나는 것."
"다만 건강이 문제다."

펑리위안 상(相)

선인망월형(仙人望月形) : 신선이 달을 바라보는 형국.

시진핑 주석은 '펑리위안' 때문에 15억을 이끌어가는 중국의 통치자인 주석이 되었다.

펑리위안이 없었다면 오늘에 시진핑은 없었다.

인문의 운이는 권부에 높이 앉아 양손에는 생살여탈의 방망치 봉을 들고 천하를 호령하는 제후의 상을 말한다.

따라서 세상을 마음 끝 활보하고 한 나라의 대권을 장악하여 인생 자체가 곧 자기를 위한 삶이 아니라 뭇 사람의 생존을 위해 만인에게 솔선하고 인품은 중후, 겸양하여 권선징악의 협기가 뛰어나 세인의 기강이 되는 것이다.

때문에 이 명은 부 보다 귀, 재보다 권을 중요시 여기고 특히 명예를 생명처럼 받드는 청고한 기품이 깃들어 있다.

역단 하건대

홍루 높은 단상에 고풍을 지니고 홀로 앉아 있는 격이니 만인이 어찌 우러러보지 않으랴.

나아가 한 국가를 다스리고 백성을 어루만져 난세를 구제할 명이 분명할진저 천성은 청아하여 추호도 그릇됨을 용납지 않도다.

허리에 인문(國印)을 둘러 목하(目下) 백성이 엎드려 응하도다.

시진핑 부인 펑리위안 명언!!!!

여자는 자기관리만 잘해도 아주 잘한 겁니다. 그런데 무엇을 위해 남자까지 관리하려 합니까?

똑똑한 남자는 관리할 필요가 없고, 멍청한 남자는 관리해도 소용이 없고, 당신을 사랑하는 남자는 관리하지 않아도 되고, 당신을 사랑하지 않는 남자는 당신이 관리할 자격이 없습니다.

때문에 당신은 열심히 여자로만 살면 되는 겁니다.

1. 자신한테 투자하세요

여자의 일상에서 가장 중요한 몇 년을 남자한테 투자한다면 당신은 그 후의 몇십 년을 그 남자가 당신의 곁을 떠나지 않게 하기위해 부단히 노력을 해야 합니다.

하지만 소중한 그 시간을 자신을 위해 투자한다면 당신은 진정한 사랑을 얻을 수가 있습니다.

남자는 여자가 여자다울 때면 자연스레 다가오게 되어 있으니까요.

2. 독립적인 여자가 되세요

경제도 사업도 남자한테 의존하지 않는 독립적인 여자가 아름답고 매력적입니다.

사랑은 사랑하는 사람이 행복할 수 있도록 돕는 거지 사랑하는 사람이 행복할 수 있도록 내 자신을 희생시키는 건 아닙니다.

모든 걸 남자한테 의존해서 산다면 그 남자는 당신한테 선택의 전부일지 몰라도 당신은 꼭 그 남자한테 선택의 일부분이 됩니다.

3. 아무 남자나 만나지 마세요

외롭다고 아무 남자나 만나는 건 당신과 그 남자한테도 모두 불공평한 일입니다.

당신이 싫어하는 남자는 거절하고 당신을 사랑하지 않는 남자는 떠나세요.

헌신짝도 짝이 있는 법이고 당신을 아낄 줄 모르고 사랑하지 않는다면 아무리 돈 많고 인물이 좋아도 아무 소용이 없습니다.

외로울 때 아무 남자나 만나기보다 그 시간에 몸매관리와 피부관리를 더 해서 좋은 남자가 나타나면 놓치지 않고 꼭 잡는 게 더욱 바람직한 선택입니다.

4. 책을 보세요

무조건 얼굴이 예뻐야 아름다운 여자인 건 아니지만 배운 게 없다면 당신은 꼭 못난 여자입니다.

책을 보고 남들 앞에서 지식을 자랑할 필요는 없겠지만 책을 본다면 적어도 당신은 나쁜 남자와 좋은 남자, 그리고 당신을 사랑하는 남자와 당신을 사랑하지 않는 남자를 감별해 낼 수가 있습니다.

드라마에는 예술이 있지만, 책 속에는 인생 경험이 살아있습니다.

5. 아름다운 여자가 되세요

세상에는 게으른 여자는 있어도 못생긴 여자는 없습니다.

아무리 바쁘더라도 여자는 꼭 자기 자신을 우아하고 아름답게 가꿔줘야 합니다.

여자가 구질구질하게 자기 자신을 사랑하지 않는데 어떤 남자가 그 여자를 사랑하겠습니까?

여자는 항상 자신의 외모에 신경을 써줘야 합니다.

6. 너그러운 여자가 되세요

너그러움은 나약함도 아니고 양보도 아닌 알면서도 말하지 않는 지혜이고 인간의 따스함입니다.

고래고래 소리를 지르고 다른 사람을 욕하고 질투하는 여자보다 양보할 줄 알고 용서할 줄 알고 배려할 줄 아는 여자는 모두가 존경합니다.

사람은 항상 자기 자신에 엄격하고 다른 사람한테는 너그러워야 합니다.

12
윤석열 대통령 후보 상(相)

차기 대한민국 대통령은 윤석열이 100% 당선된다.

맹호출림형(猛虎出林形) : 맹호(猛虎)가 숲에서 나오는 형국

'인문(印門)'의 운의는 권부(權府)에 높이 앉아 양손에는
생살여탈(生殺與奪)의 방망치봉(妨妄治捧)을 들고 천하를 호령하는 제후
의 상을 말한다.

따라서 세상을 마음껏 활보하고 한 나라의 대권을 장악하여 인생
자체가 곧 자기를 위한 삶이 아니라 뭇 사람의 생존을 위해 만인에게
솔선하고 인품은 중후, 겸양하여 권선징악의 협기(俠氣)가 뛰어나 세인
의 기강(紀綱)이 되는 것이다.

때문에 이명은 부 보다 귀, 재 보다 권을 중요시하는 것이고,
특히 명예를 생명처럼 받드는 청고(淸高)한 기품이 깃들어 있다.
다만 의리나 명예를 너무 지나치게 존중한 나머지 때로는 독선적
기질이 되어 독재의 화신이 되기도 한다.
그러나 대부분 마음속에 깊은 사리가 있고 정도(程度)를 넘지않으려

는 현명한 자제력이 있는 까닭에 결국 인성(仁聖)에의 길로 인도된다.

남성의 경우 초년에 패가(敗家)에서 난 사람이 많고 특히 여성에 대한 고(苦)가 따르므로 처(妻)를 잘 선택해야 하며, 여성은 왕비의 복록을 지녔으나 초혼에 있어 극히 신경을 쓰지 않으면 함정이 있다.

역단하건대,

홍루(紅樓) 높은 단상에 고풍을 지니고 홀로 앉아 있는 격이니 만인이 어찌 우러러보지 않으랴!

나아가 한 국가를 다스리고 백성을 어루만져 난세를 구제할 명이 분명할진저.

만일 이명이 고관대작이 아니면 형상을 받을 것이요,

다만 이 사람의 일은 처(妻)로 인한 번뇌가 간간이 따르리로다.

만평이나 되는 형극(荊棘)의 길을 손수 제하고 천성은 청아하여 추호도 그릇됨을 용납지 않는다.

기회를 쉽게 잡아 대사를 이루니 벼슬은 날로 상승하여 허리에 인문[國印]을 둘러 목하(目下) 백성이 엎드려 응하도다.

*6·25 이후 한국의 역대 대통령 중 병권을 장악한 이들(이승만(李承晚), 박정희(朴正熙), 노태우(盧泰愚)는 年·月·日·時 중 어느 곳엔가 모두 이 인문(印門)이 사주에 있음을 확인하였음.

필자는 윤석열의 차기대통령으로 당선된다고 일 년 전부터 이미 트위터, 페이스북에서 세상에 알린 바가 있다.

*나는 미국 화이트 하우스에 올린 글이 좋아요!의 수가 851만 명, 동시접속자 수가 553만 명의 기록을 세운 적이 있다.

13
이재명 대통령 후보 이름의 의미

좋은 이름은 좋은 기름 보다 낫다(전:7:1)

이 이름의 의미를 측자파자(測字破字)하면 제 명대로 못 사는 이름이다.

황방폐월형(黃尨吠月形) : 누렁이 삽살개가 달을 보고 짓는 형국

「삼거일람」에서 일행선사(一行禪師)는

胎中寡宿 別無樂(태중과숙 별무락)

靑春寒房 杜鵑聲(청춘한방 두견성)

'태중에 과숙살이 들면 일평생 즐거운 날이 별로 없어 청춘에 찬 방에 누워 소쩍새 소리를 듣는다'고 지적했다.

때문에 과숙살은 쓸쓸한 초겨울 한밤을 지새우며 울어 지친 불여귀(不如歸)와 같은 형상을 말하였거니, 어찌 살아가는 동안 외로움을 느끼지 않으랴!

역단하건대,

사주에 과숙이 들었으니 임 없는 세월 독수공방이요,

여기에 육친의 덕마저 소원하여 넓은 천지에 이 한 몸 의지할 곳 없는 격이로다.

일찍이 공부자(孔夫子)도 '오십에 이르러서야 비로소 하늘의 명을 안다'고 '오십지천명(五十知天命)'이라 하지 않았던가?

인간이란 분명 오십의 연륜에 도달하면 이제까지 살아온 지난날에 자신을 반추(反芻)해 볼 때, 자신의 타고난 분복쯤은 여히 깨달을 수 있는 까닭에 공자도 사람이 나이(50)에 이른즉 천명(天命)을 알 수 있다고 했다.

생각건대, 인생에는 반드시 수수법칙(授受法則)이 있다.

인간의 삶은 주고받는 것, 즉 너와 나의 관계이며, 주지도 않고 받지도 않는 인생은 존재할 수 없다.

우리가 상대에게 주는 것을 '수(授)'라 하고, 상대로부터 받는 것을 또한 '수(受)'라고 한다.

이와 같이 경제적 반대급부(反對給付)의 논리(原則)가 곧 인간관계이다.

때로는 인근(人近)의 세력만 믿고 저돌(狙突)하다가 스스로 화를 입는다.

성품은 다정다한(多情多恨)하여 의리를 주장하지만, 자신은 본의 아니게 은혜를 저버리는 결과를 낳기도 한다.

특히 여성의 경우 남편의 운기(運氣)를 꺾고 내 주장하는 경향이 있고, 자신은 한때 대수술의 병액을 당하기도 한다.

그러나 대인의 경우 90% 이상이 이 삼형살을 타고 난 사람이다.

14
이 사람을 아시나요!
태영호 국회의원 상(相)

머지않아 북한 출신 정치인 대통령이 나올 수도 있다.
동서독의 대통령 총리들을 보면 내 말이 실감날 것이다.

국회의원 태영호 상(相)

비룡상천형(飛龍上天形) : 나는 용이 하늘로 오르는 형세

허리에 인문(國印)을 둘러 목하(目下) 백성이 엎드려 응하도다.

인문(印門)_

독좌고문 만인앙시(獨坐高風萬人仰視)
경국제세 이무창생(經國濟世以撫蒼生)
약비고관 반위형상(若非高官反爲刑傷)
차인지사 유처생번(此人之事由妻生煩)

만평형국 이수능제(萬坪荊棘以手能制)

천성청아 추호불오(天性淸雅秋毫不誤)

대사이기 신진승작(大事易璣新進昇爵)

요대인문 목하민복(腰帶印門目下民伏)

'인문(印門)'의 운의는 권부(權府)에 높이 앉아 양손에는 생사여탈(生殺與奪)의 방망치봉(妨妄治棒)을 들고 천하를 호령하는 제후의 상을 말한다.

따라서 세상을 마음껏 활보하고 한 나라의 대권을 장악한다.

인생 자체가 곧 자기를 위한 삶이 아니라 뭇 사람의 생존을 위해 만인에게 솔선하고, 인품은 중후·겸양하여 권선징악의 협기(俠氣)가 뛰어나 세인의 기강(紀綱)이 되는 것이다.

때문에 이 명은 부 보다 귀, 재 보다 권을 중요시 여기고, 특히 명예를 생명처럼 받드는 청고(淸高)한 기품이 깃들어 있다.

다만 의리나 명예를 너무 지나치게 존중한 나머지 때로는 독선적 기질이 되어 독재의 화신이 되기도 한다.

그러나 대부분 마음속에 깊은 사려가 있고 정도(程度)를 넘지 않으려는 현명한 자제력이 있는 까닭에 결국 인성(仁聖)에의 길로 인도된다.

남성의 경우 초년에 패가(敗家)에서 난 사람이 많고, 특히 여성에 대한 고(苦)가 따르므로 처를 잘 선택해야 한다.

여성은 왕비의 복록을 지녔으나 초혼에 있어 극히 신경을 쓰지 않으면 함정이 있다.

역단하건대,

홍루(紅樓) 높은 단상에 고풍을 지니고 홀로 앉아 있는 격이니 만인이 어찌 우러러보지 않으랴.

나아가, 한 국가를 다스리고 백성을 어루만져 난세를 구제할 명이 분명할진저.

만일 이 명이 고관대작이 아니면 반대로 형상을 받을 것이요, 다만 이 사람의 일은 처로 인한 번뇌가 간간이 따르리로다.

만평이나 되는 형극(荊棘)의 길을 손수 제하고 천성은 청아하여 추호도 그릇됨을 용납지 않도다.

기회를 쉽게 잡아 대사를 이루니 벼슬은 날로 상승하여 허리에 인문[國印]을 둘러 목하(目下) 백성이 엎드려 응하도다.

춘매추국 각유시(春梅秋菊 各有時)
시래시연 자연성(時來時緣 自然成)
초년곤고 막한탄(初年困苦 莫恨嘆)
만세영화 확무의(晩歲榮華 確無疑)

봄 매화 가을 국화도 각각 피는 때가 있나니!
때가 되면 시절 인연 무르익어 자연히 이루어질 것을!
그대! 초년의 외로운 세월 한탄치 마오.
노년에 무궁한 영화 확실히 의심할 바 없으이.

*6·25 이후 한국의 역대 대통령 중 병권을 장악한 이들(이승만, 박정희, 전두환, 노태우)은 년(年)·월(月)·일(日)·시(時) 중 어느 곳엔가 모두 이 '인문(國印)'이 사주에 들어 있음을 확인하였음.

15
김영무 회장(김앤장) 관상

구성낙지형(九星落地形) : 아홉개의 별이 땅에 떨어지는 형국

녹음삼월 비형화(綠陰三月 飛螢火)
허광분주 금곡원(虛光奔走 金谷園)
금곡삼입 인부득(金谷三入 人不得)
낭음비가 한강수(浪吟悲歌 漢江水)

녹음 짙은 춘삼월에 나는 반딧불아!
어이하여 헛된 빛만 날리고 분주히 금곡원을 들락거리는가?
애절타! 세 번이나 금곡원을 들어갔지만 사람을 얻지 못하고,
슬픈 노래 읊조리며 한강수(漢江水)를 건넜노라!

재물에 근심이 일어나 밧줄로 몸을 얽는 격이니 도시 진퇴양난이
로다.
남으로 갈까, 북으로 갈까, 이렇게 할까, 저렇게 할까?
밤새껏 생각만 분주하여 궁지에 처한 몸
노경의 안위(安位)를 어드메서 찾을꼬?

지나간 광휘(光輝)로웠던 세월!
이제 와 문득 돌이켜 보니 한 줄기 회오리바람과 같았구나

그렇고 그런 세월들!

어느새 붉은 홍로에 떨어지는 한 조각 눈송이가 되었도다

잔월투영 옥로상(殘月投影 玉露上)
객심청계 효무중(客心聽鷄 曉霧中)
임종고혼 독자거(臨終孤魂 獨自去)
공명부귀 개허망(功名富貴 皆虛妄)

쇠잔한 달빛 옥로상에 아롱져 맑게 비쳤으니
길가는 나그네 문득 새벽닭 우는 소리에 한 소식 얻었네
임종에는 외로운 혼(魂) 오직 홀로 가나니
그까짓 부귀공명 따위 다 부질없는 것을!

16
오세훈 서울시장 운명

가학조천형(駕鶴朝天形) : 학을 타고 천자(天子)를 뵙는 형국

왕은 하늘의 인가(認可)를 받아야 한다.

해는 뉘엿뉘엿 갈 길은 먼데 청산으로 돌아가는 객(客)이 문득 지나온 생(生)을 회고해 보니 어이타 본향(本鄕)을 두고 허명(虛名)만 날렸는고!

천신만고 경과후(天辛萬苦 經過後)

일편부귀 소지음(一片富貴 少知音)

부귀여장 지력구(富貴如將 智力求)

한신공성 십대모(韓信空成 十代謨)

천신만고 끝에 겨우 얻은 한 조각 부귀!

인생의 참뜻을 아는 이, 참으로 드물도다.

부귀를 힘이나 지혜로 구할 것 같으면

명장 한신이 어찌 10대를 도모하지 못했겠는가?

이 기분 표현할 좋은 말 있다면
흐르는 물은 오늘의 모습이요.
밝은 달은 전생의 내 모습이어라.

보지 않는 자는 맹인과 같고 듣지 않는 자는 귀머거리와 같다.

인재는 성인과 같은 분이 필요한 것이 아니며 지략에 통달한 사람이면 된다.

다 된 밥에 재 뿌리는 격, 한 표를 위해서라면 지옥에까지라도 따라가야 한다.

천궁유원(天宮遊猿)지상

천궁에 노니는 지혜로운 원숭이 형상으로 지모가 충중하여 영적(靈的) 감각이 두드러져 모든 일을 지혜로써 능수능란하게 처리하는 재치있는 수완을 타고났다.

내심 겁이 많으면서도 용기가 있으며 풍류를 좋아하고 예술적 감각 또한 뛰어나 일생을 통해 무궁한 복록과 행운이 따르므로 아무런 부족함이 없는 격이다.

풍신수길(豊臣秀吉)과 같은 지모가 이 상격에서 나온 것이며 초년에 고생이 있고 일생에 풍랑이 많은 편이기는 하지만 분명 극귀(極貴)할 운명임에 틀림이 없다.

초년에는 대부분 생활이 곤궁하던가 대의(大意)를 이루지 못하여 애태우기도 하지만 중년 이후에는 풍운의 돌개바람이 불어 왕운(旺運) 타게 된다.

17
이건희 회장 운명은
2014년이 고비였다

glory508/ 2011.10.06/ 15:30:12(청와대 게시판 글)
삼성의 발복은 3대 이재용 대에서 끝난다.
이건희 회장 지병의 원인은 혈압으로 중풍과 전립선암으로 고생하
다 쓰러진다.

삼성 이건희 회장 운명

장성귀로(長成歸路)

석양혼객 휴공망망(夕陽昏客 携恐忙忙)
염천귀로 춘광추색(炎天歸路 春光秋色)
일조청광 순식간사(一朝淸光 瞬息間事)
피운견월 구천조명(披雲見月 九天照命)
기루창파 일고불래(幾淚滄波 一顧不來)

석양빛 저문 황혼의 길손이 지팡이 끌기를 몹시 바쁘게 하네.

더운 하늘 돌아가는 길가, 사방은 온통 봄빛과 가을빛이요.

하루아침 맑은 빛도 찰나 간의 일!

구름을 헤치고 달을 바라보니 문득 구천(九天)에 명이 비쳐드니.

창파에 뿌린 눈물 그 얼마나 되었던가, 한번 돌아가면 다시 오지 못할 길을!

초혜혜혜 전정기초(草兮兮兮 前庭其草)

회고일생 몽중환몽(回顧一生 夢中幻夢)

청산세우 창응거두(靑山細雨 蒼鷹擧頭)

모도금행 수운지시(暮途今行 誰云指示)

화급동량 연자안거(火及棟樑 燕子安居)

장성귀로 처자석정(長成歸路 妻子惜情)

풀이여! 풀이여! 예나 지금이나 뜰 앞에 그 풀이로다.

지난 생 돌아보니 꿈 가운데 환몽이로고!

청산 속 가는 비에 푸른 뫼 머리를 들고,

이제 저문 길 향하는 길손에게 뉘라서 정토 길을 일러줄꼬.

타는 불기둥과 들보에 미치니 철없는 제비 새끼들 어찌하면 좋을꼬?

'저 어린(재용아)이를 어찌하면 좋을꼬?'

오늘 장성길 돌아가는 길에 처자는 슬픈 눈으로 애석한 정 보내네!

삼성은 3대 발복(發福)이다.

하늘은 삼성 가(家)의 발복 기간을 100년으로 정해주었기 때문에 삼성 이병철 회장이 받은 발복의 기한은 이건희 회장 사후에 서서히 쇠퇴한다.〈이병철+이건희+이재용 대= 3代 발복(發福)이 끝난다.〉

삼성가의 장자 이재용은 삼성을 이끌어 갈 재목으로는 힘겨운 사람이다. 삼성의 발복 기간은 이재용의 대에서 끝을 맺는다.

이건희 사후 삼성 가(家)는 제3의 인물에게 넘어간다.

이유는 용인에 있는 고(故) 이병철 회장의 음택(陰宅, 묘) 때문이다. 삼성은 이건희 회장의 대(代)에서 지기가 고갈된다.

현대가(現代家)에 인물은 없지만, 삼성(三星) 로고의 운명이 현대(現代)보다 일찍 끝이 난다.

삼성 로고와 음택 발복은 이병철 회장, 이건희 회장 이재용 3대 발복(發福)이다.

이병철 회장의 묘[음택(陰宅)] 때문에 손녀가 또 한 명 죽는다.

자식은 두 명을 둘 운명.

인생은 억지로 되는 것이 아니다.

여기에는 어느 누구도 예외는 없다.

18
홍라희 상(相)

춤추는 갈대의 상!

시 횡(施 橫)

명입시횡 홍재수신(命入施橫 洪財隨身)
암중귀록 치부지인(暗中貴祿 致富之人)
수롱만금 불선하인(手弄萬金 不羨何人)
진명가흥 향인환대(振名家興 鄕人歡待)
명운이전 신입금곡(命運以前 身入金谷)
명후운정 홍문입신(明後運程 鴻門入身)
고대루각 년년익수(高臺樓閣 年年益壽)
차인지명 지왈시횡(此人之命 指曰施橫)

'시횡(施橫)'의 운의는 하늘로부터 내리는 복록을 말하는바,
노적봉을 좌우에 쌓아놓고 빗대 앉아
한 손에는 부(富)와 다른 한 손에는 명성을 가지고
세상을 홀로 잠수질(世泳, 세영)하는 명을 뜻하거니와,

복록이 나날이 흥왕하여 기세가 번창함을 말한다.

따라서 일생에 '시횡(施橫)'을 타고난 사람은 세 번 이상 큰 횡재를 보게 되고 해(海)·수(水)·산(山)·야(野)에서 노다지를 캐내는 복력을 갖추고 있으며, 위인이 호방하고 풍류를 좋아하며 아무리 분주한 가운데에서도 유유자적하여 한가함을 잃지 않는다.

여성은 스스로 가업(家業)을 일으켜 만인을 공손히 접대하여 세상의 인기를 한 몸에 휘둘러 만인의 사랑을 받게 되는 운명이다.

역단하건대

땅 가운데 시횡이 들었으니 큰 재물이 스스로 몸에 따르고, 어두운 가운데 귀한 녹(貴祿)을 얻었으니 장래에는 반드시 치부할 사람이로다.

양손에는 수많은 재물(金錢)을 희롱하고 나날이 부(富)에 귀를 더하니 세상의 많은 사람들 중에 어떤 사람을 부러워하랴.

날로 이름을 떨치고 집안이 부흥이니, 고향의 많은 사람들이 문전에 찾아들어 환희하고 칭송하도다.

50세 이전에 벌써 몸이 금곡원에 들 것이요, 50세 이후 운정에는 홍문(權門)에 그 몸이 설 것이로다.

높은 누대에 노닐며 안락함이 무궁할지니, 어찌 장수(長壽)를 더 하지 않을손가!

모든 세인들은 이와 같은 명을 가리켜 예로부터 '시횡지인(施橫之人)' 이라 칭했나니,

자손은 천수를 다하지 못하고 갈 사람이 이과(二果, 二孫) 두 사람이 더 남았구나.

부(富)는 얻었으나 덕(仁德)이 부족한 것이 큰 흠이구나.

적을 너무 많이 만드니 하늘의 노여움을 피할 길이 없겠다.

성품은 다정다한(多情多恨)하여 의리를 주장하지만, 자신은 본의 아니게 은혜를 저버리는 결과를 낳기도 한다.

그러나 대인의 경우 90% 이상이 이 삼형살을 타고난 사람이다.

음부경(陰符經)에 이르기를

승도환속 극부자(僧道還俗 剋夫子)

관송쟁투 불목인(官訟爭鬪 不睦人)

삼형살이 명에 비치면 승도는 환속하기 쉽고

부인은 자식을 형극하고 시비가 잦으며

재송사의 화가 있어 화목하지 못하다고 하였다.

역단하건대

하늘이 준 천수를 모두 역행하니 이것 역시 피할 수 없는 운명. 부인(홍라희)은 자식을 형극 할 운명. 명궁에 삼형살이 침범하였으니 가히 옥문(獄門)을 면키 어려워라.

해가 구름 가운데 들었으니 어찌 날이 밝으리오.

바람 앞에 떨어지는 외로운 생 한 잎 낙엽과 같아라.

돈과 재물을 모두 버리고 광음에 살아지니 이것이 한낮 노생의 꿈이 아니고 무엇이랴.

자식의 운명은 제명대로 다 살지 못하고 겨울 동지 추운 날에 염라문을 홀로 두드릴 것이다.

지나간 삶의 빛 한 오라기 회오리바람 같았도다.

희비 쌍선에 몸 싣고 재물 다투어 보낸 세월 인간 세업이 다 무엇이더냐!

붉은 화롯불에 떨어질 한 조각 눈인 것을 그대에게 하늘이 내려준 명은 88세에 3년을 감했도다.

임종 시에 슬하에 자손은 두 가지[+ 孫]가 향촉을 밝힐 것인즉 85세에 당도함에 임하여 홀로 이학을 타고 천상에 오르리로다.

그대의 미소가 춤추는 갈대의 상 남편과 자식을 극할 상이다.

19

이재용 상(相)

청룡번해지상(靑龍飜海之相)이라 하여 '청룡(靑龍)'이 푸른 바다를 뒤 치는 형상'

금곡(金谷)

신입금곡 굴지득금(身入金谷 掘地得金)
재명입신 쌍수권재(財名入身 雙手權財)
한가독서 필시등과(寒家讀書 必是登科)
좌수흥우 우수양우(左手興雨 右手釀雨)
광대천지 일장내유(廣大天地 一掌內有)
중인지수 자영자귀(衆人之首 自榮自貴)
불고부귀 포덕만인(不顧富貴 布德萬人)
상수안강 금곡지옹(上壽安康 金谷之翁)

'금곡(金谷)'의 운의는 재물(貴金)이 많이 묻혀 있는 골짜기를 뜻하거니와, 이는 곧 중국 유수의 갑부(甲富) 석숭이가 황금을 발견한 곳이다. 그는 이곳 금곡원(金谷園)에서 중국 천하의 넓은 강토에서 하루아침에 당대의 재벌이 되었던 것이니, 당시 석숭의 부가 지나칠 정도로 놀랄 만한 신기적(新奇蹟)이었기에 후인들은 지금도 큰 부자를 가리켜 석숭이에 비유하고 있다.

*고전 역학에서 부자 또는 횡재를 한 사람을 표현할 때 '금곡(金谷)'이라 하고, 일명 큰 부자를 가리켜 금곡원에 출입한다고 말한다. 때문에 이 금곡을 타고난 명은 윗대(先代)에서 보이지 않는 수많은 음덕과 적선을 많이 베푼 조상이 있었다는 것을 암시한다.

역단하건대,

몸 주(身柱)가 금곡에 들어 있어 땅을 파서 황금을 줍는 격이니, 그이름이 세상에 자자할 것이요,

양손에는 권세와 부를 한꺼번에 쥐었도다.

왼손으로 비를 일으키고 오른손으로 술을 빚는 격이니, 그 조화가무궁하여 중인(衆人)의 수장(首長)임에 영화로운 귀(貴)를 스스로 취하리로다.

마음속엔 항시 측은지정(惻隱之情)이 스며 있어 자신의 부귀만을 돌아보지 아니하고 만인에게 덕을 베푸니, 수명은 상수에 이르고 몸은안강(安康)하여 모든 사람은 이 명을 일컬어 '금곡옹(金谷翁)'이라 이르나니, 모사는 기민하지만 때로는 인근(人近)의 세력만 믿고 저돌(狙突)하다가 스스로 화를 입는다.

그러나 대인의 경우 90% 이상이 이 삼형살을 타고 난 사람이다.

명궁에 삼형살이 침범하였으니 옥문(獄門)을 면키 어려워라.

형액을 면하기 어렵다는 말이다.

이재용은 한국을 떠나서 미국에서 생활하지 않으면 또 한 번 구속

된다.

삼성과 삼성의 본사는 한국과는 상극, 미국과는 상생이 된다.

어머니 홍라희 여사와 동생들 역시 상극이다.

한국을 떠나야 삼성이 살아남는다.

내 말을 귀담아 듣지않으면 삼성은 이재용 대에서 제3자의 손으로
넘어간다.

20
이준석의 운명

설익은 사과

상운봉일형(祥雲奉日形) 상서로운 구름이 해를 받드는 형국

전렵구비웅(畋獵舊非熊) 문왕이 사냥터 나가 잡은 것은 곰이 아니고 태공이었다네.

강변에 앉은 촌로[姜太公]가 위수(渭水) 강가에 곧은 낚시를 던진지 얼마만큼 세월이 흘렀던가! 겨우 팔십에 이르러 문왕(文王)을 만나 주(周)나라 800년 대계(大計)를 세워 정사(政事)를 운위한 것도 오직 이 '달운성'을 타고 났기 때문이다.

'과즉전도(過則轉倒)'라는 말이 뜻하듯, 너무 지나친 욕망은 반대로 거꾸러지기 쉬운 논리와 같이 자신의 능력을 너무 과대평가한다든가? 혹은 불가능한 목표에 도전하는 것과 같은 만용(蠻勇)을 드러내기도 한다.

또 '만운성(滿運星)'의 운의는

곧 '이월매화는 이월개(二月梅花 二月開)요,

구월국화는 구월개(九月菊花 九月開)'라는 자연의 순리에서 그 의미를 찾을 수 있다 하겠거니와, 어김없는 철[季節]의 도리가 2월이 되어야만 눈 속에 피는 매화에서, 9월이 되어야만 서리 바람(風霜)에 피어나는 들국화의 자연현상에서 이 '만운성'의 운의를 찾을 수 있다.

21

갓을 쓴 여자(안철수)
철수 "철수"

한국관상학회
정와룡 회장이 본 안철수의 미래

안철수 하늘의 돌아가는 운수가 그대 몸에 있으니
그대는 마침내 임금이 될 것이요.
뛰는 자 위에 나는 자 있다. 백성 모두 당신을 우러러본다.
당신은 왕이 될 사주입니다. 제왕은 하늘이 낸다.
하늘의 부름을 받은 자만이 왕이 된다.

상감마마 절 받으십시오

자신도 모르는 사이 99%의 기회가 지나가 버린다. 나머지 1%
의 기회가 자신의 승패를 좌우한다.

운수가 닿으면 왕(王)이 되고, 운명이 궁하면 남들이 왕(王)을
할 때 평생(平生)동안 신하(臣下)가 되어 일만하다 늙어죽는다.

국민들이 지지하는 안철수의 觀相(관상)은 '祥雲奉日形(상운
봉일형)', '상서로운 구름이 해를 받드는 형세.' 만인에게 존경
받고 三政丞(삼정승), 六判書(육판서)가 나열해 揖(읍)을 받는 상
이다. 안철수 부인 김미경의 觀相(관상)은 '飛鳳歸巢形(비봉귀
소형)', '나는 봉황이 둥지로 돌아오는 형세.' 國母(국모)의 상으
로 신사임당 같은 어질고 순수한 어머니의 상이다. 이 두 부부
는 조상의 음덕을 받는 축복받은 한 쌍의 원앙새다.

안철수 교수 증조부의 陰宅(음택, 묘), 경남 양산시 우불산에
있는 안철수 교수의 증조부 묘는 '구성낙지형(九星落地形)',
'아홉 개의 별이 땅에 떨어진 형국.' 이 대 명당은 王(왕), 천자
가 나오는 천하 대 명당자리다.

안철수 생가 터

부산광역시 부산진구 범천동에 있는 범천의원 陽宅(양택, 집
터)은 '金龜出伏形(금구출복형)', '금 거북이 나와 엎드린 형
국'. 이 터는 富貴(부귀)를 가져주는 대 명당, 名譽(명예), 金
錢(금전), 人才(인재), 長壽(장수)를 관장한다.

안철수 교수 부친 안영모 원장의 相(상)

'仙人放鶴形(선인방학형)', '선인이 학을 놓아주는 형세.'

안철수 교수 모친 박귀남 여사의 相(상)

'金佛端坐形 (금불단좌형)', '금부처가 단정하게 앉은 형세.'

안철수 교수의 觀相(관상)

앞에서도 잠시 언급한바가 있지만, 안철수의 觀相(관상)은 '祥
雲奉日形(상운봉일형)', '상서로운 구름이 해를 받드는 형세.'
만인에게 존경받고 三政丞(삼정승) 六判書(육판서)가 나열해 揖
(읍)을 받는 상이다.

안철수는 일국의 郡王(군왕)이 될 상이다. 자녀운도 대길해 자
녀들 중에서도 훌륭한 인재가 나올 대길 한 상이다.

안철수 교수 부인 김미경의 觀相(관상)

'飛鳳歸巢形(비봉귀소형)', '나는 봉황이 둥지로 돌아오는 형
세'. 國母(국모)의 상, 신사임당 같은 어질고 순수한 어머니의
상으로 일국의 슈夫人(영부인)이 될 상. 이 두 부부는 조상의 음
덕을 받는 축복받은 한 쌍의 원앙새다. 자녀운도 대길하다.

그러나 여기는 예외가 있다.

'가인어월 이구익자 (假人於越而救溺子)', 하는 일이 옳아도
시기를 놓치면 아무 소용없다는 뜻이다.

'빙탄불언 냉열자명(氷炭不言 冷熱自明)', 잘나고 못남은 스
스로 말하지 않아도 남이 보아 안다고 한다.

안철수 교수의 興亡盛衰(흥망성쇠)

책사(謀臣)의 한마디는 천금 과 같다.

때를 만나면 천지도 함께 힘을 도와주어 일이 순조롭게 이루
어지지만, 운수가 없으면 영웅의 계략도 들어맞지 않는 법이니
라. 신(神)도 실수할 때가 있다. 즉 원숭이도 나무에 떨어 질 때
가 있다(There are times when the monkeys fall from the
trees.)고 안철수 교수와 김미경의 관상, 사주에도 興亡盛衰(흥
망성쇠)가 있다. 다시 말하자면 좋고 나쁜 점이 있다는 것이다.

안철수 교수 부부는 서울대학교와는 상극(相剋)이다.

처음은 흥하나 나중은 패망하는 곳이다. 즉 '웃고 갔다, 울고 나온다' 는 말이다. 문제는 관악산(冠岳山)때문이다 .

필자는 우리나라 최고의 인재들을 양성하는 국립대학인 서울대학교의 터는 서울대학교가 있어야할 자리가 아니다 라는 것이다.

'저산은 반드시 사람을 죽이는 산이다' 관악산은 풍수학에서도 제일 싫어하는 화산(火山)이기 때문에 모든 지기를 고갈(枯渴)시키고 태워버리는 산이다. 풍수에서 성국(成局)을 이루는 4사 중에서 혈 뒤편의 산, 즉 내룡을 현무사 (玄武砂)라 하며, 혈 앞에 대응하는 산을 주작(朱雀)이라 한다. 양자의 관계는 현무가 주인이라면 주작은 빈객이다.

청룡, 백호는 좌측에 있는 것을 청룡, 그리고 그 우측에 있는 것을 백호라 한다. 만일 혈이 남향이면 현무는 북쪽, 청룡은 동쪽, 백호는 서쪽, 주작은 남쪽에 해당한다.

동룡(東龍), 서호(西虎) 이 양자는 풍수의 성국에 있어 없어서는 안 되는 것이다. 용호의 임무가 장풍에 있음은 말할 필요도 없지만 그 주된 점은 팔 다리가 인체를 잘 호위 하는 것 같이 서로 포위 하여 혈을 지키는데 있다. 관악산은 그 어떤 국과도 어울릴 수 없는 산이기 때문에 멀리서 살짝 보이는 것 조차도 꺼려한다.

우리의 귀중한 문화유산 남대문이 불에 타 버리고 MB퇴진, 촛불 시위가 일어났던 이유도 당시에 광화문 앞에 놓여있던 해태를 어느 날 갑자기 치워버렸기 때문이다. 그 후 필자의 권유에 못 이겨 정부에서 문화재청에 지시해 아무렇게나 방치해두었던 해태를 다시 제자리에 옮겨 놓은 후에는 이명박 퇴진 운동은 수그러졌던 것이다. 앞으로 관악산이 바라보이는 관악구에서는 작은 인물과 졸부는 나올 수 있어도 큰 인물과 거부는 나오기 가 힘들 것이다. 차후에라도 서울대학교는 神補(비보)를 하는 것이 좋을 것으로 본다. 국익이나 학교를 위해서라도.

인위적 풍수법의 대표적인 것이 鎭護(진호)를 위한 풍수탑(風水塔)이며, 보허(補虛)를 위한 조산(造山)이고, 방살위호(防殺衛護)를 위한 염승물(厭勝物)이다 . 산(山)이 비록 웅장 한 듯 해도 살기(殺氣)가 많다. 안철수의 운명은 이 씨 성(李氏性)과 최 씨 성(崔氏性)을 가진 사람으로 인해 통곡 할 수도 있다. 잘못 하면 영원히 자신이 태어난 조국을 저 버리고 타국 땅에서 노년을 쓸쓸히 보내며 살아 갈수도 있다.

안철수는 이 이(李), 최(崔)로 인해 평생의 공든 탑이 하루아침에 무너질 수도 있다. 이명박 대통령이 퇴임 후에 김씨 성으로

인해 피눈물을 흘릴 수 있듯이, 안철수 부부를 배신하는 사람은 반골상(叛骨相)으로 제2의 석OO같은 인물이 될 것이다. 하루 빨리 서울대학교에서 나오는 것이 사는 길이다. 각설하고 처음부터 이 씨와 최 씨는 운명적인 만남이었다.

이것이 안철수 교수 두부부의 사주팔자에 옥(玉)의 티다.

대통령을 만드는 사람(President-maker)

국가 중대사 길일 지정은 물론 전 · 현직 대통령과 정, 재계 인물 권좌 예언하고 명당 묘터까지 잡아 준 역술지관 나 "청오 정와룡이 정해준 택일과 명당 운명의 길 따라 움직이지 않은 거물 누가 있겠소 !" 바로 이사람 과에 의해 오늘도 거물급 인사들의 운명이 좌우되고 있다. The Honorable "Chung-o" Chungwaryong has shown the divine prowess to foretell the sacred dates for the nationally important events, to predict the election results of many presidential candidates, and to designate the sacred sites for many Korean moguls after their demises. There is nobody who is beyond the reach of his divine prowess. Even at this very moment, the destiny of the multitudes of VIPs in Korea is decided by the revelations of his divine prowess.

- 중요 저서 -
"풍수학의 최고경전" 신이주신 선물 청오경(靑烏經)
(My novel, The Gift from God, Chong O Sutra)
(좋은 출판사, 2010년 2월27일)
신의 땅 금낭경(錦囊經) (좋은 출판사, 2010년 2월27일)
(My novel, The Land of God, Keum Nang Sutra) 외 다수.

- 저자약력 -
고급자문을 해주는 대 사업가(consulting entrepreneur)
1. 전국영남도민회총재
(Director, The Association of People from Yungnam Provinces)
2. 연일정씨대종회총재
(Director, Yunil Chung's Clan Foundation.)
3. 지청오 풍수학회 총재
(Director, Chichungoh Geomancy Foundation)
4. 지청오 관상학회 총재
(Director, Chichungoh Faciomancy Foundation)
5. 한국 관상학회 회장
(Director, Korean Association of Faciomancers)
한국 풍수지리학 1번지, 지청오 풍수학회.
현자 정와룡의 예언
(Prophetic issues from the Great Sage Jegalgongmyung Chungo Jungwaryong.)

시사뉴스 2011. 12. 31

22
김정은의 천수(天壽)

김정은의 운명
비룡치운형(飛龍致雲形) : 나는 용이 구름을 일으키는 형국.

옛사람 고인(古人)은 사관살(四關殺)을 가리켜 천지사방 적들에 둘러싸여 사지(死地)에 몸을 두고 이제나저제나 생환(生還)의 날을 기다린다고 하였다.

또 팔패살(八敗殺)이 겹쳐있다.

옛사람은 팔패살을 가리켜 동서남북 상하좌우 형제 친척 친구 처가로 여덟 번 패가 겹쳤다고 일러왔다.

중국의 고전 연금경(演禽經)에서는 팔패를 가리켜,

'작야춘화 일타홍(昨夜春花 一朶紅)'
'추풍괄거 일천향(秋風刮去 一千)'

어젯밤에 봄꽃 한송이 붉었는데 오늘 아침 가을 서리 세찬 바람에 일천 향기를 한꺼번에 쓸어가 버렸네 라고 탄식하였다.

통일은 2025년 을사(乙巳)년에 되지만, 김정은은 통일을 보지도 못하고 2024년 갑진(甲辰年)에 생(生)을 마감할 운명이다.

　우리 가문은 살길을 찾아 전라북도 전주에서 북한으로 돌아왔다.(와룡의 터, p.46~p.51)

　전북 완주군 구이면 원기리 모악산 중턱에 전주 김씨 시조 김태서(金台瑞)의 묘가 있다.

　1928년에 간행된 전주 김씨 족보를 보면 시조 묘가 그려져 있고 시조가 김태서(金台瑞)임이 분명히 밝혀져 있다.

　또 김태서(金台瑞)의 32대 손으로 김일성의 본명인 김성주(金成柱)와 동생(김영주)의 이름이 나와 있다.

　김일성 주석의 자서전인 『세기와 더불어』 제 1권에서 우리 가문은 김계성 할아버지 대에 살길을 찾아 전라북도 전주에서 북한으로 들어왔다.

　만경대에 뿌리를 내린 것은 증조부 할아버지(김응우) 대부터였다고 적고 있다.

　최근 북한의 김정일 국방위원장은 방북한 남한 언론사 사장단과의 오찬 회동에서 남쪽에 갈 기회가 있으면 그곳 '시조 김태서(金台瑞)의 묘가 있는 모악산'에 가서 시조 묘를 참배하고 싶다고 밝힌 바 있다.

　모악산에 있는 전주 김씨 김태서(金台瑞) 시조 묘의 발복은 김일성이 죽은 날로부터 1994년 7월 8일 향년 83세로 끝이 났다.

　더 이상의 발복은 기대하지 마라.

"중국의 지사 증갈개는 길한 땅을 구하려거든 반드시 양사(良師), 즉 지리에 밝고 어진 지사를 구해야 한다고 강조했고, 또 중국 명나라 세종 43년 가정(嘉靖) 갑자(1564년)에 강우덕흥(江右德興) 사람 서선술(徐宣述), 서선계(徐宣繼) 두 형제가 지은 인자수지(人子須知) 제 9조에도 '양사(良師 : 지리에 밝은 어진 지사)'를 택하지 않으면 안 된다고 했다.

지금도 늦지 않았다.

김일성 시신을 수양산이나 묘향산 대 명당자리에 옮기면 국운을 연장할 수가 있지만 내 말을 안 듣고 그냥 둔다면 반드시 1~3년 안에는 김정은의 운은 끝난다.

오늘도 김일성, 김정일은 통곡하고 있다.

해주 수양산이나 묘향산의 정절한 기상은 동정봉(童貞峰)의 정기로부터 비롯된다는 것을 옛사람들은 굳게 믿고 있다. 이 바위산은 마치 남자의 성기인 양경(陽莖)처럼 생겼는데 주변에 대응할 만한 음혈(陰穴)의 암산이 없어 외로운 숫산이 고독한 형이라는 것이다.

그러니 평생 영원토록 동정을 지킬 수밖에 없어 그렇게 이름 지어졌다고 전한다.

그러나 비록 산의 모양은 고독한 동정봉이지만 그 소응으로 인하여 절개 곧고 지조 높은 인물들이 많이 나왔다.

특히 청절지사(淸節之士)로는 '안중근(安重根)-본명 안응칠(安應七)', '이승만(李承晚)-본명 이승룡(李承龍)', '김구(金九)-본명 김창수(金昌洙)' 등은 모두 동정봉의 소응을 받은 일대의 지사(志士)들이고 1911년에 일어난 105인 사건 또한 이 산의 정기와 관련 있는 것으로 전해져 온다.

당시 황해도 일대에 뿌리내린 항일 문화운동의 족보도 따지고 보면 동정봉을 뿌리로 하여 이어져 온 것이니, 그 감응이 실로 신비롭기 짝이 없다.

고서(古書)에도 "평양(平壤)의 지운이 왕성하면 전주(全州)의 지운이 쇠락하고, 전주(全州)의 지운이 흥하면 평양(平壤)의 지운은 망한다고 했다."

북한은 절대로 약속을 안 지킨다. 핵을 포기하지 않는다는 뜻이다.

임기응변으로 그때그때마다 고개를 숙였다 들었다 반복하다가 언젠가는 미국에게 된서리 맞는다.

삼천 년을 살았다는 동방삭이 목숨을 연장하게 된 것은 평소에 저승사자를 잘 대접했기 때문이니, 대접을 받은 저승사자는 삼십 갑자를 살게 되어있는 동방삭의 수명을 삼천갑자로 고쳐주었다.

그러나 삼천갑자를 살고도 붙잡히지 않자 저승사자는 동방삭을 잡아가기 위해 냇가에서 숯을 씻었다.

어느 날 동방삭이 자나가다가 숯을 씻고 있는 이유를 물었다.

저승사자가 숯을 씻으면 하얗게 된다고 해서 씻는다고 대답하자 동방삭은 자기가 삼천갑자를 살았지만 처음 듣는 소리라고 말해 결국 자신이 동방삭임을 노출함으로써 잡혀갔다고 한다.

이렇듯이 나도 하늘이 정해준 천수를 마음대로 할 수 있는 능력이 있다면 얼마나 좋겠나? 아쉽게도 내가 할 수 있는 것은 땅의 이치를 조금 아는 것 밖에는 다른 재주가 없다.

내 말이 진짜인지 가짜인지는 할아버지 김일성 주석과 아버지 김정일을 하루빨리 차가운 수은 속에서 따뜻한 명당자리로 옮겨달라고 오늘도 통곡하고 있다.

김정은은 자신이 더 잘 알 것이다.
다시 한 번 말하지만 김정은은 지금도 죽어가고 있다.

짧으면 일 년, 길면 삼년.
풍수경전에 보면 '탈신공 개천명(奪神功 改天命)'이라고 하늘이 정해놓은 운까지도 바꿔 버리는 것이 바로 풍수지리의 오묘한 이치다.

23

오늘도 김일성, 김정일은
통곡하고 있다

『와룡의 터』(도서출판 답게 2007년 10월 25일 p.23-p.33)

말이 씨가 된다.

오늘도 김일성은 통곡한다.

아침 일찍 육관 손석우 선생님께 전화가 왔다. 오늘 특별한 약속이 없으면 보광동 집으로 좀 왔다가 가라는 것이었다.

나는 오전 10시 경에 선생님 집 앞 가게에서 평소 방문 때와 같이 오과(다섯 가지 과일)를 사 가지고 선생님 자택 2층 서재에 들렀다.

사모님과 선생님 막내 따님이 나를 선생님께 안내해 주면서 벌써부터 정 회장님 오시기만 기다리고 계십니다.

평소에도 아무리 화를 내시다가도 정 회장님만 오신다면 좋아서 어쩔 줄 모릅니다.

선생님은 나를 보시더니 추석 명절을 기다리던 어린아이들 처럼 반가워

"와룡이 왔나!"

"네, 선생님 안녕하십니까?"

"그래 너는 밥 먹고 왔나?

안 먹고 왔으면 주방 에 갔서 밥 달라고 해서 먹고 오너라?"

언제와도 선생님과 사모님 그리고 따님은 한식구처럼 느껴진다.

"네, 먹고 왔습니다.

선생님 아침드셨습니까?"

"그래!"

"와룡아! 너하고 의논 좀 하려고 불렀다."

"네, 무슨 일인데요?

급한 일 있으시면 사모님과 의논하시지예?"

"야 이놈아, 할망구하고 의논할 일이 있고, 너하고 의논할 일이 있지."

"선생님 어디 편찮으십니까?

편찮으시면 저하고 병원에 종합 진단받으러 가시지예."

"아니다. 몸이 아픈 것이 아니고…"

"마음이 아프다."

"선생님! 뜸 좀 들이시지 마시고 속 시원하게 말씀 좀 해 보세요."

"오냐 그래 하마."

"혹시 지창룡 선생님 일 때문이십니까?

지창룡 선생님 문제라면 걱정 붙들어 매십시오."

당시 세상을 온통 떠들썩하게 만든 동작동 국립묘지 터에 안장되어있는 박정희 전 대통령 내외분 묘 속에 소설 『터』의 저자 김일성 죽음을 정확하게 사전에 예언한 땅속을 유리알처럼 들여다 볼 수 있다는(초능력? '유리 겔라 사건') 손석우 선생님은 공개언론 방송 프로그램에 나오셔서 나는 풍수 풍자도 평소에 단 한 자도 책이나 선생님께 배운

적이 없지만 땅속을 유리알처럼 훤히 들여다볼 수 있다고 자랑하시던 신안(神眼)으로 알려진 육관 손석우 선생님의 주장은 광중에 물이 꽉 차 있어! 그래서 박 대통령 가(家)가 시끄럽다.

동작동 현충원 국립묘지 터와 대전 현충원 국립묘지 터를 잡은 혜안(慧眼)과 국풍(國風)으로 잘 알려진 청오 지창룡 선생은 미친 소리 자다가 봉창 두드리고 있네.

평소에 친구처럼 두 사람이 만나면 서로 니가 옳으니 내가 옳으니 하면서 술잔을 주고받던 사이 특히 풍수지리에 관한 지식을 논할 때는 옆에서 두 사람의 수제자가 본 토론 현장은 서로 한치의 양보가 없었다.

"저놈 석우가 미친놈 아니가?

이때까지 만날 때는 조용히 아무소리도 않고 가만 있다가 이제 와서 언론 플레이 할려고 무슨 귀신 씨나락 까먹는 소리를 하고 있나? 절대 그런 일은 내 사전에는 없다."

옥신각신 각 언론사의 스포트라이트(Spotlight)를 두 분들이 한몸에 받던 때다. 박정희 대통령 내외분의 못자리 때문에 지창룡 선생님과 손석우 선생님 두 분 사이에 송사가 걸려 있어 나는 두 선생님들을 모시는 최고 수제자로서 선생들의 심부름을 여기왔다 저기갔다를 반복하면서 다람쥐 쳇바퀴 돌 듯 중개역할을 하고 있던 때였다.

결국 진정어린 수제자의 간곡한 부탁으로 서로 취하를 하고 법적 합의를 해 간신히 해결된 사건(일요신문 참고).

결국 남의 눈에 눈물 내면 자기 눈에 피눈물이 난다는 말처럼 김일성 죽음을 정확하게 예언한 뒤로 손석우 선생님은 금전에 눈이 멀어 보광동 선생님 대문 앞은 문전성시를 이루어 산더미처럼 쌓이고 밀

려든 주문과 수표다발 바리바리 싸들고 찾아와서 기다리면서 조상의 묘 터를 잡아달라는 정재계 인물들과 재벌들의 유혹과 성화에 못이겨 하루에 100개씩을 터를 잡아줘도 100년 동안 걸려도 못 잡아주는 선불 현금 완납 주문을 받고 난 뒤에 차례를 기다리다가 지친 사람들이 고소 고발을 해 결국은 한순간에 명예를 잃어버린 사건, '그것이 알고 싶다!'

방송프로그램 사건.

욕심이 많으면 식물을 감한다는 속담처럼

"돈을 잃으면 조금 잃는 것이요,
명예를 잃으면 반을 잃는 것이요,
건강을 잃으면 모두 잃는 것이다."

"이제 서론에서 본론으로 들어가 보게심더?"

"이놈아! 헛다리 짚고 있네.

그 일이 아니고 수년 전부터 내가 김일성이 죽는다고 내 책 『터』에서 악담한 후 김일성 빨갱이가 죽었잖아!"

"예, 선생님!

그거야 온 세상천하가 다 아는 사실 아닙니까?

이제와서 새삼스럽게 또 누가 그 말씀을 가지고 시비 거는 사람놈이 있습니까?"

"야! 이놈아,

끝까지 내 말을 들어보고 질문하고 대답해라 알겠나?"

"예, 알겠습니다.

선생님 제가 잘못했습니다.

선생님 말씀해 보십시오."

선생님은 긴 한숨을 푹 내쉬면서 반쯤 열린 창너머로 한강 쪽을 바라보시다 내 얼굴 한번 쳐다보고 또 한강 쪽을 바라보시면서 연거푸 푹푹 한숨을 내 쉰다.

묻는 말에만 답하라고 하시는 선생님의 명을 받은 터라 더 이상 물어보지는 못하고 기다리던 중 선생님은 깨진 절구통 같은 무거운 입을 열기 시작했다.

"와룡아!"

"예, 선생님!"

"나 좀 살려 두가!"

"아니 선생님 무슨 일 있습니까?

제가 도울 수만 있다면 기꺼이 도와 드리겠습니다."

"오냐 그래 말하마.

너는 언제 봐도 내 최고 수제자 장자방답게 대답 한 번 속 시원하게 잘 한다.

죽은 김일성이가 말이다."

"예, 죽은 김일성이가 어찌되었습니까?"

"축시(오전 1시~오전 3시)만 되면 밤마다 하루가 멀다 않고 나를 찾아와서는 혼이란 혼은 다 빼놓고는 날이 샐 때 쯤이면 돌아갔다 다음날 그 시간이 되면 어김없이 나를 또 찾아와서는 전날처럼 똑같은 행패를 부리고 갔다가는 또 오고 시계 불알처럼 왔다 갔다 다음날에 어김없이 그 시간만 되면 꼭 찾아온단다."

"선생님 안 찾아오는 날은 없습니까?"

"지금까지 단 한 번도 결근한 적은 없었다."

"그놈들은 휴무도 없답니꺼?"

"그놈들은 시간 한번 기가 차게 잘 맞추어 찾아온다.

불면증이 있어 잠도 못 자다가도 깜박 잠만 들면 기다렸다는 듯이 찾아와 그때부터는 생지옥이 따로없다.

그것도 죽은 김일성이 혼자서 맨손으로 찾아오는 것이 아니라 꽹가리, 북 들고 장구 치고 칼 들고 도끼 들고 도깨비방망이처럼 생긴 쇠몽둥이라는 몽둥이는 다 들고 선발대가 먼저 찾아오고 난 뒤 나중에 죽은 귀신 떼거리들이 몽땅 구름처럼 몰려와 갖은 행패란 행패는 다 부리고 있는 욕 없는 욕은 다 하다가 새벽닭이 울 때쯤 되면 언제 그런 행패를 부렸냐는 식으로 조용히 아무 말 없이 떠나갈 때쯤에는 맨 마지막에 뒤따라가는 놈이 뒤를 한번 무서운 눈초리로 휙 돌아보면서 한마디 하고 떠나간다.

'손 영감 이 죽일놈아! 내일 또 찾아올 때까지 기다려라'는 말을 남기고 간다.

그냥은 절대 가는 법은 없다.

그 다음날 밤에 또 찾아와서는 내 목을 밧줄로 칭칭감고 또 감고 꽉 조이면서 이놈아 당장 죽일 수도 있지만 네 놈은 그냥 죽이기에는 너무 네 죄가 무겁다.

그래서 고통이라는 고통은 다 받은 뒤에 서서히 죽일거라는 엄포까지 놓는단다.

해가 지고 나면 그때부터는 나는 지옥도 그런 생지옥이 없다.

와룡아! 못 살겠다.

어찌하면 좋을꼬?

와룡아! 나 좀 살려두가!"

"선생님 이유가 뭡니까?"

"이유! 그래 그놈들이 내게 말하는 이유는 간단하드라.

가만히 49년 동안 잘 먹고 잘 입고 잘 살고 잘 지내고 있던 멀쩡한 내 아들 일성(김일성)이 하고 평소에 네놈이 무슨 철천지 웬수가 졌다고 죽는다 산다 해서 '말이 씨가 된다'고 건강하던 내 손자 내 아들 일성(김일성)이가 하루아침에 네놈 때문에 사늘한 시체로 변해 죽었잖아?

이 때려죽이고 쳐죽여도 속이 안풀릴 이 죽일놈아! 머지않아 네놈도 반드시 데려간다고 밤마다 꽹과리, 북, 장구, 징 치고 온동네방네 귀신이라는 잡귀신들은 총 동원해 떼거리들이 몰려와서는 숨도 못 쉬게 내 목을 두 손으로 조르면서 내 아들 내 손자 살려내라고 물어뜯고 지지고 볶고 난리다.

아무 이유 없이 죽은 김일성 내놈이 멀쩡한 내새끼 죽는다고 해 죽였잖아 살려내라고 날이면 날마다 밤이면 밤마다 미친 늑대처럼 똑같은 말을 하고 있다."

"선생님 이유야 있지 예! 우리 민족 못살게 해 미워서 죽는다고 했다고 말씀해 보시지예."

"이놈아! 그걸 말이라고 하나?

초상집에 고춧가루 뿌려도 유분수가 있지. 안 그래도 무조건 나는 죽을 죄를 졌다고 손발이 닳도록 빌었지만 산 놈도 아니고 죽은 귀신들은 들은 척도 안 하고 내말을 듣지도 안하고 지네들 말만 하는 데는 답이 없드라.

통해야 말을 하지?

귀신하고는 말이 안 통한다.

너도 이놈아 당해봐라? 안 당해보니 그런 소리하지, 저희들 말만 하고 내 말은 일체 안 들어주니 이게 문제지. 들어도 못 들은 척을 하는지. 못 들어서 모르는 척을 하는지 통 대답이 없더라."

"오늘 저녁에라도 귀신들이 찾아오면 대장 귀신 김일성 증조부 할배 내외분과 김일성 애비한테 분명히 부탁 말씀 해 보시지예.

사정하면 돌부처도 돌아앉는다는 말이 있잖습니까?

선생님 나한테 한번 가보라고 하십시오. 내가 시켜서 김일성 죽는다고 했다고.

사실 지금에 와서 하는 말이지만 김일성 죽음과 김정일 죽음, 김정은 천수를 내가 한 말을 당시에 김일성 집권 49년이라는 말은 내가 한 예언을 선생님이 인용을 해 유명세를 타고 용인에 이장한 김대중 선영도 선생님과 내가 터를 잡고난 뒤에 김대중 씨가 대통령이 된 사실은 여성동아에 내 기사와 사진이 나와 있다.

사실 범인은 저잖습니까?

모든 것을 내한테 떠 넘기시면 제가 잘 알아서 이야기해보겠습니다.

그 당시에도 나는 김일성 아들 김정일이가 죽는다고 이야기를 언론에 퍼뜨린 사람도 나 정와룡이다."

"오냐 알았다.

그렇게 한번 해보마.

밤마다 똑같은 시간 똑같은 행동으로 김일성이 죽은 그 다음날부터 지금까지 나를 괴롭히고 있으니 이거는 사람 사는 게 아니라 생지옥이 따로 없다.

참다못해 부끄럽지만 하는 수없이 너한테 의논하니 이제 속은 편하다.

와룡아! 무조건 죽은 김일성을 살려내라고 하니 내가 무슨 재주로 죽은 놈을 살려 줄 수 있겠나?

죽은 귀신들도 못 살리는 김일성을 말이다.”

이야기를 듣고 보니 참으로 적고 큰일이 아니었다.

“그런 일이 있는 날 저녁에는 어김없이 온 얼굴에 비 온 것처럼 땀과 이불에는 어린아이처럼 오줌까지 싸기 때문에 식구들에게 매일 하루도 멀다않고 되풀이되는 이불세탁에 마누라 할멈은 둘째치고 막내 시집 안 간 딸 보기에도 미안해 더 죽을 판이다. 노망한 것도 아니고 말이다.

어린아이가 싼 오줌도 아니고 어른이 싼 오줌은 냄새도 지독해 침대 시트는 마를 날이 없다.

식구들 보기에 미안해 얼굴을 못 들고 산다. 사는 게 사는 게 아니다.”

“선생님! 이제 와서 후회하면 무슨 소용 있습니까?

다 지나간 일.”

그러기에 그때 가만히 잘살고 있는 김일성이 내가 죽는다고 해가지고 선생님은 당시에 김일성이가 죽고난 뒤에 나 때문에 세계언론과 매스컴(**MASS COMMUNICATION**)에 선생님은 언론 영웅이 되었다.

“그래 네놈 말이 맞다.

이럴 줄 알았으면 잘 살게 둘 걸, 내가 노망을 했는지…"

"선생님 김일성을 위해 천도제나 드리도록 준비하겠습니다."

"오냐 고맙다,

와룡아!"

"선생님 별 말씀을 다 하세요.

제가 선생님들을 위해서라면 40년을 몸 바쳐 마음 바쳐 세 분 선생님 혜안으로 알려진 풍수지리와 관상의 일인자 청오 지창룡 선생님과 수맥의 일인자로 알려진 『수맥과 풍수지리』의 저자 근영 임응승 신부님과 그리고 지금 말하는 신안으로 알려진 육관도사 손석우를 모셔 왔는데 이런 걸 가지고 고맙다고 하십니까?

당연하게 제가 해드려야 될 일 아닙니까?"

다음날 나는 동서남북 손 없는 길일을 잡아 평소에 부모님처럼 모시고 나를 양아들처럼 챙겨주시던 **성철, 석주, 법정 스님 세 분 스님들이 있었다.**

그 중 한 분이었던 2004년 11월 18일 법랍 81세, 세랍 96세. 입적하신 대종사 석주 스님께 부탁을 해 석주 스님을 모시고 선생님과 함께 목욕재계하고 지성으로 죽은 김일성 주석이 극락왕생하고 좋은 곳에 가서 좋은 인연 만나 아들딸 낳고 잘 살고 다시는 우리 선생님을 괴롭히지 말아 달라고 목청돋워 부처님께 빌다 보니 날이 훤하게 밝아왔다.

사실은 아들 김정일이가 아버지 김일성을 살해 해서 결국 은 선생님이 소설터에서 내예언을 인용해 김일성은 집권 49년을 못넘기고 죽는 다고 예언을 해 선생님은 죄인아닌 죄인이 되어 내 대신 고통을 받고 있었다.

밤새도록 한숨도 못 주무시고 인왕산 선바위에서 석주 스님을 모시고 내 옆에서 같이 지극정성으로 빌던 선생님도 파죽이 되어 기진맥진해 있는 모습을 보니 옆에서 보는 나도 안쓰러워 보였다.

긁어 부스럼 일으킨다고 뭐하는데 가만히 있는 김일성을 죽게 만들어 나 때문에 대신 이런 고생 사서 하시는지 노년에 말이다.

벌을 받아야 할 죄인은 난데 내 대신 지금 벌을 받고 있으니?

귀신도 오판할 때가 있나?

새벽녘에 제를 마친 석주 스님이 하산하시고 가신 뒤에

"와룡아!"

"네!"

"오늘은 그나마 네가 곁에 있어서 편안했다. 제를 지낸 오늘만큼은 귀신들이 안 찾아왔으면 좋겠다."

"선생님 오늘만큼은 귀신들도 염치가 있으면 안 찾아올겁니더."

"그래 내말되로 오늘 하루만이라도 그렇게만 해주면 얼마나 고맙겠나?

와룡아! 고맙다, 고마워."

"아닙니다, 선생님."

나는 선생님과 같이 하산한 뒤에 우리 집으로 선생님을 모셨다.

나는 내방에 선생님을 모시고 난 뒤 한참동안 생각에 잠겼다.

혹시나 귀신이 여기까지 찾아와서 선생님을 괴롭혀 내 침대에 오줌은 안 살지 걱정도 되었다.

사실 죄인은 난데 가만히 잘살고 있는 사람을 죽게 만들었으니 내가 김일성 같아도 김일성보다 더했으면 더했을 것이다.

그래도 당장 선생님을 안 죽였으니 김일성은 나보다 좀 후한 생각이 들었다.

이런 생각 저런 생각에 잠겨있을 때 곁에서 코를 골면서 주무시는 선생님을 보니 참 어린아이처럼 천진난만해 보였다.

귀신이 찾아오는 밤이 아닌 낮이라서 그런지는 몰라도 선생님 말씀과는 달리 아주 평화롭게 잘 주무시고 있었다.

밤새도록 올린 제 때문에 낮과 밤이 바뀐 줄도 모르게 주무시던 선생님은 오후늦게 잠에서 깨어나셨다.

"와룡아! 물 좀 두가."

"예 선생님."

"와룡아 정말 잘 잤다."

"선생님 귀신이 또 찾아왔습니까?"

"아니다. 오늘은 무슨 똥바람이 불었는지 김일성이 혼자 나를 찾아와서는 손 영감 고맙다고 큰절을 넙죽 올리며 제자 한 놈은 잘 두었다고 입이 마르도록 칭찬을 하면서 내 부탁을 하나만 들어준다면 다시는 찾아와서 괴롭히는 일은 없을 거라, 약속까지 하고 갔다.

만수대에 있는 자신의 시신을 와룡이를 시켜 명당에 묻어 달라고 부탁한 뒤에 조용히 돌아갔다."고 했다.

"와룡아! 내가 없더라도 기회가 되면 김일성을 명당(明堂)에 꼭 묻어 주어라. 와룡아! 내가 죽은 뒤라도 너는 김일성이가 말해준 리호남이라는 자를 북경에서 만나게 되면 꼭 이 꿈 이야기를 해라.

반드시 김정일을 만나게 해 줄 것이다."

그때 김일성의 시신을 명당에 안 옮겨주면 김정일은 몹쓸 병에 걸려 죽는다고 했다.

"김일성을 꼭 명당에 묻어 주어라.

그래야만 내가 저승에 가서 김일성을 만나면 할 말이 있지."

"선생님 왜 못 지킬 약속부터 선뜻했습니까?

이놈아 네 놈도 막상 당해봐라.

내 사정 알거다."

"아무튼 알겠습니다.

선생님 시키는 대로 하도록 노력하겠습니다."

"꼭 부탁한다.

와룡아!

나는 너만 믿고 간다."

"선생님 왜 또 가신다는 말씀을 하십니까?

오래오래 사시다가 가셔야지요."

"이놈아 말이라도 고맙다."

나도 선생님의 부탁을 받고 약속까지 해놓은 터라 걱정이 태산 같아 눈앞이 캄캄하다.

선생님의 성화에 못 이겨 약속은 했지만, 그 부탁을 하시고 난 뒤 며칠 후에 육관 손석우 선생님은 돌아가셨다.

24
영웅이 시대를 만든다

어느 누가 무슨 말을 하든 세월은 강물같이 바람같이 흐르고 있다.
그러니 더 오래 버티는 자가 승리자이다.
결국에는 사멸하는 자는 패자이고 생존하는 자는 승자이니 말이다.

시대가 영웅을 만드는가! 영웅이 시대를 만들도다.
하늘이 내게 주신 재주 반드시 쓰일 것이며
세상 사람에게 말하노니 반드시 알아두소.
기쁨을 취하되 평생 누릴 곳은 없다는 것을
국가에 보답할 것을 도모한 것이라고는 하나도 없다.
그 진심은 오직 성실 두 글자라 오직 인간의 도리는
이것이 가장 어려우니 선악의 관문이라네.
진실로 이것을 실천하면 저절로 빛나리라.

상국에 전하는 말에 '찾지 않으면 무엇을 얻을까!'라는 말이
있다.

승자는 바른길을 따라가면서 궤도를 수정하고,
패자는 지름길을 택했다가 결국 길을 잃는다.

이것이 순리와 역행에 따른 성공과 실패의 원인이다.

훌륭한 말을 타기는 쉽지만 둔한 말은 길들이기는 어렵다.

보지 않는 자는 맹인과 같고 듣지 않는 자는 귀머거리와 같다.

인재는 성인과 같은 분이 필요한 것이 아니며 지략에 통달한 사람이면 된다.

세상을 살아가는 때는 한 걸음 양보하는 것을 높이 여기니, 한 걸음 물러나는 것은 곧 한 걸음 나아가는 근본이 된다.

사람을 대함에는 복이 되니, 남을 이롭게 하는 것이 사실은 자기를 이롭게 하는 토대가 되느니라.

부귀한 집에서 자란 사람은 욕심이 사나운 불길 같고

권세는 세찬 불꽃과 같다.

만약 조금이라도 맑고 서늘한 기운을 띠지 않는다면 그 불꽃이 남을 태우는데 이르지는 않더라도 장차 반드시 자기를 태워버리게 되리라.

권세에 쫓아 붙어사는 이의 재앙은 몹시 처참하고 또 빠르며 무욕에 살며 편안을 지키는 맛은 가장 담박하고 또 가장 오래 가나니라.

냄비 근성, 망각은 한국인들 특유의 기질이다.

알파고 이세돌을 보라!

끓는 냄비처럼 끓다가 사라지는 게 한국인들의 기억력이다.

식기를 기다려라!

25

한반도의 형상은?

　『팔역지』의 저자 이중환이 한반도의 형상은 흡사 노인이 중국에
대해서 공읍(供揖)하고 있는 상태이기 때문에 조선은 옛날부터 중국에
부속국으로 충순(忠順)을 다하고, 한편으로는 천리나 되는 들이 없기
때문에 큰 인물이 나지 않는다.

　서융북적 동호여진(西戎北狄 東胡女眞)들은 모두 한번은 중국에 들어가
중국의 주권자가 되었음에 반해, 홀로 조선만은 아무 일 없이 단지 봉
역(封域)을 근수(謹守)해서 사대(事大)에만 힘쓰고 있었다.

　그래서 자연 하나의 예외 구역이었기 때문에 기자위만(箕子衛滿) 등
의 도피지가 되었고, 그러므로 옛날부터 중국의 문화에 비견할 만한
것을 가질 수가 있었다고 한다.

산수총론(山水總論)

대저고인(大抵古人) : 대체로 옛사람들의 말에 의하면
위아국위노인형(胃我國爲老人形) : 우리나라는 노인의 형상이며
이해좌사향(而亥坐巳向) : 해좌 사향으로서
향서개면(向西開面) : 서쪽으로 향하여 앞이 열려 있어

유공읍중국지상(有拱揖中國之狀) : 중국에 읍하고 있는 형상이므로
고자석친닐어중국(故自昔親昵於中國) : 옛날부터 중국과 친하고
가까이 지냈다.

그리고 천리 되는 물이 없고 백리 되는 들판이 없는 까닭에 옛날부
터 큰 인물이 나지 못하였다.

서쪽, 북쪽, 동쪽의 오랑캐와 여진족이 중국에 들어가서 왕이 되지
않은 나라가 없는데 우리나라만 홀로 그런 일이 없으며 오직 강토만
조심스레 지켜오면서 감히 다른 뜻을 품지 못하였다.

산 모양은 반드시 수려한 돌로 된 봉오리라야 산이 수려하고 물도
또한 맑다. 또 반드시 강이나 바다가 서로 모이는 곳에 터를 잡아야
큰 힘이 있다.

이와 같은 곳이 나라 안에 네 곳이 있다.

**개성(開城)의 오관산(五冠山), 한양(漢陽)의 삼각산(三角山), 진잠(鎭
岑)의 계룡산(鷄龍山), 문화(文化)의 구월산(九月山)이다.**

오관산을 도선(道詵)은 '모봉(母奉)은 수성(水星)이고 줄기는 목성(木星)'
이다 하였다.

산세가 아주 길고 멀다.

또 크게 끊어져서 송악산(松岳山)이 되었는데, 감여가(堪輿家)는 '하늘
에 모여드는 토성(土星)'이다 한다. 웅장한 기세는 넓고 크며, 포용하려
는 의사는 혼연하고 후하다.

동쪽에는 마전강(麻田江)이 있고 서편에는 후서강(後西江)이 있으며 승

천포(昇天浦)는 안수(案水)가 되어 있다.

교동도(喬桐島)와 강화도(江華島) 두 개의 큰 섬이 바다 가운데 일자로 뻗어 서남쪽으로는 바다를 막았고, 북쪽으로는 한강 하류를 담는 듯, 은연중에 앞산 너머를 둘러싸서 깊고 넓으며 한없이 크다.

동월(董越)이 기상이 평양과 비교하여 더욱 짜임새가 있다 한 것이 이곳이다.

오관산 좌우에는 골이 많다.

박연은 서쪽에 있고 화담은 동쪽에 있는데 아울러 샘과 폭포가 뛰어나게 훌륭하다.

한양의 삼각산이 동남방(巽方) 백리 밖에서 하늘에 솟아나 앞면은 평평하고 좋다.

서북쪽은 높이 막혔고, 동남쪽은 멀리 틔었으니 여기가 천작(天作)으로 된 요새이며 이름난 터이다.

다만 부족한 점은 기름지고 넓은 들판이 없는 것이다.

삼각산(三角山)은 도봉산(道峰山)과 연달아 얽힌 산세다.

돌 봉우리가 한껏 맑고, 수려하여 만 줄기 불꽃이 하늘에 오르는 것 같고 특별하게 이상한 기운이 있어서 그림으로 나타내기 어렵다. 다만 기세를 도와주는 옆 산이 없고 또 골이 적다.

예전에는 중흥사(重興寺) 계곡이 있었으나 북한산성을 쌓을 때 모두 깎아서 평평해졌다.

성안에 있는 백악산(白岳山)과 인왕산(仁旺山)은 돌 형세가 사람을 두렵게 하여 살기 없는 송악보다 못하다.

미더운 바는 다만 남산 한 가닥이 강을 거슬러서 판국을 만든 것이다.

수구(水口)가 낮고 허하며, 앞쪽에는 관악산(冠岳山)이 강을 사이에 두고 있으나 또한 너무 가깝다. 비록 화성(火星)이 앞을 받치고 있어서 감여가는 매양 정남향으로 위치를 잡는 것은 좋지 못하다.

그러나 판국 안이 명랑하고 흙이 깨끗하여 길에 밥을 떨어뜨렸더라도 다시 주워서 먹을 수 있을 것 같다.

까닭에 한양의 인사가 막히지 않고 명랑한 점은 많으나 웅걸(雄傑)한 기상이 없는 것이 유감이다.

계룡산은 웅장한 것이 오관산보다 못하고 수려한 것은 삼각산보다 못하다.

전면에 또한 수가 적고 다만 금강(錦江)한 줄기가 산을 둘러 돌았을 뿐이다.

중국 금릉(金陵)을 보더라도 매양 한편의 패자(覇者) 노릇하는 고장으로 되었을 뿐이다.

그러므로 명(明)나라 태조(太祖)가 금릉에서 비록 중국 천하를 통일하였으나 세대가 바뀌자 도읍을 옮기게 됨을 면치 못하였다.

까닭에 계룡산 남쪽 골은 한양과 개성에 견주어서 기세가 훨씬 떨어진다.

또 판국 안에 평지가 적고 동남쪽이 넓게 틔지 않았다. 그러나 그 내맥(來脈)이 멀고 골이 깊어 정기를 함축하였다.

판국 안 서북쪽에 있는 용연(龍淵)은 매우 깊고 또 크다. 그물이 넘쳐서 큰 시내가 되었는데 이것은 개성과 한양에도 없는 것이다.

산 남쪽과 북쪽에 좋은 천석(泉石)이 많다.

동쪽에는 봉림사(鳳林寺)가 북쪽에는 갑사(甲寺)와 동학사(東鶴寺)의 기이한 경치가 있다. 구월산도 또한 회룡고조하는 지형이다.

26
『삼한산림비기』에 보면
이렇게 적고 있다

지금의 청와대 자리는 태종 때는 경복궁 후원이었다.

『동국여지승람』에 보면 이런 기록이 있다.

'윤관' 등이 살펴보고 돌아와 아뢰기를 삼각산 면악 남쪽의 산 모양과 물의 형세가 옛글에 부합하니 북쪽에 앉혀 남쪽을 향해 궁궐을 지으면 좋을듯합니다. 하고 아뢰었다.

당시 남경 궁궐터로 잡은 자리가 북악산 아래 경복궁 뒤뜰로, 지금의 청와대가 자리 잡고 있는 곳이다.

또 『삼한산림비기』에 보면 이렇게 적고 있다.

'한산은 금국이라서 궁궐은 반드시 동향으로 지어야 한다. 그렇지 않으면 불교가 흥하지 못한다.'

'터를 고르는 자는 다른 사람 말에 흔들리지 마라. 동쪽은 허하고 남쪽은 낮으니 북악산 아래 터를 잡지 마라.'

'검은 옷을 입은 도적이 동쪽에서 올까 무섭다.'

이 기록은 이태조가 궁궐도 짓기 전에 서둘러 한양을 천도하면서 정도전과 무학대사의 의견대립에서 나온 것으로 보고 있다.

당시 무학대사는 인왕산을 주산으로 삼아 인왕산 아래에다 궁궐을 짓자고 했고 정도전은 북악산을 주산으로 삼아 북악산 아래에다 지어야 한다고 주장했다.

결국 정도전의 주장대로 북악산이 궁궐터로 정해졌다.

이것을 못마땅하게 생각한 무학대사는 '2백 년 후에 내 말을 다시 생각하리라' 하며 한양을 떠났다고 한다.

또 신라의 명승 의상대사는 산수비기(山水祕記)에서 '도(都)를 택할 자가 승(僧)의 말을 믿고 들으면 국운의 연장을 바랄 수 있으나 만약 정(鄭)씨가 나와 시비를 품으면 오세(五世)가 되지 못해 찬탈의 화가 생기고 2백 년 내외 탕진될 위험이 있다.'라고 하고 있으니 이 비기(祕記)는 적중하지 않는 것이 없다.

과연 얼마 안 되어 태종 형제의 싸움이 생기고, 세조 반정의 변이 있고 또 임진왜란이 일어났다.

그리고 무학대사가 말한 대로 2백 년 후에 왜적이 침략했으니, 이것이 임진왜란이다.

현재까지 전해진 바에 따르면 무학대사의 지적은 거의 사실로 증명되고 있다.

그러면 왜 무학대사는 궁궐터로 인왕산 아래를 고집했을까?

그것은 궁궐터의 지기에 따라 왕의 됨됨이와 운명도 달라지기 때문이며 또 국가와 온 국민의 삶이 궁궐터의 지기에 좌우되기 때문이다.

즉 어떤 왕이 나와 나라를 어떻게 다스리느냐에 따라 백성들의 삶은 천차만별 달라지며 땅에 서린 기운에 따라 사람의 마음, 정신, 행동, 운명이 달라진다는 것이다.

무학대사가 궁궐터로 반대했던 북악산은 육안으로 볼 때 인왕산보다 약간 높다. 얼핏 보기에는 하늘을 찌를 듯 대단한 기상을 풍기고 있다.

이처럼 기세와 기상은 그다지 흠잡을 데는 없지만, 북악산의 자태가 좀 비뚤어져 있다는 것이 결점 중의 결점이다.

풍수학에서는 '산의 형상이 비뚤어진 정도에 비례해서 나쁜 기운이 뿜어 나온다.

특히 주산이 비뚤어지면 심성이 바른 사람이 나오기 어렵다.

흉악한 주산은 흉악무도한 사람을 배출한다'고 한다.

이 때문인지 북악산 밑에 궁궐터를 잡은 결과 조선조 27명의 왕 중 현군은 4~5명으로 끝났고 또 일제 36년간은 일본인 총독들도 주로 악종들만 발탁돼 우리 민족을 괴롭혔다.

그리고 해방 후에는 독재자들이 득세하면서 짧은 현대 정치사에 얼마나 엄청난 일들이 발생했는가?

이 모두가 터가 얼마나 중요한가를 보여주는 좋은 교훈인 것이다.

한양, 그중에서도 청와대 터에 얽힌 이야기는 수없이 많다. 『삼한산림비기』에 이런 기록이 있다.

'산골(山骨) 용초(聳峭) 서수잔류(西水潺流)
무십년풍(無十年豊) 무삼십년안(無三十年安)'

'한양 땅은 산에 뼈(바위)가 드러나고 높이 솟았으며 물이 졸졸(너무 적게) 흐른다. 이 때문에 10년 풍년이 들 때가 없고 30년 평안한 적이 없으리라'고 했다.

27

무학 오심도차(無學誤尋到此)

함경도 안변 철령에서 나온 한 맥이 남쪽으로 5~6백리 달리다가 양주(楊洲)에 와서는 자잘한 산이 되고 다시 동쪽으로 비스듬하게 돌아들면서 갑자기 솟아나서 도봉산(道奉山)의 만장봉(萬丈峯)이 되었다.

여기에서 동남방을 향해 가면서 조금 끊어진 듯하다가 또 우뚝 솟아 삼각산(三角山) 백운대(白雲臺)가 되었다.

여기에서 다시 남쪽으로 내려가서 만경대(萬景臺)가 되었는데 여기에서 한 가지는 서남쪽으로 갔고, 또 한 가지는 남쪽으로 가 백악산(白岳山)이 되었다.

형가(形家)는 하늘을 꿰뚫는 목성(木星)의 형국(形局)이며 한양의 주산(主山)이다.

동, 남, 북쪽은 모두 한강이 둘렀고 서쪽으로 바다의 조수와 통한다.

여러 곳 물이 모두 모이는 그 사이에 백악산이 서리고 얽혀 온 나라 산수의 정기가 모인 곳이다.

옛날 신라 때 중 도선(道詵)의 『유기(留記)』에 '왕 씨(王氏)를 이어 임금이 될 사람은 이 씨(李氏)이고, 한양에 도읍한다' 하였다.

그 기록 때문에 고려 중엽에 윤관(尹瓘)을 시켜 백악산 남쪽에 터를 잡아 오얏(李, 리)을 심어 놓고 무성하게 자라면 문득 잘라서 왕성한 기운을 눌렀다.

조선에 왕위를 물려받은 뒤 이성계는 중인 무학(無學)을 시켜 도읍 터를 정하도록 하였다.

무학이 백운대에서 맥을 따라 만경대에 이르고 다시 서남쪽으로 비봉(碑峯)에 갔다가 한 개의 비석을 보니 '**무학오심도차**(**無學誤尋到此**)' **라는 여섯 글자가 크게 새겨져 있었다.**

'무학이 맥을 잘못 찾아서 여기에 온다.'는 뜻이며 곧 도선이 세운 것이었다.

무학은 드디어 길을 바꿔 만경대에서 정남쪽 맥을 따라 백악산 밑에 도착하였다.

세 곳 맥이 합쳐져서 한들로 된 것을 보고 드디어 성터를 정하였는데 바로 이곳이 고려 때 오얏을 심던 곳이었다.

28

태조 왕건의 「훈요십조」

943년 고려 태조가 그의 자손들에게 귀감으로 남긴 열 가지의 유훈(遺訓) 「신서십조(信書十條), 십훈(十訓)」이라고도 한다.

태조가 총애하던 중신(重臣)인 박술희(朴述熙)를 내전(內殿)으로 불러들여 그에게 주었다고 하며 『고려사』, 『고려사절요(高麗史節要)』에 전한다.

주요 내용을 보면

① 국가의 대업이 제불(諸佛)의 호위와 지덕(地德)에 힘입었으니 불교를 잘 위할 것.

② 사사(寺社)의 쟁탈, 남조(濫造)를 금할 것.

③ 왕위계승은 적자적손(嫡者嫡孫)을 원칙으로 하되 장자가 불초(不肖)할 때에는 인망 있는 자가 대통을 이을 것.

④ 거란과 같은 야만국의 풍속을 배격할 것.

⑤ 서경(西京)을 중시할 것.

⑥ 연등회(燃燈會)·팔관회(八關會) 등의 중요한 행사를 소홀히 다루지 말 것.

⑦ 왕이 된 자는 공평하게 일을 처리하여 민심을 얻을 것.

⑧ 차현(車峴) 이남 금강(錦江) 이외의 산형지세(山形地勢)는 배역(背逆)하니 그 지방의 사람들 등용하지 말 것.

⑨ 백관의 기록을 공평히 정해줄 것.

⑩ 널리 경사(經史)를 보아 지금을 경계할 것 등이다.

'십훈지종개결중심장지사자사왕상전위보(十訓之終皆結中心藏之四字嗣王相傳爲寶)'

이 열 가지 훈계 끝에 일일이 '중심장지(中心藏之 : 마음속에 간직하라)'라는 네 글자를 붙여서 후대의 왕들이 전해 오면서 보배로 여기게 하였다.

제자백가가 아무리 날뛰어도
『춘추』가 근본

　제자백가가 아무리 날뛰어도 『춘추』가 근본을 이루고 결국 이 범위 내에서 맴도는 것이다.

　제자백가 춘추 전국시대의 여러 학파 : 공자(孔子), 관자(管子), 노자(老子), 맹자(孟子), 장자(莊子), 묵자(墨子), 열자(列子), 한비자(韓非子), 윤문자(尹文字), 손자(孫子), 오자(吳子), 귀곡자(鬼谷子) 등의 유가(儒家), 도가(道家), 묵가(墨家), 법가(法家), 명가(名家), 병가(兵家), 종횡가(縱橫家), 음양가(陰陽家) 등을 통틀어 이른다.

문학은 나라를 경영하는 것과 같다

유협이 벼슬을 하지 않고 글을 쓴 이유를 이렇게 말했다.

'세월(歲月)은 잠깐 사이에 지나가고 인간(人間)의 생명(生命)도 곧 사라지므로 명성(名聲)과 업적(業績)이 드러날 수 있는 길은 글을 쓰는 것일 뿐이다.

인간의 육체(肉體)는 초목(草木)처럼 가냘프지만 명성은 금석(金石)보다도 견고(堅固)하다.

그러므로 군자(君子)는 세상을 살면서 덕(德)을 닦고 말을 남기는 것이다.'

『문심조룡』은 중국 고대의 문학이론서다.

중국 근대문학의 거장인 노신(魯迅)은 일찍이 동양에는 문심조룡이 있고, 서양에는 아리스토텔레스의 시학이 있다고 말하면서 문심조룡이 동양 문학사에서 차지하는 위치를 평가하였다.

문심조룡은 중국 선진(先秦 : B.C. 12~13세기)에서 육조(六朝 : 6세기) 시대까지의 중국 고대의 문학현상을 시대순으로 관찰하고 연구하여 이론으로 집대성시킨 중국 고대의 문학이론서이다.

역사적인 저작 연대는 육조 시대 제(濟)나라 화제(和帝) 중흥(中興) 원년에서 2년 사이(501~502)로 추정되며, 작가는 제나라와 양나라 시기를 걸쳐 살았던 유협(劉勰 465?~520?)이다.

유협은 왜 문심조룡을 지었는가?

유협은 30대 초반에 입신양명을 기대하며 문심조룡을 쓰기 시작하여 4~5년 정도의 시간을 들여 완성한다.

유협은 문심조룡의 서문에서 문심조룡이 유가적인 문학관을 근거로 채색 구름처럼 아름다운 문장에 대해 논의하는 글임을 자신의 꿈이야기를 들어 암시하고 있다.

유협이 일곱 살 때 꿈속에서 비단처럼 펼쳐진 아름다운 채색 구름을 보고 하늘로 올라가 그것을 땄다고 한다.

그리고 30세를 넘은 어느 무렵에 붉은 칠을 한 제기를 손에 들고 공자를 따라 남쪽으로 가는 꿈을 꾸었는데 깨고 보니 기쁘기도 하고 이상하기도 하였다고 한다.

'문학은 나라를 경영하는 것과 같은 큰일이며 불후의 사업이다'라고 말하고 있다.

경서(유가의 경전인 시경, 서경, 역경, 예기, 춘추) 5경을 말한다.

'성인의 문장은 아려(雅麗)하다'(내용이 진실하면서도 그 언어표현이 아름답다)고 유협의 징성편에서 말하고 있다.

『문심조룡』

1. 10권 50편(篇)으로 이루어진 중국에서 가장 오래된 시문(詩

文) 평서다.

2. 양(梁)나라의 유협(劉勰)이 제대(齊代) 말인 499~501년에 저작

3. 전반 25편에서는 문학의 근본원리를 논술하고, 각 문체에 관한 문체론을 폈다.

   후반 25편에서는 문장 작법과 창작론에 관하여 논술하였다.

4. 전체가 사륙변려체로 씌었으며,

5. 문학이란 내용이 충실해야 하고 그로부터 자연히 꽃피워야 하는 것이라고 하며, 당시 기교에만 치우친, 내용 없는 미문 위주의 경향을 비판하였다.

6. 같은 시대 종영(鍾嶸)의 「시품(詩品)」, 소명태자(昭明太子)의 「문선(文選)」과 함께 중국 문학론 연구에 주요한 원전이다.

31

와룡의 눈으로 세상을 읽다

나를 낳아준 것은 부모요

나를 알아준 사람은 상수와 형제 나원(羅元)이니라.

과거를 보고 살아가는 자는 망하고 미래를 보고 살아가는

자는 흥한다.

가인어월 이구익자(假人於越 而救溺子) 하는 일이 옳아도 시기

를 놓치면 아무 소용 없다는 뜻이다.

또 천여불취 반수기앙(天與不取 反受其殃) 하늘이 주는 것을 갖

지 않으면 도리어 그로 인한 화를 받게 된다는 것도 삼가 명

심해야 한다.

빙탄불언 냉열자명(冰炭不言 冷熱自明), 잘나고 못남은 스스로

말하지 않아도 남이 보아 안다고 한다.

천하를 얻는 방법 그 백성을 얻으면 이에 천하를 얻을 것

이다.

그 백성을 얻는데 방도가 있으니 그들의 마음을 얻으면

이에 백성도 얻게 될 것이다.

그곳에 사는 백성들의 마음을 얻는 데는 방법이 있으니 원하는 것은 그들에게 모아주고 싫어하는 것은 시행하지 않는다는 것뿐이다.

그들의 납세를 경감해주면 백성들을 부유하게 만들 수 있다.

편안하게 해주는 길로 백성들을 부리면 힘들다 하더라도 원망하지 않는다.

국가를 통치하는 자가 나쁜 일을 보면 마치 농부가 풀을 힘써 뽑아 버리듯이 해야 한다.

스스로 스승을 얻을 수 있는 사람은 왕 노릇을 할 것이요, 잘 가르치는 것이 민심을 얻는 것만은 못하다.

잘하는 정치는 백성들이 그것을 두려워하고, 잘하는 가르침은 백성들이 그것을 사랑한다.

잘하는 정치는 백성들의 재산을 얻고 잘하는 가르침은 민심을 얻는다.

그래서 현자를 등용하지 않으면 멸망하는데 군자가 하는 일을 일반 사람들은 본래 모르는 것이요.

그래서 잘하는 정치는 백성들이 실망하지 않는 것이다.

32
민주주의 성지, 국회를 광주로!

수도는 기능을 분리하여 행정수도(대통령 + 각 부처)는 남한의 한가운데 세종시에 두면 되는 것이고, 입법수도(국회)는 민주성지 광주에, 사법 수도(대법원)는 산 좋고 물 맑은 강원도의 중심부에 두면 이상적이다.

서울은 그냥 사람 많이 사는 상업 중심부로 남겨두면 되고. 미국도 최대의 도시 **NEW YORK, LOS ANGELES, DALLAS** 등은 연방의 수도도, 주의 수도도 아닌 그냥 사람들이 많이 사는 상업 도시일 뿐이다.

좋은 정책이야 수없이 많지만, 정치를 한다는 인간들이 어디 정책에 관심이 있나? 그저 돈이나 챙기느라고 혈안이지!!!

민주주의 성지인 민주주의에 꽃을 피운 광주는 국회의사당을 유치할 자격이 있다. 그리고 국회의사당도 어서 민주주의 성지? 광주로 이동하구요. 국회의원 몇몇이 반대를 하겠지만 그러나 좌빨들의 표는 흐트릴 수가 있다.

남아프리카(행정수도는 **PRETORIA**, 의회는 **CAPE TOWN**, 대법원은

BLOEMFONTEIN에) 외에 남미의 칠레도 행정부는 SANTIAGO에 의회 는 항구도시 VALPARAISO에 있다.

국회를 광주로!

국회의사당을 광주로 운동본부!

33
기여 입학제를 허가해라!

　공립대(국립대+지방자치단체대학)를 무료화하여 모든 국민에게 기회를 주는 것은 국가가 주인이니까 국가의 마음대로 할 수 있는 일이지만, 사립대는 개인(재단)이 주인이기에 민주주의 국가에서는 국가가 어떻게 할 수는 없는 일이다.

　그러니 사립대는 주인이 마음대로 하게 하면 되는 것이다.

　기여 입학제를 하든 등록금을 올리든 내리든 말이다.

　그러면 좋은 대학은 등록금도 올리고 기여입학도 받아서 좋은 교육환경을 만들어서 학생을 이롭게 할 것이고, 나쁜 대학은 등록금을 내리고 장학금을 주어도 학생들이 외면해서 망하게 되겠지요.

　서울시장이 된 박원순도 기부금·기여금 받아서 외국 여행 다니고 건물 구입하고 하고픈 것 다하고 다니고도 시장에 당선되는 것이 현재 한국 젊은층의 정의감인데, 교육을 목적으로 하는 대학에서 기여금을 받는 것이 무슨 문제인가? 미국에서는 사립대학뿐만 아니라 공립대학, 공립 중고등학교도 많은 기여금을 받고 있다.

　돈은 소중한 것이기에 김정은이도 발악하며 벌려고 하는 것인데, 돈 내는 자에게 혜택을 주는 것은 민주주의에서는 당연한 일이다.

　식당에서도 돈 내면 배부른 사람도 맛있는 요리 먹을 수 있고, 돈 안 내면 배고픈 사람도 요리 못 먹지 않는가?

참고로 한국의 현재 등록금 비싼 것 아니다.

미국은 공립대학의 등록금이 연간 2,000만 원 수준, 사립대학은 4,000만 원 수준이고, 사립중고등학교도 연간 1,500~2,500만 원 수준이다.

그러나 해당 지방자치단체의 주민은 다른 도·주 출신 주민등록금의 약 1/3을 낸다. 그리고 어느 도·주의 주민으로 되려면 한국처럼 주민등록만 하면 바로 되는 것이 아니고, 그 도·주에 이사 와서 실질적으로 1년 이상 살아야 하고, 그 도·주에 주소를 가져야 하고, 그 도·주의 운전면허·차량등록을 해야 하고, 그 도·주에서 앞으로 무기한·영원히 살겠다고 선서를 해야 한다.

그리고 부모에게서 생활비를 받는 미성년자는 부모가 거주하는 도·주를 기준으로 하기에 타 도·주의 대학에 가면 그 도·주의 주민등록금을 내고 다니는 것이 불가능하다. 자신이 일을 하여 돈을 벌어서 학교에 다니는 부모로부터 독립한 학생은 이사 온 지 1년이 지나면 주민등록금을 낼 수가 있다.

이상은 간단한 설명이고 그 제도는 아주 복잡하게 되어 있으며, 정의 공평을 이루도록 되어 있다.

사립학교 재정 자립을 위해서는 기여 입학제를 허가해야 한다.

부자가 낸 기부금으로 수천, 수만 명을 구제할 수 있는데 왜 안 된다고 말하나?

대(大)를 위해서 소(小)가 희생하지 않으면 대(大)가 희생되는 결과를 초래하는데 안 된다면 방법이 없다.

미국 하버드 대학을 비롯해 수많은 선진국에서도 기여 입학제를 실시하고 있다.

기여 입학제 운동본부!

34
국·공립대학 무상 교육을 실시해라!

국공립 무상 교육은 국공립 중·고등·대학에서 학비를 받지 않으면 되는 것이다.

한 예로 호주에서는 공립대학의 등록금이 없고 학생도 공부노동자로 분류한다.

그러면 돈을 어디서 나오느냐고 묻는 자가 있을 것이나, 그 대답은 세금으로 하면 되는 것이다.

그러나 대한민국 국민이 아닌 학생은 돈을 내고 다녀야 되겠지만, 호주도 마찬가지이다. 사립대는 저들 마음대로 하게 두면 되는 것이고. 경쟁을 해서 등록금을 내리든지 아니면 올리든지 자율에 맡기면 된다. 그리고 또 그것이 민주주의의 한 방법이고.

미래의 지식인들을 배출하기 위해서는 반드시 국·공립대학 '무상 교육'을 실시해야 한다.

선진국 호주는 국·공립대학 무상 교육을 실시 하고, 멕시코는 한화 7만 원만 등록금으로 내면 무상교육을 시켜준다. 우리나라도 못할 이유가 있나?

국 공립무상 교육 운동본부!

35
출산 장려금을 지원해라!

출산장려는 출산과 양육을 하는 자에게 혜택이 되는 것을 하면 되는 것이다.

지금처럼 출산과 여성을 함께 묶어서 처리하면 출산은 하지 않고 섹스만 즐기는 무임승차만 하는 양심 없는 여성들만 많아지게 되는 것이다.

출산하는 자에게만 출산비 전액을 의료보험에서 지원하고 정부에서 출산 전후 6개월 합계 1년의 기본생활비를 지원하면 되는 것이고,

미국 알레스카는 임신한 여성을 위해 정부에서 지원하고 있다.

임신한 여성이 보건소에 신고한 뒤 확인만 되면 그날부터 출산 후 수유가 끝날 때까지 수유든 모유든 상관없이 평균 근로자 봉급 금액을 지급한다. 구, 소련 붕괴 왜 일어났나?

출산장려운동본부!

36
탈신공 개천명(奪神功 改天命)

중국의 지사 증갈개는 길한 땅을 구하려거든 반드시 양사(良師), 즉 지리에 밝고 어진 지사를 구해야 한다고 강조했고, 또 중국 명나라 세종 43년 가정(嘉靖) 갑자(1564년)에 강우덕흥(江右德興) 사람 서선술(徐宣述), 서선계(徐宣繼) 두 형제가 지은 인자수지(人子須知) 제 9조에도 '양사(良師 : 지리에 밝은 어진 지사)'를 택하지 않으면 안 된다고 했다.

풍수 경전에 보면 '탈신공 개천명(奪神功 改天命)'이라고, 하늘이 정해놓은 운까지도 바꿔 버리는 것이 바로 풍수지리의 오묘한 이치다.

시왈(詩曰) : 『시경』에

무념이조(毋念爾祖) : 너희 조상을 항상 생각하며
율수궐덕(聿修厥德) : 그 덕을 닦아야 한다.

삼대적선(三代積善)이라야 시득명당일혈(始得明堂一穴)이라는 말이 있다.
즉 3대(代)를 적선하여야 명당 한자리를 얻을 수 있다.

37
문왕이 강태공을 만나는 장면

다음은 『육도삼략(六韜三略)』 '문사(文師)' 편에 나오는 문왕이 강태공을 만나는 장면이다.

어느 날 문왕(文王)이 사냥을 나가려 하였다.

이에 사관 편(編)이 거북점을 보더니 읊조렸다.

위수가에 사냥을 나가시면 풍성한 수확이 있을 것이라네.
용도 아니고 이무기도 아니며
호랑이도 아니고 곰도 아니지요.
어진 현인을 만나게 될 조짐이니
이는 하늘이 내려 주신 훌륭한 스승이라네.

문왕이 묻기를 "점괘가 참으로 그러한가?"

사관 편이 대답하길 "저의 선조인 사관 주가 우임금을 위하여 점을 쳐서 명재상 고요를 얻었을 때의 점괘가 이와 견줄 만합니다"라고 하였다.

문왕은 사흘 동안 목욕재계한 다음 수렵용 수레와 말을 타고 위수의 북쪽으로 사냥을 나갔다.

문왕은 위수에서 띠 풀을 깔고 낚싯대를 드리우고 있는 노인을 발견하고 한참을 살펴보았다. 그 노인은 괴이하게도 미끼가 없는 곧은 낚시를 수면 위에 석자 가량 떨어진 허공에 드리운 채로 낚시를 하고 있었다. 현인으로 직감한 문왕이 다가가 정중히 인사하며 물었다.

"낚시를 즐기시는가 봅니다." 태공망이 대답하였다.

"소인락득기사(小人樂得其事) : 소인은 자기의 일이 이루어짐을 즐거워하고,

군자락득기지(君子樂得其志) : 군자는 자기의 뜻이 이루어짐을 즐거워한다고 들었습니다.

지금 제가 낚시를 하는 것도 이와 비슷합니다."

문왕이 물었다.

"이와 비슷하다는 말은 무슨 뜻입니까?"

태공망이 대답하였다.

"낚시에는 세 가지 모책이 있습니다. 후한 녹봉으로 인재를 등용하는 모책과 많은 상을 내려 병사들이 목숨을 바치게 하는 모책, 벼슬을 주어 신하들에게 충성을 다하게 하는 모책입니다.

대저 낚시라는 것은 이것을 구하여 얻는 것인지라 그 담긴 뜻이 깊은 것입니다.

그러므로 이것으로 가히 커다란 이치를 볼 수 있는 것입니다."

문왕이 "거기에 담긴 깊은 이치가 무엇인지 듣고 싶습니다"라고 하였다.

태공망이 대답하였다.

"낚싯줄이 가늘고 미끼가 뚜렷하면

작은 물고기가 물고,

낚싯줄이 약간 굵고 미끼가 향기로우면 중치의 물고기가 물고,

낚싯줄이 굵고 미끼가 크면 큰 물고기가 물게 마련입니다.

물고기는 미끼를 물고 낚싯줄에 낚이고, 인재는 봉록을 받아먹고 군주에게 복종합니다.

그러므로 미끼를 드리우면 물고기를 낚아서 쓸 수 있고, 봉록을 내걸면 훌륭한 인재를 얻어서 능력을 쓸 수 있는 것입니다."

문왕이 다시 물었다.

"어떻게 사람들의 마음을 모으면 천하가 돌아와 복종하겠습니까?"

태공망이 대답하였다.

"천하는 군주 한 사람의 천하가 아니며, 천하 만백성의 천하입니다.

천하의 이익을 백성과 더불어 나누는 군주는 천하를 얻고, 천하의 이익을 자기 마음대로 하려는 군주는 반드시 천하를 잃게 됩니다.

하늘에는 때(춘하추동)가 있고, 땅에는 재물이 일어납니다.

이것을 능히 함께하여 베푸는 자를 어질다고 합니다.

어짊이 있는 곳에 천하는 돌아갑니다.

죽을 처지에 놓인 사람을 살려주고, 어려움에 처한 사람을 풀어주고, 우환에 빠진 사람을 구해주고, 위급한 지경에 빠진 자를 건져주는 자를 덕(德)이 있다고 합니다.

덕이 있는 곳에 천하는 돌아갑니다.

백성들과 시름을 함께 나누고 즐거움을 함께하며, 백성들이 좋아하는 것을 같이 좋아하고 백성들이 싫어하는 것을 함께 미워하는 것

을 의(義)라고 합니다.

의가 있는 곳에 천하 사람들이 나아갑니다.

모든 사람들은 죽는 것을 싫어하고 사는 것을 좋아합니다.

덕(德) 보는 것을 좋아하고 이익을 좇게 마련입니다.

그러므로 능히 살려주고 이익을 주는 자는 도(道)가 있다고 합니다.

도가 있는 곳에 천하는 돌아갑니다."

문왕이 다시 절을 하고 이르기를 "제가 어찌 감히 하늘이 내리신 명을 받지 않겠습니까!" 하고 다시 말하길 "선친이신 태공(太公)께서 자주 나타나 '성인이 주나라로 올 것이다. 주나라는 그로 인하여 흥성케 될 것이다'라고 하며 기다리셨는데[望], 공께서 바로 그분이십니다." 하고는 그를 수레로 모셔서 칭하길 태공망(太公望)이라 부르며 국사(國師)로 봉하였다.

강태공은 기원전 1072년에 신선계에 들었으며, 그때 연세는 139세였다.

의관을 서주(西周) 호경(鎬京)에 안장하였다.

제나라 사람들은 강태공의 덕을 생각하여 제나라에다 강태공 이관총(衣冠塚)을 세웠다.

강태공은 주역(周易)의 확립자이며, 강태공이 저술한 육도삼략(六韜三略)이 현재에도 전해져 오고 있다.

육도삼략은 중국 고대 병서의 최고봉인 무경칠서(武經七書) 중의 둘을 차지한다.

후대인 손무의 손자병법도 강태공의 육도삼략에 기초하여 만들어진 것이다.

후일 대륙을 정복한 청나라 황실에서조차 강태공을 무성왕(武成王)으로 칭하여 천하통일을 이룬 군주로 인정하였다.

38
인왕제색도(겸재)

'이건희'가 국가에 헌납했다는 그림 중에 '겸재'가 그린 '인왕제색도'가 있다.

이 그림은 국보 216호이고 초대형 그림으로 가로가 138㎝이고, 세로가 79㎝나 된다.

현재 홋가가 천억 원을 넘는단다. 국내 최고가이다.

이 그림 하나가 십억짜리 아파트 백 채 값이다.

요즘 국립중앙박물관에서 전시하고, 사전 예약제로 시민들에게 관람시키고 있다.

그런데 그 예약이 하늘에 별따기라고 한다.

'진경산수화'인 '인왕제색도'는 '겸재'가 수성동 남쪽 언덕에서 '인왕산'을 직접 보면서 그렸단다.

'인왕제색도'란 비가 갠 직후에 인왕산 모습을 그린 그림이란 뜻이다.

산수화는 대자연을 직접 보면서 물아일체가 되어 그리는 그림이다.

'진경산수화'는 풍경을 사실적으로 그린 그림이 아니라 풍경을 본 화가의 감흥과 정취를 구현한 그림이다. '인왕제색도'는 인왕산의 실제 모습과 다르다.

일례를 들면 인왕산엔 폭포가 없는데, '인왕제색도'에는 버젓이 그려져 있다.

같은 시기에 '강세황'이 그린 인왕산 그림에도 폭포는 없다.

인왕산은 해발 338m로 그다지 높은 산은 아니다. 바로 옆에 있는 북악산보다도 낮다.

그런데 '인왕제색도'는 웅장하게 그려져 있다.

'겸재'가 그 당시 인왕산에서 그런 느낌을 받았고 그런 느낌을 구현하고 싶어서 그렇게 그렸을 것이다.

또한 '인왕제색도'는 '겸재' 정선이 1751년에 자신의 지기인 이병연의 쾌유를 빌기 위해서 그렸단다.

이병연은 당시에 사경을 헤매고 있었다.

당대 제일가는 시인 묵객이었던 '이병연'은 '인왕제색도'가 그려진 나흘 후 숨졌다.

두 사람은 인왕산 아래 수성동에서 나고 자랐다.

'이병연'이 다섯 살 연상이지만, 두 사람은 동문수학하면서 평생을 지기지우로 지냈다.

뿐만 아니라 '병연'이 시를 지어 보내면 '정선'이 거기에 그림을 그리고, '정선'이 그림을 그려 보내면 '병연'이 그 그림에 시를 지어 쓰곤 했단다.

일종의 콜라보레이션이었던 셈이다.

'경교명승첩'이 그렇게 해서 탄생했다.

양천 현감시절, 한강 일대의 풍경을 '겸재'가 그리고 거기에 '병연'이 시를 써서 만든게 '경교명승첩'이다.

그런 연유로 강서구에 '겸재 박물관'이 세워져 있다.

양천향교도 양천구가 아닌 강서구에 있다. 조선시대 양천현은 강서구가 중심이었던 것이다.

'인왕제색도'에는 집 한 채가 그려져 있다.

그 집이 '이병연'의 집이란 설이 있다.(물론 '겸재' 자신의 집 이라거나 '겸재'의 그림을 자주 사 주었던 재력가 '이춘재'의 집이란 설도 있다.)

벗의 쾌유를 기원하는 그림이라면 '병연'의 집이 맞을 것이다.

'인왕제색도'에 두 사람의 지극한 우정이 입혀지면서 그림의 가치가 더 높아졌던 것이다.

'겸재'는 가난뱅이 선비 집안에서 태어났다.

그림을 그려서 생계를 유지할 수밖에 없었다.

'겸재'는 산수화만 그린 건 아니다.

꽃과 동물은 물론 곤충도 잘 그렸다.

산수화를 그리기 시작한 건 37세 때.

'이병연'을 따라 금강산에 가서 '해악전신첩'을 그렸을 때 부터였다.

'인왕제색도'는 그의 나이 76세 때 그렸다.

'겸재'는 50대 때엔 험준하고 힘찬 금강산의 산악미를 그렸고, 60대 때엔 부드럽고 서정적인 한강변의 아름다움을 그렸고, 70대 때엔 자유로운 필묵법을 자유자재로 구사하여 '인왕제색도'를 그렸다.

그의 그림은 파격적인 구도와 생략적 묘사가 두드러진다.

그는 84세까지 장수하며 전국을 누비며 수많은 그림을 그렸다.

그런데 유감인 것은 전라도 풍경은 한 점도 없다는 것이다.

그가 전라도엔 발을 들인 적이 없기 때문이다.

일설에 의하면 주역에 관심이 많았는데 풍수쟁이들이 그의 전라도행을 만류해서 그랬단다.

정확한 이유는 나도 모른다.

'인왕제색도'는 '겸재' 사후 손자가 보관하고 있다가 당대 권력자

'심환지'에게 팔려 갔었다.

일제강점기 때는 개성과 서울 등지에 사는 일인들 손을 거친 다음 미술품 애호가 '손재형' 씨에게 입수되었다가 결국 '고 이병철' 삼성창업자가 손 씨로부터 이 그림을 사들였다.

이 회장 사후 리움미술관에 소장되어 있다가 이번에 '이건희 회장'의 약속에 따라 '이재용' 부회장이 2020년 10월에 국가에 헌납하여 중앙박물관이 소장하게 되었다.

'홍라희' 여사가 관리운영하는 '리움미술관'과 '호암박물관'엔 이번에 헌납된 미술품보다 더 값진 국보인 신라의 금관을 비롯한 진짜배기 미술품과 골동품 보물들이 수두룩하게 소장되어 있다.

이 그림은 '다빈치의 모나리자' 그림처럼 약간의 흠이 있다.

이 그림의 흠은 상단이 잘려져 나간 흔적이 있다는 점이다.

거기엔 사연이 있다. 원래 그곳에 '심환지'의 친필 찬시가 적혀있었단다.

그걸 후손들이 제사에 사용하려고 잘라 내었단다.

이런 불학 무식한 것들 같으니라구!

이제 이 그림이 왜 그토록 값이 엄청나게 비싸고 미술 애호가들로부터 명화라고 칭송받는지 그 이유를 알아보자.

'겸재' 이전까지만 해도 조선산수화는 중국 풍에서 벗어나지 못했었다.

그런데 '겸재'가 우리 강산의 특성에 맞는 우리식 산수화법을 창안해 내었다.

'겸재' 이전의 우리나라 화가들은 중국의 화풍을 따르고 있었다.

중국의 산수화는 남종화와 북종화로 나뉘는데 남종화는 내면세계의 표출에 치중하고 북종화는 외면적 형사에 치중한다.

'겸재'는 남종화에 영향을 많이 받았다. '겸재'는 중국화풍을 그대로 따른 게 아니라 우리나라 산수에 적합한 화풍을 개발해내었던 것이다.

그것이 '진경산수화'이다. 그래서 일본에서는 '진경산수화'를 '신조선 산수화'라 부른다.

산수화를 그리는 기법을 준법이라 한다.

20여 가지나 되는 준법은 대부분 중국에서 개발한 것들이다.

'겸재'가 개발한 준법은 단선 준법과 수직준법 등이다.

'인왕제색도'에는 피마준법, 쇄찰준법, 수직준법, 미점준법 등 네 가지 준법이 쓰여졌다.

산수화는 이상산수화와 실경산수화, 그리고 진경산수화로 나뉘는데 '이상산수화'는 상상해서 그리고 '실경산수화'는 실제 모습대로 그리고 '진경산수화'는 실경을 그리되 화가의 느낌과 생각을 표현하여 그린 그림이다.

'안견'의 '몽유도원도'는 이상산수화이고 '강세황'의 인왕산 그림은 '실경산수화'이고 '겸재'가 그린 인왕제색도는 '진경산수화'이다.

'겸재'의 유작은 400여 점이 오늘에 전하고 있다.

그 중에서도 이 '인왕제색도'가 가장 대표적인 걸작이란다.

승정원일기에 의하면 이 그림을 그릴 당시 장마철이라서 열흘간 소낙비가 계속 내렸었단다.

'겸재'는 비가 그치자마자 가장 큰 종이와 붓을 꺼내들고 옥인동 언덕에 올라가 인왕산을 바라보며 자신과 가장 친했던 지기지우인 '이병연'의 쾌유를 빌기 위해 이 그림을 그렸던 것이다.

이제 '인왕제색도'를 감상해 보자.

이 그림을 자세히 들여다 보면 산아래 나무와 숲과 자욱한 안개는 하늘에서 내려다 본 시선으로 그렸다. 일명 부감법(俯瞰法)이다.

산 위쪽 인왕산의 바위들은 멀리서 위를 올려다 보는 시선으로 그렸다. 이른바 고원법(高遠法)이다. 그렇게 해서 인왕산의 생생한 현장감을 살려낸 것이다.

뒤편의 범바위, 치마바위, 코끼리바위, 기차바위 등 인왕산의 여러 바위들은 큰 붓을 여러번 반복해서 아래로 대담하게 내려 긋는 피마준법(묵찰법)으로 그렸다.

그래서 바위들이 거대하고 무거운 느낌이 든다.

벗이 사경을 헤매고 있었으니 '겸재'의 마음이 몹시 무거웠을 것이다.

이 그림에 나오는 정상 바로 아래쪽에 있는 치마바위는 중종비 신씨와 얽힌 슬픈 사연이 있다.

남편이 반정으로 갑자기 왕이 되는 바람에 신 씨도 본의 아니게 궁에 따라들어가 왕비가 되었다.

그런데 신 씨의 아비 '신수근'이 연산군 시절 우의정이었다가 반정 때 사사되었다.

'신수근'은 연산군의 매형이자 중종의 장인이 된 것이다.

반정공신들은 신 씨를 역적의 딸이라며 왕비가 된 지 7일 만에 궁밖 사직동으로 내쫓았다.

신 씨는 인왕산 바위에 치마를 덮어놓고 중종이 있는 궁을 바라보며 한을 달래었고 중종 또한 경회루에서 인왕산의 붉은 치마를 바라보며 눈물지었단다.

그때부터 그 바위를 치마바위라 했단다.

'겸재'는 어찌하여 치마바위를 중앙에 강조해서 그렸을까?

아마도 이 신 씨를 연민하던 중종처럼 '겸재'도 사경을 헤매는 '이병연'을 연민했던 것 같다.

그래서 치마바위를 중앙에 강조하여 그렸지 않았나 싶다.

이 치마바위는 백색 화강암인데 '겸재'는 검게 그렸다. 평론가들은 비를 맞으면 백색바위가 검게 변해서 검게 그렸다고 하지만 내 생각으론 벗이 사경을 헤매고 있어서 '겸재'의 마음도 어두워서 검게 그렸을 거라고 여겨진다.

'인왕제색도' 상단의 바위들은 적묵법, 쇄찰준법, 수직준법 등으로 그렸다.

수직준법은 위에서 아래로 과감하게 여러 번 내려긋는 기법이다. 인왕산 같은 우리나라 골산의 암벽을 그리는데 적합한 화법이다.

적묵법은 물기가 남아 있는 암벽을 잘 표현하고 있다.

쇄찰준법은 단단한 인왕산 바위의 괴량감(질감)을 제대로 표현하고 있다.

중턱에 있는 우거진 노송은 평두점법으로 그렸다.

노송 속에 있는 집 한 채는 직선으로만 간략하게 그렸다.

기와나 처마 등은 과감하게 생략해서 그린 것이다.

집은 별로 중요하지 않다고 본 것이다.

'인왕제색도'의 하단 앞쪽 능선과 나무는 섬세한 붓질로 그렸다. 짧게 끊어 찍어서 미점(米占 : 작은 점)으로 그렸다. 이른바 미점준법 또는 우점준법인데 서양의 화법 점묘법과 유사하다.

'인왕제색도'는 그림의 상단부와 중상부와 하단부가 여러모로 대비된다.

'겸재'는 세잔느보다 먼저 화면 분할법을 사용했던 것이다.

세계적인 건축거장 프랑크 게리는 '인왕제색도'의 사본을 거실에 걸어 두고 보며 영감을 얻곤 했단다. '겸재'의 '인왕제색도'는 세계가 알아주는 걸작품인 것이다.(모셔온글)

39
신라호텔 터는 생사람 죽이는 터

장충단공원 박문사 터(博文寺 址, 신라호텔 영빈관)

누구든지 이 신라호텔 터를 가진 자는 젊은 자녀 두 사람이 죽어 나갈 터인데 앞으로 이 터에서는 또 한 사람의 젊은 자녀가 죽는다.

이 터에서는 곡(哭)소리가 진동한다.

신라호텔 터와 이병철 회장의 묘[음택(陰宅)] 때문에 손녀가 또 한 명 죽는다.

자식은 두 명을 둘 운명(이름을 밝힐 수는 없다).

박문사(博文寺)는 조선 침략의 원흉으로 안중근(安重根) 의사에게 중국 하얼빈 역전에서 피살된 이토 히로부미(伊藤博文 : 1841~1909)를 기리는 절로 정식 이름은 보리사(菩提寺)이다.

1932년 조선총독부는 이토 히로부미(이등박문)의 영혼을 위로하겠다며 현재의 신라호텔 영빈관(迎賓館) 자리에 박문사를 건립했다(해방 후에 헐림). 이 절은 명성황후를 지키다 죽어간 조선 군관들의 넋을 기리는 장충단(獎忠壇)을 내려다보는 위치에 지어졌다.

또 일본은 경희궁(慶熙宮)을 헐고 경희궁의 정문인 흥화문(興化門, 정면 3칸 측면 2칸의 우진각 지붕)을 떼어 박문사의 정문[慶春門]으로 사용했다.

(1988년 경희궁으로 이전 복원) 절 이름인 박문은 이토 히로부미의 이등박문에서 딴 것이다.

'불후신전 비발복((不後神殿 非發福)', 발복(發福)이 끝난 구묘(舊墓)의 자리 묘택휴수(墓宅休囚)다.

40
김구 선생 법명 원종 스님이었다

　법명 원종 스님⟨(본명 김창수)→백범(개명→김구)⟩은 일본군의 만행으로
민비가 죽음을 당하자 그 울분을 참지 못해 일본군 장교를 살해한다.
후에 도피처를 찾다가 마곡사에 들어가 세상의 모든 번잡함을 내려놓
고 수행을 하면 어떠냐 하는 권유에 삭발을 하고 원종이라는 법명을
받는다.

　또 젊은 날 한때 백범 김구 선생은 아버지의 권유로 마의상서를 공
부하다가 하루는 자신의 얼굴부터 살펴보았더니 얼굴엔 마마를 앓은
자국이 남아 자신이 보기에도 마음에 들지 않았다.

　그 후 깨달음을 얻어 "관상이 불여심상 마의선사가 남긴 유명한 말
씀을 깨닫고" 즉 "관상이 아무리 좋아도 마음 씀씀이보다는 못하다"
는 말씀을 가슴속 깊이 새기면서 마음을 수양하고 닦는데 심혈을 기
울였다고 한다.

　원종 스님은 1년여 마곡사의 생활을 뒤로하고 결국 만주로 가서
독립운동에 참여하게 된다.

　훗날 광복이 되자 마곡사를 찾아 와향 나무 한 그루를 기념으
로 심고 임시정부 부주석인 이시영 선생 등과 대광보전 앞에서
기념사진을 남긴다.

41
현대 정몽헌 회장 타살?

정몽헌 회장은 남북을 오가며 금강산 관광사업 남북화해 및 경제협력에 노력한 장본인. 현대중공업 차장을 시작으로 1981년 현대상선 대표이사, 사장을 맡아 경영 전선에 참여해 1992년 현대전자를 설립 세계적 반도체회사로 키워낸 장본인. 1998년 공동회장에 취임, 대북사업에 관심을 가지고 2002년 3월 공식적으로 현대그룹을 이끌어왔다.

2002년 9월 대북 송금사업 의혹으로 검찰 조사를 받던 도중 투신 자살했다는 것은 이해가 안 되는 미스터리. 자살할 이유가 없다는 것이다.

정몽헌 회장 55세 의문의 죽음. 의혹이 한두 가지가 아니다.

개성공단에서 연설할 때 정몽헌 회장의 얼굴에 죽음의 그림자가 찾아온 것을 알고 당시 오리온 그룹에 심용섭 사장과 식사하는 자리에서 조만간 현대 정몽헌 회장이 죽을 것이라고 예언을 했다.

**지금도 늦지 않았다. 진상 조사단을 만들어 재조사해야 한다.
나는 알고 있다. 범인을?**

42

노무현 전 대통령 타살?

glory508/ 2009.05.23. 12:33:56(청와대 게시 글)

노무현 : 1946년 9월 1일, 사망일 2009년 5월 23일, 만 63세

본인의 저서 『원자폭탄 예언』 시사미디어 2008년 2월 13일 p.52 에서 예언한 바와 같이 노 전(前) 대통령의 임기 기간에 모든 것을 밝힌 바 있다.

이 사저 터는 들어가는 순간부터 '구천통곡'할 혈이라고 "아홉 번을 울고 아홉 번을 땅을 치고 통곡하는 혈"이라고 밝힌 바 있다.

내가 노무현 대통령께 마지막으로 할 수 있는 일은 극락왕생하라고 음택(좋은 자리)을 잡아드리는 것이 내가 마지막으로 할 수 있는 일이다.

- 노선광락 연명하언(老星光落 淵明何言)
- 욕보천수 기욕포력(欲保天壽 棄欲布力)
- 만리장성 거거태산(萬里長城 去去泰山)
- 조고북망 신건모옥(早顧北邙 新建茅屋)

- 늙은 별빛 쇠하여 땅에 떨어지니, 도연명인들 무슨 말을 할꼬?
- 그대 타고난 천수 고이 보전하고 싶거든, 모든 욕(欲) 다 버리고
- 보시에나 힘쓰게 만 리나 되는 길 갈수록 태산이거니,
- 속히 일찍 북망산에 돌아가 멧 집이나 새로이 엮게나.

일찍이 삼명서(三命書)에 이르기를

'망자회야(亡者灰也)요, 자내실지 위 망신(自內失之 謂 亡身)'이라

고 설했거니와 쉽게 말하면 '다 된 밥에 재 뿌리는 격'으로 모든 것이 장애, 좌절, 실패로 연속되어 나중에는 궁지에 처해 몸을 망치고 만다는 것이다.

- **과연생광 유사표풍(過年生光 有似飄風)**
- **일모서천 망망해로(日暮西天 茫茫海路)**
- **희비쌍선 쟁재허송(喜悲雙船 爭財虛送)**
- **세본운하 홍로낙설(世本云何 紅爐落雪)**

- 지나간 삶의 빛 한 오라기 회오리바람 같았도다.
- 어느덧 서천에 해 저무니 바닷길이 망망쿠나
- 희비쌍선에 몸 싣고 재물 다투며 보낸 세월!
- 인간 세상이 다 무엇이더냐 붉은 화롯불에 떨어질 한 조각 눈인 것을!

63세에 재물에 근심이 일어나 밧줄로 몸을 엮는 격이니 도시 진퇴 양난이로다

남으로 갈까! 북으로 갈까! 이렇게 할까! 저렇게 할까?

밤새껏 생각만 분주하여 궁지에 처한 몸

노경에 안위(安位)를 어드메서 찾을꼬?

지나간 60년! 광휘(光輝)로웠던 세월!

이제 와 문득 돌이켜보니 한 줄기 회오리바람과 같았구나

그렇고 그런 세월들!

어느새 붉은 홍로에 떨어지는 한 조각 눈송이가 되었도다.

노무현 대통령 죽음은 타살이었다.

노무현 대통령은 자살할 이유가 없었다.

죽기 하루 전날 밤 꿈속에서 두 번이나 나를 직접 찾아오셔서 내가 죽고 나면 내 억울한 죽음을 세상에 꼭 밝혀 달라고 당부하시고 가셨다.

귀신은 거짓말을 못 한다. 누가 노무현 전(前) 대통령을 죽였나?

이제는 말할 수가 있다.

노무현 전(前) 대통령의 죽음을 재조사할 것을 국민의 한 사람으로 강력히 건의한다.

이제라도 늦은 감이 있지만 '진상조사단'을 꾸려 고인의 억울한 죽음을 밝혀 세상 만천하에 알려야 한다.

43
중국에는 알리바바가 있었다

알리바바가 없는 중국은 앙꼬없는 찐빵.

돈보다 사람들의 존경을 사라(마윈의 부인 장잉(張瑛)).
창업 3년 동안 단 1달러의 수입도 없었다.

어느 날 마윈은 장잉에게 내가 중국 최고의 부호가 되는 걸 보고 싶냐고 물었다.

장잉은 "당신의 못생긴 얼굴은 어딜 보아도 부자가 될 상은 아니다"라면서도 "돈 벌 생각하지 말고 사람들의 존경을 받을 생각을 해라"고 답했다.

1995년 마윈이 중국 최초의 인터넷 기업 차이나 옐로우페이지(中國黃頁)를 설립할 당시 직원은 마윈, 장잉, 허이빙(何一兵, 마윈의 첫 번째 파트너, 렌렌(臉臉) 창업주) 3명뿐이었다.

장잉이 자신의 은행 예금 전부는 물론 주변 친척들에게까지 돈을 빌려 10만 위안의 창업 자금을 마련한 일화는 특히 유명하다.

당시 '인터넷'의 개념을 이해하지 못한 사람들이 마윈을 사기꾼이라고 비난할 때도 장잉은 마윈을 믿고 따랐다.

가난한 사람과 함께 하지마라(feat. 마윈 명언).

부자 되기 위해 공부하는 청년 헤일로입니다.

알리바바 CEO 마윈

최근 마윈은 중국 정부와의 불화로 많은 부분에서 행동의 제약을 받고 견제받고 있다.

하지만 그가 훌륭한 사업가이며 기업가라는 것은 모두 동의하는 바이다.

가난한 과거를 딛고 세계적인 기업인 알리바바를 이끈 수장 마윈의 글.

1. 가난한 사람을 가까이하지 마라.
   세상에서 가장 같이 일하기 힘든 사람은 가난한 사람이다.
2. 자유를 주면 함정이라고 한다.
3. 작은 비지니스를 하자고 하면 돈을 벌지 못한다고 한다.
4. 큰 비지니스를 하자고 하면 돈이 없다고 한다.
5. 새로운 일을 시작하자고 하면 경험이 없다고 한다.
6. 전통적인 것을 시작하자고 하면 레드오션이라고 한다.
7. 혁신적인 것을 하자고 하면 다단계라고 한다.
8. 신규 사업은 자신이 전문가가 아니라고 한다.
9. 함께 상점을 운영하자고 하면 자유가 없다고 한다.
   그들은 공통점이 있다.
10. 구글에 물어보기 좋아하고,

자신과 생각이 같은 가난하고 희망이 없는 자에게 의견을 구한다.

11. 그들은 대학교수보다 더 많은 생각을 하고 맹인보다 더 적게 행동한다.

그들에게 무엇을 할 수 있냐고 물으면 대답하지 못 한다.

당신의 심장이 뛰는 것보다 빠르게 행동하고 생각하는 것보다 그냥 하라.

가난한 사람들은 한 가지 행동으로 실패한다.

그들은 기다린다.

너에게 직접 물어보라.

당신은 가난한 사람인가?

"변명은 자신의 행하지 않는 이유를 더 돋보이게 만든다."
― 셰익스피어

44

세계 최고 부자 가문 '로스차일드'

세계적으로 유명한 로스차일드 가문의 후계자인 알랙상드르 드 로쉴드(ROTHSCHILD · 33) 이사가 2박 3일 일정으로 한국을 찾았다.

그는 "지금의 글로벌 금융혼란 이후 아시아 기업들의 역할이 강해질 것"이라며 국민연금공단, 삼성생명, 삼성증권 등 관계자들을 만나 금융사업을 계획 중이라고 밝혔다.

이번 그의 방문은 해외 기업과의 합작투자 이상의 의미를 가진다.

그 이유는 로스차일드 가문은 16세기부터 지금까지 영향력을 끼치고 있는 세계 최대의 금융집단이기 때문. 우리나라의 위상이 그만큼 높아졌다는 뜻이다.

전 세계에서 최고의 부자 가문이면서도 부자 리스트에는 나오지 않는 곳. 수많은 기업을 경영하고 있지만 정확한 면모는 비밀에 가려져 있는 특별한 집단. 우리가 몰랐던 그들의 면면을 알아보자.

은행업 성공한 유대인 가족

250년 전 독일의 유대인 거주지(게토)에서 동전 장사로 시작한 가족 기업이다.

당시 가게에 내건 휘장이 '붉은 방패(독일 발음으로는 로트칠드)'였고, 그 것이 로스차일드란 이름의 기원이다.

18세기 후반 다섯 형제가 유럽 각국에서 은행업을 벌이면서 유럽 금융을 이끄는 가문으로 발전했다.

이 가문의 대외활동은 대부분 비밀스럽게 이뤄진다.

5경원 재산, 유럽 역사 만들어

로스차일드 가문의 소유 기업은 대부분 비상장이라 이들의 재산이 정확하게 얼마인지 '추정 불능'이다.

쑹훙빙은 그의 책에서 로스차일드 가문의 재산은 50조 달러(약 5경원)라고 전망했다.

알려진 세계 최고 부자의 재산인 70조 원의 700배 규모. 유럽에서 큰 전쟁이 있을 때마다 로스차일드의 돈이 어디로 가느냐에 따라 유럽 역사가 바뀌곤 했다.

이스라엘 건국 도와

유럽의 유대인을 대표하는 시온연맹 대표를 맡아 영국과의 거래를 통해(발포어 선언) 이스라엘을 건국하는데 결정적인 역할을 했다.

지금도 미국의 정치 및 경제를 움직이며 미국이 이스라엘에 유리 한 정책을 펼치도록 한다.

영국의 한 왕은 로스차일드 가문이 천지창조 때 있었다면 하느님 이 세상을 만드는 데 6일이면 됐을 것이라고 말했다.

미국 언론 장악

로스 차일드 가문은 미국의 유력 신문인 뉴욕 타임즈와 워싱턴 포스트를 비롯해 폭스 채널, **MGM** 영화사 등을 소유하고 있다.

이런 매체를 통해 조직적으로 유대인과 이스라엘의 입장을 펼치고 있다.

특히 미국 헐리우드 영화 산업을 장악하고 있는 이들은 자신들에게 불리한 입장이 전개되면 모든 것을 동원해 이를 저지하는 것으로 유명하다.

한때 빌게이츠가 늘 세계 부자 순위 1위를 지키고 있을 때 혜성처럼 등장하여, 그 자리를 탈환한 사람이 있으니, 바로 제프 베이조스이다.

그는 1964년 생으로 대학을 졸업하고 회사를 다니다가 훗날 아마존닷컴을 창업하면서 엄청난 부를 쌓게 된다.

이후 워싱턴 포스트 인수, 사업의 다각화 등 점점 영역을 펼쳐가면서 세계 최고 부자 순위를 오랫동안 유지할 줄 알았는데 3년만에 그 자리를 내주게 되었다.

1. 일론 머스크의 등장

다들 아시다시피 일론 머스크는 테슬라의 **CEO**이다. 현재 전기차 시장에서 가장 우위를 점하고 있다고 해도 과언이 아니다.물론 중국의 '비야디'도 맹추격을 하고 있지만, 여전히 최고 자리를 선점하고 있다.

2020년 하반기에는 테슬라가 엄청난 성장을 보여주었다.

그래서 주식도 1년동안 무려 740%가 성장했다. 2020년 초에 100만 원 가량의 주식을 보유했다면 거의 700만 원에 가까운 금액으로 불어나 있었던 것이다.

이렇게 가파르게 수직 상승하자 당연히 창업자인 일론 머스크의 재산도 자연스럽게 늘어날 수밖에 없었다.

블룸버그에 따르면 제프 베이조스의 재산은 201조 원으로 알려져 있다.

그러나 테슬라의 주가가 폭등하면서 일론 머스크의 재산은 206조 원으로 불어났다. 이렇게 3년 만에 세계 최고 부자 순위가 바뀌게 되었다.

사실 2020년 초만 하더라도 일론 머스크의 순 자산은 약 30조 밖에 되지 않았다.

이를 순위로 매기면 겨우 50위권에 드는 것이다.

그러나 점점 주가가 올라가더니, **S&P** 500편입과 함께 막판에는 테슬라의 주가가 엄청난 폭등을 보여주면서 그를 세계 최고 부자 반열에 오르게 했다. 1년 동안 약 160조 이상의 자산이 불어났다.

일론 머스크는 자신이 세계 최고 부자 순위에 올랐다는 소식을 듣자 자신의 트위터에 짧은 글을 하나 남겼다.

"별일 다 있네, 다시 일이나 해야지"라고 남기면서 많은 사람들에게 웃음을 주기도 했다.

2. 우주사업

현재 일론 머스크는 전기차 사업뿐만 아니라 민간 우주기업인 '스페이스**X**'를 설립해서 운영하고 있는다. 2002년에 설립이 된 만큼 나름 역사가 있으며, 현재 **NASA**와도 협업관계에 있는 상황이다.

2023년에는 유인우주선을 통해 달 탐사를 계획하고 있고, 앞으로 우주시대를 여는데 자신이 꼭 이바지하겠다고 포부를 남겼다.

그래서 그는 자신이 세계 최고 부자가 되는 것에는 관심이 없으며, 화성 도시를 만드는데 최대한 기여를 하고 싶다고 밝히기도 했다.

참고로 제프 베이조스도 2010년에 민간 우주기업인 '블루 오리진'을 설립했다.

일론 머스크의 위협을 감지해서 그런 건지 아니면 뜻이 있어서 그런 건지는 몰라도 뒤늦게 뛰어든 것이다.

물론 블루 오리진도 10년 동안 비약적인 발전을 한 것이 사실이지만 아직 '스페이스**X**'보다는 기술력이 뒤처지고 있는 게 사실이다.

그러므로 블루 오리진이 스페이스**X**를 앞선다는 생각은 아직 현실성이 없다고 볼 수 있다.(모셔온글)

45
록펠러 어머니의 유언

록펠러는 33세에 백만장자가 되었고, 43세에 미국의 최대 부자가 되었고,

53세에 세계 최대 갑부가 되었지만 행복하지 않았다.

55세에 그는 불치병으로 1년 이상 살지 못한다는 사형선고를 받았다.

그리고 최후 검진을 위해 휠체어를 타고 갈 때, 병원로비에 걸린 액자의 글이 눈에 들어왔다. - 주는 자가 받는 자 보다 복이 있다. -

이 글을 보는 순간 마음속에 전율이 생기고 한없이 눈물이 흘러내렸다.

선한 기운이 온몸을 감싸는 가운데 그는 눈을 지그시 감고 생각에 잠겼다.

잠시 후 시끄러운 소리에 정신을 차리게 되었는데 입원비 문제로 다투는 소리였다.

병원 측은 병원비가 없어 입원이 안된다 하고 환자 어머니는 입원

을 울면서 애원하고 있었다.

록펠러는 곧 비서를 시켜 병원비를 지불하고 누가 지불했는지 모르게 했다.

얼마 후 은밀히 도운 소녀가 기적적으로 회복이 되자,

그 모습을 조용히 지켜보던 록펠러는 얼마나 기뻤던지 그의 자서전에 그 순간을 이렇게 표현했다.

"저는 살면서 이렇게 행복한 삶이 있는지 몰랐다."

그때 그는 나눔의 삶을 작정한다.

그와 동시에 신기하게 그의 병도 사라졌다.

록펠러는 76세 때 그의 아내를 먼저 하늘로 보냈다.

아내를 기념해서 시카고 대학 내에 시카고 교회를 건축하여 봉헌했다.

헌당식을 마치고 나오는 록펠러에게 기자가 물었다.

"회장님의 성공비결은 무엇입니까?"

록펠러의 대답은 "어머니 엘리자의 신앙유산이다"고 했다.

세계적 재벌 록펠러의 어머니는 아들에게 10가지 유언을 남겼다. 그는 어머니의 유언을 실천하며 98세까지 사는 동안 선한 일에 힘썼다.

다음 내용은 록펠러 어머니의 유언이다. 나의 자녀에게도 해주고 싶은 내용이다.

록펠러 어머니의 유언

1. 하나님을 친아버지 이상으로 섬겨라.
   아버지가 생계를 위해 필요한 모든 것을 공급하지만 더

중요한 공급자는 바로 하나님이시다.

2. 목사님을 하나님 다음으로 섬겨라.

목사님과 좋은 관계 속에서 하나님의 말씀을 듣고 따르는 것이 축복된 길이기 때문이다.

3. 주일예배는 본 교회에서 드려라.

하나님의 자녀로서 교회에 충성해야 하며 가능한 주일예배 만큼은 본 교회에 참석하여 예배드리는 것이 중요하기 때문이다.

4. 오른쪽 주머니는 항상 십일조 주머니로 하라.

이 말은 십일조는 하나님의 것이므로 먼저 구별한 후 나머지를 가지고 필요하면 사용해야 함을 표현한 말이다.

5. 아무도 원수로 만들지 말라.

다른 사람들과의 관계가 좋지 않으면 사람들이 거리를 두기 때문에 일마다 장애요소가 될 수 있기 때문이다.

6. 아침에 목표를 세우고 기도하라.

하루를 시작하기 전 오늘 해야 할 일을 하나님께 맡기며 하나님이 모든 일에 함께하여 주실 것을 온전히 믿는 기도가 필요하다.

7. 잠자리에 들기 전 하루를 반성하고 기도하라.

알게 모르게 계속적으로 짓는 죄를 가능한 빨리 회개하여 죄로 인한 어려움과 고통을 피할 수 있어야 한다.

8. 아침에는 꼭 하나님의 말씀을 읽어라.

하나님께서 말씀하시는 것을 들으려는 시간이 필요하다.

9. 남을 도울 수 있으면 힘껏 도우라.

그리고 도와준 일에 대해 절대로 나팔을 불면 안 된다.
10. 예배 시간에 항상 앞에 앉으라.

예배드리고 말씀 듣는 일에 누구보다도 앞장서서 하려는 노력이 필요하다.

록펠러는 세계 최고의 부자로 미국의 부통령과 주지사, 그리고 유명한 스탠더드 석유회사를 세운 인물입니다.

일흔여섯의 록펠러에게 기자가 물었습니다.

**"당신이 세계 최고의 부자로 성공하게 된 비결이 무엇입니까?"
록펠러는 어머니로부터 세 가지 신앙의 유산을 받은 것이 성공의 비결이라고 말했습니다.**

첫 번째 신앙 유산은 십일조 생활입니다.

어머니는 20센트씩 받은 용돈에서도 반드시 십일조를 하도록 가르쳤습니다. 록펠러는 회사를 운영하면서도 정직하게 십일조를 드렸고, 회사의 십일조를 계산하기 위해 별도의 십일조 전담부서를 둘 정도였습니다.

두 번째 신앙 유산은 교회에 가면 맨 앞자리에 앉아 예배를 드리는 것이었습니다. 록펠러의 어머니는 아들의 손을 잡고 언제나 40분 정도 일찍 교회에 나와 맨 앞자리에 앉아서 예배를 드리곤 했습니다.

세 번째 신앙 유산은 교회를 다닐 때 교회의 일에 순종하고 목사님의 마음을 아프게 하지 말라는 어머니의 가르침이었습니다.

록펠러는 98년을 살면서 자신이 번 돈으로 록펠러재단을 세워 많은 사회사업과 선한 일을 하기에 힘썼고 24개 대학과 4,928개의 교회를 지어 헌납했습니다. 최고의 신앙교육은 가정에서 이루어집니다.(모셔온글)

46
데일 카네기 명언 모음

마음속에서 즐거운 듯이 만면에 웃음을 띄워라. 어깨를 쭉 펴고 크게 심호흡을 하자.

그리고 나서 노래를 부르자.

노래가 아니면 휘파람이라도 좋다.

휘파람이 아니면 콧노래라도 좋다.

그래서 자신이 사뭇 즐거운 듯이 행동하면 침울해지려 해도 결국 그렇게 안 되니 참으로 신기한 일이다. – 데일 카네기

미소는 만물의 영장인 사람만이 가지고 있는 특권적인 표현법이다. 이 귀한 하늘의 선물을 올바로 이용하는 것이 사람이다. 문지기에도, 사환(使喚, 심부름꾼)에게도, 안내양에게도, 그밖에 누구에게나 이 미소를 지음으로써 손해나는 법은 절대로 없다.

미소는 일을 유쾌하게, 교제를 명랑하게, 가정을 밝게, 그리고 수명을 길게 해준다. – 데일 카네기

사람에게는 자기의 성명이 모든 말 가운데 가장 사랑스럽고 존중하게 들리는 말이다. – 데일 카네기

사물에 대한 관점을 바꾼다면, 모든 일이 즐거워질 것이다.

일에 흥미를 가지면, 회사에 이익이 되고 윗사람이 기뻐할 것이다.

그건 그렇다 치고 실익이란 점에서 생각해도 일에 흥미를 가지면 인생의 즐거움이 두 배로 된다.

일어나 있는 시간의 반은 일을 하고 있으므로 일이 즐겁지 않으면, 그 인생은 불행하게 된다.

일이 재미있게 되면 고뇌를 잊게 되고, 어느 날인가는 승진이나 승급도 실현될 수 있다.

적어도, 피로는 최저한도로 억제할 수 있으며, 여가는 훨씬 더 즐겁게 지낼 수 있게 된다. - 데일 카네기

세계적으로 유명한 심리학자인 스키너가 실험을 통해 증명한 바에 의하면 좋은 행동으로 보상받는 동물이 나쁜 행동으로 처벌받는 동물보다 더 빨리 배우고 배운 것을 효과적으로 간직한다고 했다.

그 후의 연구에 의해 사람들도 마찬가지라는 것이 밝혀졌는데 비판에 의해서는 사람들을 변화시키기 힘들고 적개심만을 초래하게 된다. - 데일 카네기

실패들로부터 성공을 개발하라.

실망과 실패는 성공에 이르게 하는 가장 분명한 두 가지 디딤돌이다.

인간에게는 실패들로부터 배운 교훈보다 더 값진 교훈은 없다.

뒤를 돌아보라.

당신은 실패 때문에 어떤 도움도 얻는 것이 없는가? - 데일 카네기

어느 곳에 돈이 떨어져 있다면 길이 멀어도 주우러 가면서 제 발밑에 있는 일거리를 발길로 차버리고 지나가는 사람이 있다.

눈을 떠라!

행복의 열쇠는 어디에나 떨어져 있다.

기웃거리고 다니기 전에 마음의 눈을 닦아라! - 데일 카네기

어떤 일에 열중하기 위해서는 그 일을 올바르게 믿고, 자기는 그것을 성취할 힘이 있다고 믿으며, 적극적으로 그것을 이루어 보겠다는 마음을 갖는 일이다.

그러면 낮이 가고 밤이 오듯이 저절로 그 일에 열중하게 된다. - 데일 카네기

여자는 자신의 생일과 결혼기념일을 매우 소중히 여긴다.

왜 그럴까.

남자에게는 이해할 수가 없는 여자의 심리적인 수수께끼다.

대부분의 남자들은 달력 따위엔 흥미가 없다.

그러나 절대 잊어서는 안될 날은 아내의 탄생일, 자신의 결혼 기념일이다.

두 날은 절대 잊어서는 안 된다. - 데일 카네기

웃는 얼굴이 없는 남자는 상점을 개설해서는 안 된다. - 데일 카네기

좋은 기회란 우리 자신 속에 있다. - 데일 카네기

죽을 때까지 남의 원망을 듣고 싶은 사람은 남을 신랄하게 비

판하는 것을 일삼으면 된다. - 데일 카네기

　친구를 얻게 되고, 이쪽의 생각에 따라오게 하는 가장 확실한
방법은 상대의 의견을 충분히 받아들이고, 상대방의 자존심을 만
족시켜주는 일이다. - 데일 카네기

　현재의 이 시간이 더할 수 없는 보배다.
　사람은 그에게 주어진 인생의 시간을 어떻게 이용하였는가에 따라
서 그의 장래가 결정된다. 만일 하루를 헛되이 보냈다면 큰 손실이다.
　하루를 유익하게 보낸 사람은 하루의 보배를 파낸 것이다.
　하루를 헛되이 보내는 것은 내 몸을 소모하고 있다는 것을 알아야
한다. - 데일 카네기

47
오리온 그룹 담철곤 회장 운명

나는 동양그룹 부도를 사전에 예언했다.

당신의 운명은 껍질 벗겨진 계란과 같다. '방우도삭란(方于盜削卵)'

본인의 저서 『와룡의 터』 도서출판 답게, 2007년 10월 25일, p.128-p.131.

지금으로부터 18년 전 1998년 무인년(戊寅年)에 평소 거래하던 D그룹의 사위인 D 회장님의 부친이 사망을 해 회장님의 부탁을 받고 S 사장이 직접 나를 찾아와서

"정 회장님! 경상북도 청도에 있는 손석우 선생님께서 잡아 놓으신 터 '신후지지(身後之地) : 살아 있을 때 미리 잡아 두는 묏자리'를 이번에는 손 선생님 대신 정 회장님이 장례를 맡아 달라는 우리 회장님의 부탁을 받고 찾아뵙습니다."

"아니 S 사장님 그 터는 평소에 손 선생님(나의 스승님이신 손석우 선생님)께서 직접 잡아 놓은 터로 알고 있는데요?

어떻게 선생님께서 잡아 놓은 터를 월권할 수 있겠습니까?

안 될 말씀입니다.

다른 사람도 아닌 세 분의 선생님이 멀쩡하게 살아계시고 그 터를 잡은 당사자인 선생님이 계시는데…"

그때는 세 분의 스승님이 건강하게 살아 계실 때 이야기다(청오 지창룡, 육관 손석우, 근영 임응승). 나는 한 마디로 딱 잘라 거절했다.

"우리 회장님의 부친이 중국 북경 병원에서 사망 해 7일장으로 일정을 잡아 놓고 비행기로 한국에 올 준비를 하고 있고 어떤 일이 있어도 우리 회장님은 정 회장님께 일을 맡기고 싶다고 말씀하셨습니다.

나와의 친분을 생각해서라도 제발 저를 좀 도와주십시오."

"S 사장님! 참 서로가 난감하네요."

"정 회장님이 난감할 것 하나도 없습니다.

상주가 원하고 내가 원하는데 정 회장님은 미안할 것 없습니다."

나는 평소에 S 사장님과는 아주 가깝게 지내 온 사이이다.

손 선생님이 잡아 놓으신 '신후지지(身後之地) : 살아있을 때에 미리 잡아 두는 묏자리' 터를 제자가 가로챈다는 것은 상도뿐만 아니라, 스승과 제자로서도 있을 수 없는 충격적인 사건이었다.

나는 뿌리치다 못해 결국은 S 사장님의 간곡한 부탁으로 장지 터가 있는 경상북도 청도로 S 사장님과 동행했다.

나는 도착해 선생님이 잡아 놓은 터를 보며

"S 사장님, 이 터에는 쓸 수가 없습니다."

"아니 왜요? 정 회장님!"

"이 터는 우선은 돈은 많이 들어오지만, 나중에 패가망신하는 터에다가 후손들 중에는 무식한 자식들이 많이 나오는 이 터에 패백(亡者, 망자의 시신)을 써드리고 난 뒤 이 집안이 망해가는 것을 내 눈으로 직접 보면서 살아갈 수가 있겠습니까?

자식은 무식하게 된다고 하더라도 나중에 돈이라도 많으면 다행이지만 집안과 회사까지 망해 버리면 이 집안은 파산입니다. 그러니까 안 된다는 겁니다."

이 터를 쓴 후 나쁜 일이 일어난다고 해도 지관(地官)에게 책임을 일체 안 묻겠다는 상주의 약속을 전해 들었지만 나는 내 양심상 허락을 할 수 없었다.

"나를 꼭 원한다면 당장이라도 다른 곳에 터를 잡아야 묘를 쓸 수가 있습니다."

"정 회장님! 지금 중국에서 망자(亡者)가 비행기로 오고 있는데 어떻게 다른 곳에 자리를 잡을 수가 있겠습니까?

당장에 마땅한 땅도 없고 우선 급한 대로 이 자리에 장례를 치르고 난 후 빠른 시간 내에 이장을 하는 것이 어떻겠습니까?"

"S 사장님! 그건 안 될 말씀입니다.

하늘은 인간의 사정을 다 안 들어 주는 법이 없습니다.

지금 이 터 상주의 어려운 사정을 감안해 장례를 치르고 난 뒤에 3년 안에 이 집안에서 흉사가 생길 경우 이유는 불문에 부치고 100% 지관의 잘못입니다.

비싼 돈 주고 지관 데려다 명당을 찾을 때는 왜 찾겠습니까?

후손이 잘되려고 하는 일 아닙니까?

누구의 잘잘못을 따지기 이전에 지관은 지관의 임무를 착실히 수

행하는 것이 명지관이 할 수 있는 길입니다.

당장은 내가 S 사장님의 딱한 사정을 안 들어준다고 서운해하시겠지만 시간이 지난 뒤 S 사장님은 내가 올바른 선택을 한 것에 대한 감사를 느낄 것입니다.

죄송합니다.

도움이 되지 못해서 미안합니다."

하고 인사를 마친 뒤 나는 곧바로 서울로 돌아왔다.

'매(몽둥이)에는 장사가 없다고' 돈 앞에도 장사는 없습니다.

하지 않는 것이 하늘로 가는 길이었기에 나는 당당하게 아니 떳떳하게 굴러온 황금을 과감하게 물리칠 수가 있었다.

다음날 장례는 손 선생님이 이 터를 사서 잡을 때 이 땅을 소개하고 선생님과 동행한 부동산중개업자가 난생처음 장례 일을 맡아서 하다 보니 웃지 못할 실수를 저질렀다는 이야기를 S 사장님으로부터 전해 들었다.

나한테 말한 약식 장례를 치르고 난 뒤 이장을 하겠다던 약속은 물 건너가고 말았다.

하늘은 공짜가 없다.

48
제갈량은 사마의와 동문수학했다

공명이 어머니를 여의고 몇 년 후 아버지 제갈규 마저 잃고 장형 제갈근의 보살핌으로 어려운 형편에 놓였을 때이다.

원래 공명의 집안은 없이 사는 집안이 아니었는데 아버지의 죽음으로 인해 그들에게 경제적인 어려움이 닥친 것이다.

공명이 살던 시대는 오직 공부에만 전념해야지 성공할 수 있었을 만큼 공부 분량이 많았는데 형 제갈근이 공명의 학업을 도운다고는 하나 아버지의 죽음으로 가사를 떠맡게 된 제갈근이 공명에게 그리 많은 신경을 쓰지 못하게 되는 상황에 놓이게 된다.

제갈근은 그래서 공명을 당시 태산 산속에 30여 년간 은거하며 학동들을 가르치고 있던 거암 선생이란 60줄의 노인에게 유학을 보내게 된다.

공명이 거암 선생에게 입문할 당시 거암 선생의 제자 중에서 독보적인 존재가 사마의였는데 공명의 명석함을 안 거암 선생은 사마의와 좋은 경쟁자가 되겠다 싶어 여럿의 제자들 중 그 둘에게 더 많은 관심을 갖게 된다.

이 거암 선생이란 사람은 보통 훈장이 아니었는데 그에게는 천하의 기서가 있었기 때문이었다.

그 기서에는 천문지리는 말할 것도 없고 각종 병법의 용병 포진술을 비롯하여 나라를 바르게 다스리고 백성들이 평안하게 살면서 따르도록 하는 비법 등 온갖 내용이 수록되어 있었다.

말하자면 정치 지도자의 실무지침서요,

장래의 일을 선견할 수 있는 예언서와도 같은 기서였던 것이다.

어쨌든 이 책을 가지게 되는 사람은 경천동지의 대사업을 이룩할 수 있을 것임에 분명했다.

나이 늙어서야 이 기서를 입수한 거암 선생은 이 책을 전수할 제자를 찾고 있었다.

거암 선생에게는 자식이 없었던 것이다.

설령 자식이 있다 하더라도 이런 기서를 함부로 전수할 수는 없을 것이라고 그는 생각했었다.

군웅이 각지에서 할거하며 분쟁이 끊이지 않는 때요,

또 반란이 사방에서 일어나 피비린내 나는 토벌전으로 날이 새고 밤을 맞는 때이다.

이런 때에 자칫 이런 기서가 소인배에게 들어간다면 국기가 흔들리고 말 위험이 있고 자기 자신의 생명도 보존할 수 없을 것이다.

그래서 그 기서를 전수할 사람을 찾기에 심사숙고하던 거암 선생이었다.

그런 의미에서 거암 선생은 그 기서를 물려받을 사람은 공명과 사마의 밖에 없다고 생각하고 두 학동에 대해서 그 성품과 인덕 그리고 지향하는 바를 시험해 보기로 하였다.

그런데 이때 눈치 빠른 두 학동은 이미 거암 선생이 천하의 기서를 가지고 있음을 알아차리고 있었다.

그리고 그 기서를 어떻게 해서든 자기 것으로 만들어야겠다며 기회를 엿보고 있었다.

　어느 날 거암 선생은 사마의와 공명을 데리고 병법 포진법의 강론을 위해 산에 오르는데 강론 도중 한 나무꾼이 발을 헛디뎌 낭떠러지로 떨어졌다.

　거암 선생은 눈살을 찌푸리면서도 강론을 계속하고 사마의도 꼿꼿이 앉아서 강론을 경청했지만, 제갈량은 날듯이 산을 내려가 나무꾼을 구해 집으로 데려간다.

　거암 선생은 인품 면에서 공명이 사마의보다 나음을 알게 된다.

　그로부터 얼마 후 공명은 계모 원 씨가 위독하다는 연락을 받고 거암 선생의 허락을 받고 하산하여 원 씨를 간병한 후 돌아왔다.

　그런데 이번에는 사마의의 아버지가 중태라는 소식이 전해졌건만 사마의는 아랑곳하지 않고 공부에만 열중했다.

　만약 자기가 없는 틈을 타 기서를 공명에게 물려줄까봐 조바심이 나서 그랬던 것이지만 거암 선생은 그 일로 하여 결정적으로 공명에게 기서를 물려줄 것을 다짐한다.

　그로부터 1년 후 거암 선생은 고령으로 인해 시름시름 앓다가 병세가 악화되어 자리에 눕고 만다.

　학동들은 고명한 의원을 찾아다니며 탕약을 지어 왔지만 사마의는 약을 달여 스승에게 바치기는 하지만 의원을 직접 찾아다니지는 않는다.

　거암 선생이 병석에 누운 지 두 달이 되자 학동들은 하나둘씩 떠나가고 오직 공명과 사마의만이 남게 된다.

　어느 날 공명이 약초를 캐러 간 사이 거암 선생은 갑자기 병세가 악화돼 공명을 찾지만, 공명은 없고 사마의만 있는 것을 알자 허공만 바라볼 뿐 사마의에게 기서를 물려주지 않는다.

자신에게 기서를 물려줄 뜻이 없음을 안 사마의는 거암 선생이 혼수상태에 빠졌을 때 집안을 뒤져 비단으로 곱게 싸여져 있는 상자를 발견하고 기서인 것으로 착각하여 뒤도 돌아보지 않고 스승을 버리고 달아나버린다.

제갈량이 약초를 구해가지고 서당에 돌아온 것은 그로부터 얼마 후의 일인데 거암 선생은 실낱같은 생명을 유지하며 기다리고 있다가 베개 속에 감춰두었던 기서를 공명에게 부탁하며 자신과 집을 불사르라는 유언을 남기고 하직한다.

공명은 스승의 유언대로 서당과 스승의 시체까지 모두 태워버리고 집으로 하산한다.

한편 기서를 가지고 집에 돌아온 사마의는 쾌재를 부르며 기서를 펴보았지만 **책머리에는 '나라를 얻는 자는 먼저 백성을 사랑하고, 효도를 하는 자는 먼저 부모를 받드나니, 이 두 가지를 못한 자에게 내 어찌 기서를 전할 소냐!'라는 글귀만 쓰여있을 뿐이었다.**

사마의는 이에 크게 뉘우치고 오직 학업과 자신의 수양에만 전념하며 자신의 야망을 향해 차곡차곡 발을 내딛는다.

49
흙으로 빚어 만든 닭

명(明)나라 태조 주원장(朱元璋)을 도와 명나라를 세우고 개국 공신으로서 성의백(誠意伯)에 봉해진 유기(劉基)가 천하를 두루 구경하던 중 옛 촉한의 땅에 들어섰다.

역사의 고적과 풍물들을 두루 구경하면서 날이 저물어 어떤 절에서 하룻밤을 쉬게 되었다.

새벽 첫닭이 울 무렵이 되어 잠이 깨었는데 어디선가 닭이 우는 소리가 들려왔다.

유기는 혼잣말로 중얼거렸다.

'인가가 워낙 멀리 떨어져 있어 닭의 울음소리가 들리지 않을 터인데 웬 닭의 울음소리일까?'

아침에 일어난 그는 궁금하여 주지에게 물었다.

"절에서 닭의 울음소리가 들리니 웬일이오?"

(당시 절은 사람, 짐승의 소리가 들리지 않는 곳에 있는 것이 보통이었다)

주지는 웃음 띤 얼굴로 대답하였다.

"이 절에는 예부터 전해 내려오는 보물이 있사온데 그것이 바로 흙으로 빚어 만든 닭이옵니다. 그 닭은 옛 촉한 시절의 제갈공명이 이절에서 하루 저녁을 지내고 가시다가 기념으로 빚어 놓은 닭이라 하옵는데, 공교롭게도 새벽닭 우는 시간이 되면 영락없이 울어 시간을 알려주곤 합니다."

공명이 빚은 흙 닭이 오랜 세월이 지난 지금에까지 시간을 맞추어 운다니 새삼 놀랄 일이 아닐 수 없었다.

'도대체 흙 닭 속에 무엇을 넣었기에 그토록 신통하게 시간을 맞추어 우는 걸까?'

그는 그 속에 무엇이 있는가를 확인해 보고 싶은 충동을 느꼈다.

"그는 그 흙 닭을 가져오라 하여 팽개쳐 깨뜨려 버렸다."

그 안에서는 아무런 신기한 것을 발견할 수 없었고 오직 글발이 적힌 조그마한 종이 두루마리가 있을 뿐이었다. 그 두루마리에는 "유기는 내가 만든 흙 닭을 깨뜨릴 것이다."

'유기파토계(劉基破土鷄)'라는 다섯 글자가 적혀 있을 뿐이었다.

유기는 고개를 갸우뚱거리며 자신도 흙 닭을 하나 빚어 시험해 보았다.

"그러나 유기가 빚은 흙 닭은 울기는 울되 도대체 일정한 시간 없이 밤낮으로 울어대는 것이었다."

이 일이 있고 난 뒤 유기는 제갈공명에 대한 평가를 다시 하게 되었으나 여전히 자신을 우위에 놓고 있었다.

다음날 유기는 제갈공명의 사당이 있는 지역으로 들어섰다.

제왕이나 위인들의 사당에 참배하려면 신분이 높고 낮은 사람을 막론하고 사당에 이르기 일정한 거리에서 모두 말에서 내리기로 되어있는 하마비(下馬碑)가 세워져 있었다.

그러나 유기는 이 하마비에서 내리지 않고 그대로 말을 타고 통과하려 하였다.

제갈공명을 대수롭지 않은 인물로 보았기 때문이다.

그러나 그 하마비를 통과하려는 순간 말발굽이 땅에 달라붙어 말이 꼼짝달싹도 못 하였다.

할 수 없이 유기는 말에서 내려 종자로 하여금 말발굽 밑을 파 보도록 하였다.

그곳에서도 유기를 훈계하는 듯한 내용의 글발이 나왔다.

'때를 만나면 천지도 함께 힘을 도와주어 일이 순조롭게 이루어지지만, 운수가 없으면 영웅의 계략도 들어맞지 않는 법이니라.

시래천지개동력 운거영웅부재모(時來天地皆同力 運去英雄不在謨)'

유기는 머리를 한 대 되게 얻어맞은 듯 정신이 퍼뜩 들었다.

공명의 사당 참배를 마친 유기는 공명의 묘소로 발길을 옮겼다.

공명의 묘소가 시야에 들어오자 유기는 고개를 갸우뚱거렸다.

공명의 묘소 뒤쪽에는 제왕지지(帝王之地 : 제왕이 묻힐 만한 묏자리)가 될 만한 큰 명당자리가 있는데도 공명은 그것을 모르고 보잘것없는 묏

자리에 자신을 장사 지내게 하였으니 과연 공명은 유기 자신이 평소 생각한 대로 그렇게 훌륭한 인물은 아니라는 생각이 들었다.

유기는 공명의 묘소에 올라 참배를 마치고 일어서려는데 이상하게도 무릎이 땅바닥에서 떨어지질 않았다.

일어서려고 힘을 쓰면 쓸수록 더욱 굳게 달라붙는 것이었다.

종자를 시켜 그곳을 파보니, 충신은 죽어서도 제왕의 곁을 떠나지 않는 법이니라 '충신불리군왕측(忠臣不離君王側)'라는 글이 나왔다. '내가 어찌 지리를 모르겠는가? 죽어서도 제왕을 모시기 위하여 이곳에 묻혔음을 알라.'

유기의 귀에는 제갈공명의 말이 들려오는 것 같았다.

유기는 감탄한 나머지 한숨을 몰아쉬며 다음과 같이 힘주어 말했다.

'유사 이래 현세에 이르기까지 공명만 한 사람 없고, 역사가 이어지는 영원한 앞날에서도 공명만 한 사람은 없을 것이다.'

'전무후무 제갈무후(前無後無 諸葛武候)', 유기는 마침내 제갈공명에게 머리를 숙이고 지난날의 그릇되었던 자신을 부끄럽게 여겼다고 한다.

50

촉은 그중 용을 얻었고 오는 호랑이를 얻었으며, 위는 숫개를 얻었다

『세설신어』 품조 편에 이런 내용이 나온다. 품조란 일종의 품평을 이른다.

제갈근과 량, 그리고 그들의 사촌인 탄은 모두 명성이 높았는데 각기 다른 나라를 섬기고 있었다.

당시 세상에서 평하길

'촉은 그중 **용**을 얻었고, 오는 **호랑이**를 얻었으며, 위는 **개**를 얻었다.'

용은 공명을 말하고 **호랑이**는 제갈근을 말한다.

그리고 **개란** 제갈탄을 말하는 것인데 제갈탄은 위나라의 정권이 사마씨 형제들에게 있을 때 활약한 인물이다.

위나라가 사마씨 형제들에게 휘둘리자 이에 격분해 수춘성에서 반란을 일으킨 관구검과 문흠을 격퇴하기 위해 사마소는 제갈탄을 출진시킨다.

제갈탄은 그들을 격파하고 그대로 수춘에 주저앉아 병력을 불리기 시작한다.(당시 위나라 정세가 사마씨들이 위나라를 섬기는 대신들을 차례로 주살하던 때라 거기에 불안을 느껴서 취한 행동이다.)

드디어 제갈탄은 심복들의 권유로 반란을 일으키고 반란에 실패하여 죽고 만다.

제갈탄을 개에 비유했는지 모르지만 일관된 행동을 보이지 않는 그의 모습을 두고 그런 것 같다.

그래도 마음 씀씀이는 깔끔했는지 마지막 순간에 제갈탄을 따르던 수백 명의 장병들은 그와 함께 운명을 같이했다 한다.

이 밖에도 삼국지에는 제갈 성을 가진 이들이 몇몇 등장하는데 제갈량의 아들인 제갈첨과 제갈근의 아들인 제갈각이 있다.

진수가 편찬한 삼국지에 대해서는 뛰어난 역사서라는 평가가 많은데 하후담(夏侯湛 하후연의 증손)이 삼국지를 보고 스스로가 집필 중이던 위서를 찢어버렸다는 이야기가 남아있다.

하지만 진수 본인에 대해서는 삼국지를 쓸 당시 사사로운 원한에 따라 사실이 아닌 왜곡된 글을 썼다는 이야기가 있는데

예를 들어 위나라 정의(丁儀)의 자손들에게 당신의 아버지를 내가 쓰고 있는 역사서에서 높게 평가하려 하는데 그 대가로 "쌀 천석을 받고 싶다라고 원고료를 요구했고", 이를 거절당하자 그의 전기는 쓰지 않았다는 이야기.

제갈량이 자신의 아버지를 처벌했고 자신이 제갈량의 아들인 제갈첨(諸葛瞻)에게 무시당한 것을 원망하여 제갈량의 전기에서 제갈량을 낮게 평가하고 제갈첨을 "서화에만 관심이 있고 실제 능력에 비해 명성이 과장 되었다"며 낮추었다는 이야기가 있다.

이는 정사 진서(晉書)에 수록된 일화다.

"일반적으로 말하는 소설 삼국지는 소설 삼국연의(三國演義)를 말하는 것이며, 삼국지(三國志)는 중국 정사(正史) 중의 하나다."

"삼국연의(三國演義)의 저자는 나관중(羅貫中 : 루어꽌쫑)이다."

51

짓자는 쪽으로 의견이 모아졌다

세종대왕이 승하 후에도 천하제일 명당에 예장 돼 조선 왕조의 국운을 100년이나 연장시켰다.

이른바 영릉가백년(英陵加百年)이다.

그렇다면 경기도 여주군 능서면 왕대리 산 83-1에 있는 영릉(사적 제195호)이 얼마나 영험한 명당이기에 조선 초기 현장을 봉심(奉審·임금의 능침을 살피는 일)한 명나라 신풍(神風)이 천자가 누울 자리라며 탄복했을까?

소갈증(당뇨)과 안질로 고생했던 세종은 평소 유언을 통해 부왕의 헌릉(태종대왕·서울 서초구 내곡동) 옆 서쪽 산록에 묻힐 것을 명해 놓았다. 세종 32년(1450) 대왕이 승하하자 조정과 백성들은 하늘을 원망하며 앙천통곡했다.

조정에서는 헌릉 옆자리가 흉지라는 왕릉 풍수들의 반대를 무릅쓰고 어명에 따라 왕비 소헌왕후와 합장했다. 극진한 효자였던 성군의 뜻을 거역할 수 없었던 것이다.

세월이 흘러 세조가 단종을 시해하고 왕위를 찬탈해 용상에 앉은 지도 몇 해가 지났다.

조정에서는 영릉을 모신 뒤로 흉사가 거듭된다며 천장하자는 여론이 비등했으나 대신 서거정이 "전하가 왕위에 오른 것보다 더 큰 경사가 어디 있느냐"고 극구 반대해 무위로 그쳤다.

예종 1년(1469) 영릉 천장 문제가 또 거론되었다.

이번에는 추상같은 어명에 따라 노사신, 임원준, 서거정 등을 전국 각지에 파견해 명당을 물색토록 했다.

이 중 한 일행이 경기도 광주·이천지역을 거쳐 여주 땅을 답사할 때였다.

그러나 이미 그곳에는 세조 때 대제학을 지낸 이계전과 광주 이씨 3세손인 우의정 이인손의 묘가 있었던 것이다.

"명문가 광주 이씨의 선산이었다."

이곳에 묘를 쓸 때 지관(地官)이 상주에게 이 산소를 쓰고 난 뒤 집 안이 잘 되더라도 재실(齋室)을 짓지 말고, 그리고 묘 앞에 흐르는 개울에는 다리를 놓지 말 것을 신신당부했다.

지관은 그 명당 터를 잡아 주면서 비단에 내가 일러주는 사실을 유언으로 쓰라는 조건을 내걸었다.

그렇지 않으면 묘를 쓸 수 없다고 했다.

상주는 그렇게 하겠노라고 약속을 했다.

그 후 여기에 묘를 쓰고 자손이 번창하고 그 발복이 금시에 이루어져 정승, 판서, 고관대작들이 줄줄이 나는데 그 수를 헤아리기 어려울 정도였다.

이인손의 친자 5형제와 그들의 종형제 3인을 합하여 '팔극조정'이란 말이 나올 정도로 인물들이 현달했으니 오죽하면 성종대왕께서는 "아들을 낳으려거든 마땅히 광주 이씨 같은 아들을 낳을 것이요"라고 말하기까지 했겠나!

매년 가을마다 성묘를 갈 때마다 여간 불편한 것이 아니었다.

양반체면에 다리도 없는 냇가를 신발을 벗고 건너야 하지를 않나,

멀리서 온 자손들이 잠잘 곳이 없어 모이자마자 헤어져야 하지를 않나,

누가 보더라도 남부러울 것 없는 집안에서 재실도 없이 지내자니 말씀이 아니었다.

이래서는 안 되겠다는 생각으로 문중회의가 열리게 되었다.

그 결과 '짓자'는 쪽으로 의견이 모아졌다.

우리가 돈이 없나, 권력이 없나,

우리 땅에 우리가 재실을 짓고 다리를 놓겠다는데 누가 뭐라 한단 말인가? 하면서,

'짓자' 쪽으로 의견이 기울었으나 그에 대한 반대 또한 만만치가 않았다.

아버님의 유언을 그대로 지켜야 한다는 것이었다.

유언옹호론자들은 유언무용론자들 앞에 더 이상 할말이 없었다. 드디어 유언은 깨어지고 곧 커다란 재실이 지어지고 큰 돌로 써 냇가에 다리가 놓이게 되었다.

"그 돌의 잔해는 아직도 남아있다. 재실을 지은 광주 이씨 가문은 딱 한 해만 그것을 사용했다."

그해 세종의 천장지지 이장을 하기 위해 여덟 명의 지관이 전국각처로 명당 길지를 찾으러 나간 해였기 때문이다.

여주, 이천 쪽으로 새로운 능 자리를 보러 나온 지관 안효례(安孝禮)는 하늘을 올려다보았다.

금방이라도 소낙비가 한줄기 내릴 것만 같은 날씨다.

후덥지근한 여름 날씨는 영 기분이 좋지 않았다.

마침내 소낙비가 쏟아졌다.

그때 비를 피하기 위해 사방을 두리번거리다가 찾은 곳이 멀리 산자락 아래 보이는 건물이 바로 광주 이씨의 재실이었던 것이다.

안효례는 바쁘게 내 달렸다.

그런데 비를 피할 곳은 찾았지만, 어느새 냇물이 불어 건널 수가 없었다.

낙담하여 두리번거리던 그는 저 아래쪽의 돌다리를 발견했다.

그가 다리를 건너 광주 이씨의 재실 처마 밑에 들어가 소낙비를 피하던 중 저 앞에 보이는 묘택으로 눈이 갔다.

"천성강탄형" 천하의 명당이 여기가 아닌가!

묘비를 보니 이인손의 묘택이었다. 여기는 정승의 묘택으로서는 과분한 자리, 분명 군왕이 들어설 자리지 정승이 들어갈 자리는 아니었다.

이런 명당이 조선에는 다시 없다.

세종대왕의 묘택으로서는 여기가 최적지다. 그러나 이미 이인손이 묘를 썼으니 어찌할꼬?

이렇게 하고는 산도(山圖)를 열심히 그려 궁궐로 돌아와 예종에게 복명하기에 이르렀다.

"경들이 답사한 결과 명당이라 할 만한 곳이 과연 있었던고?"

안효례가 답한다.

"예, 살펴본 결과 천하 대명자리로 손꼽을 만한 곳은 딱 한자리가 있사옵니다.

산세의 형세가 국이 잘 갖추어져 풍수법에 이르기를 산이 멈추고 물이 구부러진 곳은 자손이 번성하고 천만세 동안 승업을 이어간다고 하였는데, 신이 본 바로는 능을 모실 터가 이보다 나을 곳이 없을 듯합니다."

예종은 자못 기쁨에 경탄스러워 얼굴이 밝게 상기된다.

"상감마마 그러하온데, 그 대명당 터는…"

"그래서 어떻게 되었단 말인가?"

"예, 그 터는 황공하옵게도 다른 사람이 이미 묻혀 있었사옵니다."

"그래! 그렇다면 누구의 묘가 그렇게 좋은 자리에 있는고?"

"예, 전날 우의정을 지낸 이인손의 묘인 줄로 아뢰옵니다."

"음, 그런가!"

예종은 평안도 관찰사로 있던 이인손의 맏아들 이극배를 불러 노골적으로 자리를 비워 달라고는 말을 못 하고 은근히 뜻을 비쳤다.

광주 이씨 문중에서도 조상의 묘를 이장한다는 것이 선뜻 내키지 않아 난감한 일이었다.

이극배는 아우들과 상의한 끝에 자리를 내놓았고 임금은 의정부 우참찬(정2품)으로 그를 승진시켰다.

예종은 광주 이씨 가문에 많은 사패지지(賜牌之地) 하사하고 조선 땅 어디라도 좋으니 묘를 쓰라 일렀다.

이극배 문중에서 이장을 위해 파묘하니 유골 밑에서 비기를 적은 글귀가 나왔다.

"이 자리에서 연(鳶)을 날려 하늘 높이 떠오르거든 연줄을 끊어라. 바람에 날려 연이 떨어지는 곳에 묘를 옮겨 모셔라"는 내용이었습

니다.

또 이곳에는 신라 말기 도선의 비기가 나왔는데 다음과 같이 쓰여 있었다고 한다.

'상공삼년 권조지지 단족대왕 영폄지지(相公 三年 權操之地 短足大王 永窆之地), 재상이 3년 동안 임시로 묻혀 있을 곳이지만, 단족대왕은 영구히 쉴 자리'라는 뜻이다.

세종대왕은 한쪽 다리가 짧아 절룩거렸기에 단족 대왕이라는 별명이 있었다고 한다. 영릉(英陵)은 장헌대왕(壯憲大王)을 모신 곳이다.

개토(開土)할 때 옛 표석이 나왔는데,

'마땅히 동방의 성인(聖人)을 장사할 곳이다.'

라는 말이 새겨져 있었다.

술사는 '돌아오는 용(龍=산맥)이 자좌(子坐)이고, 서북방 물이 정동방으로 흘러들어오므로 여러 왕릉 중에서 으뜸이 된다'고 말한다.

"비기(祕記)에 따라 연을 날리니 서쪽으로 10리밖에 떨어져 그 자리에 이장했다."

그 후로도 광주 이씨 문중은 크게 번창하여 벼슬길에 올라 복록을 누렸다.

이후 이 마을은 연이 떨어졌다 하여 연주리(鳶主里 : 지금의 新池里)로 부르고 있다.

그 묘를 파내고 거기에 세종을 안장하였다. 여기가 지금의 영릉 자리인데 산소 터는 좋으나 남의 묘를 빼앗으므로 세종의 18명이나 되는 아들들 가운데서 왕세자인 그 아들인 문종은 즉위한 지 겨우 2년 만에 승하하고 그 아들인 단종은 숙부인 수양대군에 의해서 왕위를 빼앗긴 후 영월 땅으로 유배되어 어린 나이에 죽임을 당했다.

또 안평대군, 금성대군, 화의군, 한남군, 수춘군, 영풍군 6명이 죽음을 당하니, 세간에서 말하는 왕자의 난이다.

"영릉은 국세는 북성산, 이 주산(主山)을 바라보는 이 혈은 하늘에서 신선이 하강하는 '천선강탄형(天仙降誕形), 혹은 신선이 앉아 있는 선인단좌형(仙人單坐形)'이라고 불리는 천하의 대명당에 자좌 오향 정남향이다."

영릉을 개토(開土)할 때 옛 표석(標石)이 나왔는데 '마땅히 동방의 성인(聖人)을 장사할 것이다'라는 말이 새겨져 있었다.

술사(術士)는 '돌아오는 용(龍)＝산맥이 자좌(子坐)이고 서북방 물이 정동방으로 흘러들어오므로 여러 왕릉(王陵) 중에서 으뜸이 된다'고 말한다.

52
간웅(奸雄) 조조 상(曹操 相)

후한(後漢) 삼국시대 때 손성(孫盛)이 쓴 『이동잡어(異同雜語)』에 보면 당시 유명한 관상가 허교(許敎)와 조조(曹操)에 대한 이야기가 나온다.

조조의 나이 약관(弱冠), 당시 의랑(議郞)이란 보잘것없는 관직에 있을 때였다.

세상은 바야흐로 전국(戰國)시대에 접어들어 날로 민심은 흉흉해지고 국가의 존폐마저 암울하였다.

당시 중국 도처에는 군웅이 할거하던 때였으니 비록 모사 충충하고 기고만장한 조조로서도 그 자신의 장래가 궁금하지 않을 수 없었다.

하루는 당시 명성이 자자한 허교를 찾아가 그의 운명을 물었다.

"나는 대체 장래 어떤 인물이 되겠소?"

허교는 조조의 상을 유심히 바라보더니

그저 묵묵부답 말을 하지 않는다.

안달이 난 조조, 허교에게 다시 물으니,

"용준호미(龍準虎眉)에 단봉지상(丹鳳之相) 치세능신(治世能臣)이요, 난세간웅(亂世奸雄)이로다. 용 코에 호랑이 눈썹을 가진 붉은 봉황의 형상이니 그대가 좋은 세상을 만났더라면 능수능란한 재상이 될 터인데 어려운 세상을 만났으니 교활한 간웅이 분명하도다."

조조는 이 말을 듣고 한참 고개를 끄덕이더니 이내 박장대소하며 껄껄 웃었다고 한다.

그러면 이것은 무엇을 의미하는가?

풀이하면 "만상이 모두 심상에 달려있는바, 허교는 이미 조조의 마음을 꿰뚫었던 것이다."

53
순자(荀子)의 「비상편(非相編)」 공자 상(相)

    순자(荀子)의 **「비상편(非相編)」 공자세가(孔子世家)**에 보면 공자의 이름이 공구(孔丘)로 불리우게 된 연유가 기록되어 있는데, 이는 **고포자**가 공자의 상을 보고 난 뒤 붙여진 이름이라고 한다.

    일설에 의하면 공자의 머리 가운데가 '凹'처럼 오목하게 패인 것이 마치 '**구멍(孔)**'과 같고, 머리 주위는 '언덕(丘)'처럼 볼록(凸)하게 생겼다 하여 '공구(孔丘)'라는 이름을 얻게 되었다고 한다.

    실제로 공자의 아버지는 **숙량흘(叔梁訖)**이요, 그의 어머니는 **안징재(顏徵在)**로서 공 씨와는 사실 무관하다.

    공자는 3살 때 아버지를 여의고 생활이 극히 빈한한 가운데 어머니 안 씨 부인의 손에 길러졌다.

    당시 **고포자**는 공자의 얼굴이 잘 생겼다는 주위의 말을 듣고 그의 집으로 찾아가 공자의 상을 보았던 바,

'미유십이채광(眉有十二彩光)에
유사십구표(有四十九表)하니
후일에 필시 대성지격(後日必是大聖之格)' 이라고 평하였다.

"이 뜻은 '눈썹에 열두 가지의 광채가 어려 있고 몸에 마흔아홉 가

지의 위표가 있으니 뒷날 반드시 대 성인이 된다'는 의미이다."

이와 같이 고포자는 훗날 공자가 위대한 성인이 될 것을 미리 예견하였으니 그의 탁월한 관상안(觀相眼)이야말로 감탄치 않을 수 없다.

다음으로 초(楚)나라에 이르러서 '당거(唐擧)'라는 사람이 등장한다.

순자(荀子)의 「비상편(非相編)」에도 **당거**에 대한 기록이 있는데 옛날에는 명상 고포자가 있더니 현세에는 당거가 있도다라고 적혀 있는 걸 보아도 능히 알 수 있다.

그는 당시 관상학의 명성을 떨쳤는데 사마천이 쓴 『사기(史記)』중 「채택범수열전(蔡澤范睡列傳)」에도 등장하는 인물이다.

고포자경 다음으로 초(楚)나라의 당거(唐擧)라는 사람으로서 사마천의 『사기(史記)』에도 등장하는 관상학자로 유명하다.

『사기(史記)』의 「채택범수열전(蔡澤範睡列傳)」에 나오는 이야기는 당거가 채택과 진나라 장군인 이태(李兌)의 재상인 이사(李斯)의 관상을 본 후 그에 대해 정확히 맞추었다는 기록이 있다.

당거는 채택과 진(秦)나라 장군 이태(李兌)와 재상인 이사(李斯)의 상을 본 뒤 정확히 적중하였다고 하여 유명하다.

관상학에서 빼놓을 수 없는 사람이 동주(東周)시대 내사(內史) 벼슬을 한 숙복(叔服)이다.

숙복은 인상학(人相學)의 태시조라 볼 수 있다.

숙복의 뒤를 이어 계승자가 바로 고포자경(姑布子卿)이다.

숙복이 태어난 시기는 지금으로부터 2500여 년 전이다.

공자가 태어난 것이 2400여 년 전이니 100년이 앞서는 인물이고 내사(內史)의 벼슬의 직위까지 오른 학자로서 천문학과 점성술을 연구한 최초의 학자요 원조 4요 태두라 하겠다.

54
인간의 수명은 기껏해야 백 살

사람의 수명은 기껏해야 백 살,

중간 정도로는 80살, 밑으로 가면 60살이다.

그것도 병들고, 여위고, 죽고, 문상하고, 걱정으로 괴로워하는 것을
빼고 나면 입을 벌리고 웃을 수 있는 것은 한 달 중에 불과 사오일에
지나지 않는다.

하늘과 땅은 무궁하지만, 사람에게는 죽음에 이르는 일정한 때가
있다.

이 유한한 육체를 무궁한 천지 사이에 맡기고 있기란 준마가 좁은
문틈을 달려 지나가 버리는 것과 같다.

따라서 자기의 기분을 만족시키지 못하고 그 수명을 보양하지 못
하는 자는 모두가 도에 통달하지 못한 사람인 것이다.

네가 하는 말들은 모두 내가 버리는 것들이다.

『맹자(孟子)』 고자하(告子下) 15편,

그러므로 하늘에서 그러한 사람들에게 큰일을 맡기는 명을 내리
면 반드시 먼저 그들의 심지를 괴롭히고 그들의 근골을 수고롭게 하

고 육체를 굶주리게 하고 그들 자신에게 아무것도 없게 하여서 그들이 하는 것이 그들이 해야 할 일과는 어긋나게 만드는데 그것은 마음을 움직이고 자기의 성질을 참아서 그들이 해내지 못하던 일을 더 많이 할 수 있게 해주기 위해서이다.

사람들은 언제나 과오를 저지르고 난 후에야 고칠 수 있고 마음속으로 번민하고 생각으로 달아보고 난 후에야 하고 안색으로 나타내고 음성으로 발하고 난 후에야 안다.

『논어(論語)』 학이제일(學而第一) 편

지나간 일을 말하면 닥쳐오는 일도 아는구나!

『논어(論語)』 위정제이(爲政第二) 8편

공자 말씀하시길 얼굴빛을 환하게 함이 어려운 일이다.

『논어(論語)』 위정제이(爲政第二) 10편,

공자 말씀하시길, 그 사람의 하는 꼴을 보며, 그 사람의 따르는 바를 보며, 그 사람의 즐거워하는 바를 살펴보면, 사람들이 어떻게 자기를 숨길 수 있겠는가!

사람들이 어떻게 자기를 숨길 수 있겠는가!

그가 하는 행동을 보고, 그가 지내온 바를 자세히 살피고, 그가 만족하고 편안해하는 바를 관찰하면, 그 사람이 어떤 사람인지 어찌 모르겠느냐?

어떤 상황에서 취하는 행동하는바 지내온바 만족하고 안락하게 여기는바 숨기기 힘들다.

공자는 사람의 마음을 알 수 있는 방법으로 3단계를 제시하고 있다. 보고(視, 시), 자세히 살피고(觀, 관), 관찰함(察, 찰)을 통해 사람의 생각을 알 수 있다고 했다.

『논어(論語)』 이인제사(里仁第四) 5편,

공자께서 말씀하시기를, 부와 귀는 곧 사람이 바라는 바이나 바른 도리로서 얻지 아니하면 그것을 얻어도 처하지 않는다.
빈과 천은 곧 사람들이 싫어하는 것이나 그 도리 때문에 그것을 얻었을지라도 떠나지 않는다.

『맹자(孟子)』 양혜왕상(梁惠王上) 편

제선왕은 기뻐하며 말하기를, 『시경(詩經)』에 남의 마음 가진 것을 내가 비춰 안다고 했는데, 바로 선생님 같은 분을 두고 한 말입니다.

『맹자(孟子)』 공손추하(公孫丑下) 1편

맹자가 말하기를, 시일과 간지 같은 천시가 땅의 이로움만 같지 못하고 땅의 이로움은 사람의 화목함만 못하니라.

『맹자(孟子)』 양혜왕하(梁惠王下) 편

맹자가 말하기를 나라 임금이 인재를 기용할 적에 마지못해 하는 것같이 할 것이니 왜냐하면 앞으로 낮은 사람으로 하여금 높은 사람을 넘게 하며 소원한 사람으로 가까운 사람을 넘게 하게 될 것이니 삼가지 않을 수 있겠습니까?

좌우 사람들이 모두 인재라고 말하여도 그대로 인정하지 아니하며 여러 대부들이 모두 인재라고 말하여도 들어주지 못하며 나라 사람들이 모두 인재라고 말한 연후에 잘 살펴보아서 훌륭한 점을 발견한 연후에 채용하십시오.

『논어(論語)』 태백제팔(泰伯第八) 4편,

증자가 병이 위중할 때에 맹경자가 문병을 하였더니

증자가 이르기를, "새가 장차 죽으려고 할 때에는 그 울음이 슬프고 사람이 장차 죽으려고 할 때에는 그 말이 착한 것이다."

55

『마의상서』의 후반부를 다시 쓴 이유

이 글은 중국 초나라와 한나라를 거쳐 당나라에 이르러 관상학을 집대성한 '마의선인'이라는 사람의 유명한 저서인 『마의상서(麻衣相書)』 뒷 부분에 기록된 내용이다.

하루는 마의선인이 길을 걷던 중 관상에 죽음의 그림자가 드리워진 볼품 없는 머슴살이 총각이 나무하러 가는 모습을 발견했다.

마의선인은 그에게 "얼마 안 있어 세상을 떠나게 될 것 같으니 무리해서 고생하지 말게"라고 말한 후 그곳을 지나갔다.

머슴살이 총각은 그 말을 듣고 낙심하여 하늘을 바라보며 탄식하다가, 산 계곡물에 떠내려오는 나무껍질 속에서 수많은 개미 떼가 물에 빠지지 않으려고 발버둥치는 것을 보았다.

총각은 자신의 신세와 같은 개미들에게 연민을 느끼고 나무껍질을 물에서 건져 개미 떼들을 모두 살려주었다.

며칠 후, 마의선인은 우연히 며칠 전의 머슴 총각과 다시 마주치게 되었는데,

이게 웬일인가!

그 총각의 얼굴에 어려 있던 죽음의 그림자는 이미 자취를 감추고 오히려 30년 넘게 부귀영화를 누릴 관상으로 변해있었다.

마의선인은 총각으로부터 수천 마리의 개미를 살려준 이야기를 듣고 충격을 받은 후 자신이 지은 책인 『마의상서』 제일 마지막에 추가로 기록한 말이 바로 다음의 글귀다.

만상불여심상(萬相不如心相)
착한 심상은 사주팔자를 바꾼다.
사주불여신상(四柱不如身相)하고
신상부여심상(身相不如心相)이다.

즉 사주(四柱)는

신상(身相)보다 못하고
신상(身相)은 심상(心相)보다 못하다.
결국 심상(心相)이 으뜸이다.
여기에 이름이 좋으면 금상첨화(錦上添花)다.

(마의선사)

56
정치란 먼 데 있는 사람을
찾아오게 하는 것

　공자에게 정치를 물으니 공자가 "정치란 먼 데 있는 사람을 찾아오게 하고, 가까이 있는 사람의 마음을 얻는 데 있다.

　정치의 근본은 신하를 잘 뽑는데 있다.

　세 사람이 걸어가면 그중에는 반드시 나의 스승이 될 사람이 있다"라고 탄식하며 말했다.

　"나를 알아주는 이는 아무도 없구나!

　그러니 나를 알아주는 이는 하늘뿐이 아니겠느냐!"

　새는 나무를 선택하며 서식할 수 있지만 나무가 어찌 새를 택할 수 있겠는가?

　공자는 만년에 역(易)을 좋아하여 「단(彖)」, 「계(繫)」, 「상(象)」, 「설괘(說卦)」, 「문언(文言)」 편을 정리하였다.

　그는 죽간을 꿴 가죽끈이 세 번이나 끊어질 만큼 『역(易)』을 무수히 읽었다.

　그가 말하였다.

　"만약 나에게 몇 년의 시간을 더 준다면 나는 『역(易)』에 대해서는 그 문사(文辭)와 의리(義理)에 다 통달할 수 있을 것이다."라고 했다.

57
인간의 흥망성쇠

인간의 흥망성쇠, 생로병사도 네모난 바둑판과 같다.

바둑의 도(道)가 아닌 돌(石)은 둥글고 모난 모양은 하늘과 땅을 나타내고 그 안에는 음[黑]과 양[白]의 수많은 움직임이 있어, 종횡(從橫) 361로(路) 된 이 판을 앞에 놓고 양자(兩者)가 죽이고, 살리고, 먹고, 먹히고, 달아나고, 쫓아가다가 결국에는 인정사정도 없이 승패가 나는 것이 바둑이다.

모든 수(數)는 1에서부터 시작되는데 바둑의 길(路)도 361로 시작해 1로써 끝을 맺는다.

1은 양수로써 모든 수의 우두머리다. 361수는, 즉 주천(周天) 일 년에 한 번씩 돌아오는 일수와도 같은 것이며, 춘하추동 사계절을 표시한 것이다.

바둑판의 네 모퉁이가 모두 90점씩 된 것도 날수를 따른 것이며,

사구 삼십육 4계절×90=360일, 1년 360일을 표시한 것이다.

바둑판의 둘레의 72로는 5일마다 드는 천기를 뜻한 것으로 1년의

72절후(360일×5일=72절후를 따른 것이다).

바둑알 360개 흑(黑)과 백(白), 반반으로 나뉜 것은 밤과 낮, 음(陰)과 양(陽)을 살짝 본뜬 것이다.

바둑판의 줄을 평(枰)이라 하고 줄과 줄 사이를 괘(罫)라고 하는데 이는 천원지방이라 하여 바둑판의 모(方)난 것은 땅의 고요함을 나타낸 것이다.

바둑알이 둥근 것은 움직이는 하늘과 같다 하여 윤회를 뜻한 것이다.

대우주의 1주기가 12만 9600년이니 여기에 맞게 바둑의 수도 모두 12만 9600수로 짜여졌고 1년은 12달, 72절후에 맞게 장기의 수도 72수다.

58
나서 절로 아는 자는 으뜸이요

공자 말씀하시기를,
나서 절로 아는 자는 으뜸이요
배워서 아는 자는 다음이요.
애써서 아는 것은 그다음이니

애써 배우지 않으면 이 백성이야말로 가장 못난이가 된다고 하셨다.
법의 잣대만을 가지고 그 결과를 의논하려 하니, 정말 분수를 알지 못하는 것이다.
국가를 통치하는 자가 나쁜 일을 보면 마치 농부가 풀을 힘써 뽑아버리듯이 해야 한다.

장욕탈지 필고여지(將欲奪之 必固與之) : 빼앗으려면 일단 줘야 한다.
가혹한 정치는 호랑이보다 무섭다.

59

육도(六韜)

육도와 삼략 두 저서는 중국을 대표하는 병법서인 무경칠서(武經七書)인 손자, 오자, 울료자, 사마법, 이위공문대, 육도, 삼략 중 하나다.

육도는 문왕과 무왕의 물음을 강태공이 답하는 형식으로 되어있어 강태공 여상의 저서로 유명하지만, 실제는 위, 진, 남북조 시대에 저술되었다는 설이 유력하다.

삼략은 한고조 유방의 참모인 장자방이 젊은 시절 황석공이라는 신비스러운 노인으로부터 이 책을 전수 받았다는 전설로 유명하여 황석공삼략(黃石公三略)이라고도 불리며 혹자는 이 저서도 강태공의 것이라 하지만, 이 역시 후한에서 수나라 사이에 저술된 것으로 보고 있다.

육도는 문도(文韜) · 무도(武韜) · 용도(龍韜) · 호도(虎韜) · 표도(豹韜) · 견도(犬韜) 6편(篇)으로 나뉘어 있고 모두 60장(章)으로 이루어져 있으며 문도, 무도, 용도는 정치와 관련된 전략론으로, 호도, 표도, 견도는 실전과 관련된 전술론으로 되어 있다.

문도는 문교(文教)에 의한 병법이란 뜻으로 전쟁 이전에 훌륭한 정치를 베푸는 것이 승전할 수 있는 최선의 병법임을 논한 것이고, 무도는 군사적 승리를 이끌어내기 위한 거국일치의 방법에 대해서 장수의 자질을 논하고 상이한 능력을 가진 공세와 기습, 그리고 승패의 전망에 대하여 논하고 있다.

호도는 무기, 진법, 속진법, 행군, 지형, 진퇴, 화공 등 전술의 허실(虛實)에 대하여, 표도는 숲, 산, 들, 늪, 고지 등에서의 조우전(遭遇戰)의 전술과 복병(伏兵)과 정공(正攻)의 허실을, 견도는 보병, 기병 등의 편제와 전투방법과 나아가고 물러섬, 수비·통제와 지휘방법, 그리고 이기고 지는 전술의 정도(正道)를 밝히고 있다.

60
삼략(三略)

삼략은 상략(上略), 중략(中略), 하략(下略) 세 편으로 이루어졌으며 상략은 군주의 길에 관하여 논하였고, 중략은 황(皇 : 三皇)·제(帝 : 五帝)·왕(王 : 三王)·패(覇 : 五覇)의 차이에 대하여, 하략은 인재 등용에 대해 각각 논하고 있다.

삼략에는 전투에 대한 직접 언급이 없으며 시종일관 정신의 자세를 논하고 있는데, 이는 육도의 문도, 무도, 용도에서처럼 훌륭한 정치가 전쟁을 승리로 이끈다는 병법의 가장 근본을 강조하고 있는 것이다.

이렇듯 육도는 전략과 전술을 모두 담은데 반해, 삼략은 치세의 도를 강조하여 보다 큰 전략의 틀을 제시하고 있다.

61

오기는 76전 64승 12무승부

'살고자 하는 자는 죽을 것이요. 죽고자 하는 자는 살 것이다.'

손자병법과 함께 중국의 2대 병서인 오자병법의 저자로 알려진 오기는 76번의 전투에서 단 한 번도 패하지 않은 백전백승의 명장이다.

'필생즉사 필사즉생(必生則死 必死則生)', 즉 살고자 하는 자는 죽을 것이요,

죽고자 하는 자는 살 것이다.

라는 유명한 명언도 오자병법에서 인용한 말이다.

오기는 76전 64승 12 무승부. 오기(吳起)의 유명한 일화이다.

어느 날 오기가 순시를 하다가 발에 종기가 나서 고생을 하고있는 병사를 발견했다.

이에 오기는 그 병사의 종기를 직접 입으로 빨아 고름을 뽑아내 주었다.

이 모습을 보고 있던 병사의 어머니는 갑자기 대성통곡을 하기 시작했다.

이에 옆에 있던 사람이 병사의 어머니에게 물었다.

"장군님이 우리같이 천한 병사의 고름을 빨아내 주셨는데 감사를 드려야지 왜 우십니까?"

그러자 병사의 어머니가 대답했다.

"그 애의 아버지도 오기 장군님의 부하였습니다.

작년에 그 양반이 등창을 앓아 애를 먹자 그때도 오기 장군님이 입으로 종기를 빨아주셨습니다.

그러자 그 양반은 전쟁터에 나가서 오기 장군님의 은혜에 보답하려고 앞장서서 싸우다가 죽고 말았습니다.

이제 오기 장군님께서 아들놈의 종기도 빨아주셨다니 어찌 억장이 무너지지 않겠습니까.

남편을 잃고 이제 자식까지 잃게 생겼으니 나는 누구를 의지하고 살아야 한다는 말입니까?"

오자병법(吳子兵法), 그리고 오기(吳起)의 본질을 여지없이 보여주는 일화라 할 수 있을 것이다.

62
손자병법 모공 3편에 보면

실제로 병법서 어디에도 우리가 잘 알고 있는

'지피지기 백전백승(知彼知己 百戰百勝)' 즉 '나를 알고 적을 알면 백 번 싸워 백 번 이긴다'라는 말은 없다.

손자병법 모공 3편에 보면

'지피지기 백전불태(知彼知己百戰不殆)' 즉 '적을 알고 나를 알면 100번 싸워도 위태롭지 않다'라고 하는 문구다.

이 말은 가끔 '지피지기면 백전불패'라고 잘못 쓰여지기도 한다.

하지만 이 말은 손자병법에 대한 오해이며, 오용이다.

내가 '지피지기'할 수도 있지만, 적도 역시 '지피지기'할 수도 있기 때문이다.

나도 '지피지기'하고 있고, 적도 '지피지기' 하고 있다면, 나도 승리하고 적도 승리한다는 것인데, 전쟁에서 아군과 적군이 모두 승리하는 것은 있을 수 없는 일이다.

손자병법의 이 유명한 문구 즉. **'지피지기면 백전불태'**라는 문구는 오늘날의 자산시장 참여자들에게도 매우 소중한 문구가 아닐 수 없다.

혹자는 '적을 알고 나를 알면 백전 백승한다.'라고 인용을 하는데, '적을 알고 나를 알면 백번 싸워도 위태롭지 않다' 즉 위험이 적다는 말이다.

백전백승 이야기가 왜 나오나!

『사마법』 중 가장 동감이 된 구절 딱 하나만 말하겠다.

'같은 방법을 반복해서 사용하지 말아라'

손무가 손자병법을 저술하고 난 뒤 남긴 한마디 명언은

'내가 저술한 병법은 더 이상 병법으로서의 가치가 없다'

세상에 공개된 병법은 이미 적들도 '같은 방법을 반복해서 사용하지 말아라'

자신이 저술한 병법으로 작전을 세우면 필패할 수밖에 없다는 경고의 말이다.

63
북경 중남해의 마오쩌둥 유물관

북경 중남해의 마오쩌둥 유물관에 가면 그가 쓰던 침대 위에 책 몇 권이 놓여있다.

그가 죽을 때까지 손에서 놓지 않았던 책이 바로 『손자병법』이다.

이 책은 마오쩌둥에게 단순한 병서가 아니라 정치학의 보감이요, 처세학의 교과서였다.

마이크로 소프트 회장 빌 게이츠나 나폴레옹이 이 책을 늘 곁에 두고 읽었던 일은 유명한 이야기며 제1차 세계대전에 패한 독일의 황제 빌헬름 2세는 말년에 가서, '내가 만약 20년 전에 손자병법(孫子兵法)을 읽었더라면, 그렇게 무참하게 패하지는 않았을 텐데…' 하고 탄식했다는 것이다.

64
승리를 아는 5가지 방법

승리를 아는 5가지 방법이 있다.

더불어 함께 싸울 수 있는 것과 더불어 함께 싸울 수 없는 것을 알면 승리하고, 병력의 많고 적음에 따른 적절한 운영법을 알면 승리하고, 상하가 뜻을 같이하면 승리하고, 잘 생각하고서 잘 생각하지 못한 적을 기다리면 승리하고, 장수가 유능하고 군주가 간섭하지 않으면 승리한다.

이 5가지가 승리를 아는 길이다.

그러므로 적을 알고 나를 알면 백 번 싸워도 위태롭지 않다. 적을 알지 못하고 나를 알면 일승일패하고, 적도 모르고 나도 모르면 싸울 때마다 패배한다.

제갈량(諸葛亮 · 181~234)에 가탁 된 병서 『장원(將苑)』의 '부진(不陳)' 편을 보면, '나라를 잘 다스리는 군주는 전쟁을 일으킬 필요성도 느끼지 않으며, 전쟁을 잘하는 장수라면 굳이 전투하지 않아도 상대방을 제압할 수 있다.'는 것이다.

65
말이 씨가 된다

'농가성진(弄假成眞)', '실없이 한 말이 참으로 한 것과 같이 된다.'

• 가수 배호는 '마지막 잎새'를 부르면서 세상을 떠났다.

• '세상은 요지경, 요지경 속이다, 여기도 짜가 저기도 짜가 짜가가 판친다.'라는 노래를 불렀던 신신애는 사기를 당해 모든 것을 잃었다.

• 만남을 부른 노사연은 노처녀로 지내다가 만남을 부르고 난 뒤 결혼을 했다.

• 박길라는 죽음을 암시하는 노래를 발표하고 첫 콘서트를 마치고 타계를 하였다.

• '간다간다 나는 간다 너를 두고 나는 간다'를 열창하던 선망의 젊은 가수 김정호는 20대 중반에 암으로 요절했다.

• 우리나라 최초의 가수 윤심덕은 '사의 찬미'를 불렀다가 그만 자살로 생을 마감했다.

• 가수 김광석은 '서른 즈음에'를 부르고 나서 곧바로 자살했다.

• '낙엽따라 가 버린 사랑'을 부르던 가수 차중락은 29세의 젊은 나이에 낙엽처럼 떨어져 저세상으로 완전 가버렸다.

• 미국의 흑인 가수 '투팍샤쿠어'는 자신의 노래처럼 13일의 금요일에 죽었다.

그의 노래 중에서 빌보드차트 1위에 오른 앨범의 곡들은 모두 불길한 가사, 특히 '내가 오늘 죽는다면, '길모퉁이에 다가온 죽음' 등은 마치 자신의 죽음을 일부러 부르는 듯 인상을 주었다. 결국 그는 자신이 부른 노랫말처럼 갱에게 총격을 받아 살해당했다.

- '바다가 육지라면'을 부른 가수 조미미는 35세까지 결혼을 못하고 있다가 바다를 건너온 재일교포와 결혼이 성사되었다.

- '산장의 여인'을 부른 가수 권혜경은 산장에서 집을 짓고 수도승처럼 쓸쓸하게 살았다고 한다.

- 쨍하고 '해뜰날' 돌아온단다를 불렀던 송대관은 가수 생활 10년이 넘도록 빛을 보지 못하다가 지금은 쨍하고 밝은 빛을 환하게 보게 되었다.

- 가수 이난영은 '목포의 눈물'을 부르고 슬픈 인생을 살다가 가슴앓이 병으로 49세에 숨졌다.

- 가수 양미란은 '흑점'이라는 노래를 부르고 난 뒤 골수암으로 숨졌다.

- 육관도사 손석우 선생은 그의 저서 『터』에서 김일성이 직권 49년이 되는 해에 죽는다는 예언을 한 후 김일성은 49년 되는 그해 1994년 7월 8일에 죽었다.

- '나는 늙어 죽을 때까지 일만 하다 죽고 싶다'라고 말씀하신 우리 할아버지는 90여 세까지 일만 하시다 돌아가셨다.

66

역사를 움직였던 사람들의 본명과 개명

좋은 이름은 좋은 기름보다 낫고 〈전도서 7장 1절〉

초대 대통령 이승만(李承晩)은 본명이 이승룡(李承龍)이었는데 이승만 (李承晩)으로 바꾼 뒤에 대통령이 되었다.

안중근(安重根) 의사의 본명은 원래 안응칠(安應七)이었는데 안중근으로 바꾸고 난 뒤에 역사에 남는 위대한 인물이 되었다.

백범 김구(金九) 선생의 본명은 김창수(金昌洙)였는데 역시 김구(金九)는 개명한 이름이다.

고인이 된 삼성그룹 이병철(李秉喆) 회장의 본명은 이병길(李秉吉)이었는데 이 이름으로는 위대한 인물이 될 수 없다는 어느 유명한 관상가 (觀相家)의 말을 듣고 이병철(李秉喆)로 개명한 이후 삼성은 세계적인 기업으로 성장했고, 돈 병철이가 되었다.

이름과 로고는 기업의 운명을 좌우한다.

세계 역사를 빛낸 유명한 인물과 왕(王)들 중에 자신의 본명(本名)으로 출세한 사람은 단 한 명도 없다.

본 명	개 명
이승룡(李承龍) →	이승만(李承晚)
김창수(金昌洙) →	김 구(金 九)
정일진(丁一鎭) →	정일권(丁一權)
안응칠(安應七) →	안중근(安重根)
이병길(李秉吉) →	이병철(李秉喆)
유영필(柳榮弼) →	유진산(柳珍山)
김대중(金大仲) →	김대중(金大中)
김홍일(金弘一) →	김홍일(金弘壹)
황수로(黃壽路) →	황희(黃喜) 정승

67
피타고라스의 정의

레온왕이 피타고라스에게 당신이 하는 일이 뭐냐고 묻자
피타고라스는 자신을 철학자라고 소개한다.

철학자가 도대체 뭐하는 사람이냐? 묻자,

피타고라스는 사람이 살아가는 데는 세 가지 방식이 있다고 답을
한다.

경기장 사람들을 비유하는데 경기를 하느라 열심히 뛰는 선수가
있으면, 그것을 앉아서 구경하는 사람이 있고, 구경꾼 사이에서 장사
하는 이가 있습니다.

경기자는 명예를, 장사꾼은 이익을 추구하고 구경꾼은 오직 구경
하는 재미, 기쁨을 추구합니다.

그런 구경꾼(SPECTATOR)이 바로 철학하는 사람이라는 겁니다.

그리스어로는 '데오로스(THEOROS)'다.

68
나는 있는데 개구리가 없는 게
인생의 한(恨)이다

유아무와 인생지한(有我無蛙人生之恨**), 나는 있는데 개구리가 없는 게 인생의 한이다란 뜻이다.**

고려말의 유명한 학자인 이규보(李奎報) 선생께서 몇 번의 과거에 낙방하고 초야에 묻혀 살 때 그의 집 대문에 붙어있던 글이다.

이 글에 대한 유래

임금이 하루는 단독으로 야행을 나갔다가 깊은 산중에서 날이 저물었다.

요행히 민가를 하나 발견하고 하루를 묵고자 청을 했지만 집주인 (이규보 선생)이 조금 더 가면 주막이 있다는 이야기를 하자, 임금은 할 수 없이 발길을 돌려야 했다.

그런데 그 집(이규보) 대문에 붙어있는 글이 임금을 궁금하게 했다.

'유아무와 인생지한(有我無蛙人生之恨), 나는 있는데 개구리가 없는 게 인생의 한이다.

도대체 개구리가 뭘까?'

한 나라의 임금으로서 어느 만큼의 지식은 갖추었기에 개구리가 뜻하는 걸 생각해 봤지만 도저히 감이 안 잡혔다.

주막에 들려 국밥을 한 그릇 시켜 먹으면서 주모에게 외딴집(이규보 집)에 대해 물어보았다.

그는 과거에 낙방하고 마을에도 잘 안 나오며 집안에서 책만 읽으면서 살아간다는 소리를 들었다.

그래서 궁금증이 발동한 임금은 다시 그 집으로 가서 사정사정한 끝에 하룻밤을 묵어갈 수 있었다.

잠자리에 누웠지만 집주인의 글 읽는 소리에 잠은 안 오고 해서 면담을 신청했다.

그렇게도 궁금하게 여겼던 유아무와 인생지한(有我無蛙人生之恨)이란 글에 대해 들을 수 있었다.

옛날, 노래를 아주 잘하는 꾀꼬리와 목소리가 듣기 거북한 까마귀가 살고 있었다.

하루는 꾀꼬리가 아름다운 목소리로 노래를 하고 있을 때 까마귀가 꾀꼬리한테 내기를 하자고 했다.

바로 3일 후에 당장 노래시합을 하자는 거였다.

두루미를 심판으로 하고서…

꾀꼬리는 한마디로 어이가 없었다.

노래를 잘하기는커녕 목소리 자체가 듣기 거북한 까마귀가 자신에게 노래시합을 제의하다니, 하지만 월등한 실력을 자신했기에 시합에 응했다.

그리고 3일 동안 목소리를 더 아름답게 가꾸고자 노력했다.

그런데 반대로 노래시합을 제의한 까마귀는 노래 연습은 안 하고 자루 하나를 가지고 논두렁의 개구리를 잡으러 돌아다녔다.

그렇게 잡은 개구리를 두루미한테 갖다 주고 뒤를 부탁한 거다.

약속한 3일이 되어서 꾀꼬리와 까마귀가 노래를 한 곡씩 부르고 심판인 두루미의 판정만을 남겨두고 있었다.

꾀꼬리는 자신이 생각해도 너무 고운 목소리로 잘 불렀기에 승리를 장담했지만 결국 심판인 두루미는 까마귀의 손을 들어주었다.

이 말은 이규보 선생이 임금한테(낯선 투숙객에게) 불의와 불법으로 얼룩진 나라를 비유해서 한 말이다.

이규보 선생 자신이 생각해도,

그의 실력이나 지식은 어디 내놔도 안 지는데 과거를 보면 꼭 떨어진다는 거다.

돈이 없고, 정승의 자식이 아니라는 이유로… 자신은 노래를 잘하는 꾀꼬리 같은 입장이지만 까마귀가 두루미한테 상납한 개구리 같은 뒷거래가 없었기에 번번이 낙방하여 초야에 묻혀 살고 있다고…

그 말을 들은 임금은 이규보 선생의 품격이나 지식이 고상하기에, 자신도 과거에 여러 번 낙방하고 전국을 떠도는 떠돌이인데 며칠 후에 임시과거가 있다 해서 한양으로 올라가는 중이라고 거짓말을 하고 궁궐에 들어와 임시과거를 열 것을 명하였다.

　과거를 보는 날, 이규보 선생도 뜰에서 다른 사람들과 같이 마음을 가다듬으며 준비를 하고 있을 때 시험관이 내 걸은 시제가

유아무와 인생지한(有我無蛙人生之恨)**이란 여덟 자였다.**

　다른 사람들은 그게 무엇을 뜻하는지를 생각하고 있을 때 이규보 선생은 임금이 계신 곳을 향해 큰절을 한 번 올리고 답을 적어냄으로써 장원급제하여 차후 유명한 학자가 되었다고 한다.

69
통일교 문선명 부부와
그 가족들과의 인연

통일교 문선명 부부와의 인연 『와룡의 터』(도서출판 답게 2007년 10월 25
일 p.132-p.135)

평소에 잘 알고 지내던 통일교 한학자(어머니)의 비서실장인 지생련
씨가 미국에서 도착하자마자 곧장 한학자 씨의 명령으로 나를 찾아
왔다.

빨리 가서 정와룡 씨를 만나 궁금한 점들을 상담한 뒤에 곧바로 보
고를 하라는 것이었다.

제일 궁금한 점은 교주 문선명 씨 건강과 수명에 관한 이야기와 세
계일보 친 사돈인 사장 박보희 씨 부부와 그 가족들의 사주 역시 궁
금했던 모양이다.

나는 평소에도 미국에 있는 지생련 씨와는 장거리 국제전화 통화
를 나누는 사이다.

길면 한 시간 이상 그동안 궁금했던 이야기와 미래에 관한 이야기
로 친구처럼 지냈다.

한국에 올 때는 어머니 한학자 씨에 관한 궁금증을 풀어드리는 일

을 언제나 충실한 충견 역할을 했다.

얼마 전 소식이 없어 궁금해 미국에 전화를 해보니 고인이 되었다는 소식을 들었다.

갑작스러운 지생련 씨 사망 소식에 하늘이 무너지는 것 같아 눈시울이 붉어졌다.

늦게나마 고인의 명복을 빌어본다.

백년도 못 살 인생 천 년을 살 것처럼 백 년을 산다 해도 36,500일, 천 년을 산다 해도 365,000일인데요.

70

상감마마 절 받으십시오

근래에 우리나라에서 관상의 대가를 꼽으라면 단연 백운학(白雲鶴)을 꼽는다.

1970~80년대까지 서울에는 백운학이라는 이름을 사용하는 관상가가 상당수 활동했을 만큼 백운학은 관상계에서 전설적인 인물이다.

그러나 원조 백운학은 요즘 사람이 아니라 구한말 대원군 시대에 활동했던 인물이다.

백운학은 경북 청도 사람이다.

그는 젊었을 때 청도 운문사(雲門寺)에 있던 일허선사(一虛禪師)를 만나 관상학의 교과서라 할 수 있는 신상전편(神相全篇)을 사사(師事)받았다. 백운학은 일찍이 관상에 소질을 보였던 모양이다.

일허선사는 백운학에게

"너는 애꾸가 되어야 한다.

한쪽 눈이 없는 애꾸가 되어야 사람들을 정확하게 볼 수 있다"고 충고하였다.

일허선사의 가르침에 따라 백운학은 멀쩡했던 한쪽 눈을 담뱃불로 지져 진짜 애꾸로 만들었다. 그러한 대가를 치르면서 백운학은 관상의 깊은 경지로 들어갔던 것 같다.

청도에서 관상 수업을 마친 백운학은 어느 날 한양으로 올라온다. 당시 대원군이 살던 운현방(현재 운현궁이 있는 자리)을 찾아가 마당에서 팽이를 치고 있던 13세 소년 명복(命福) 도련님에게

"상감마마 절 받으십시오."

하고 땅바닥에 넙죽 엎드려 큰절을 올린다.

열세 살 먹은 어린아이에게 임금이라면서 큰절을 올렸다는 보고를 받은 대원군은 하도 황당해 애꾸눈 백운학을 불러 자초지종을 묻는다.

백운학이 말하기를 "제가 한양에 와서 보니 이곳 운현방에 왕기(王氣)가 서려 있음을 보았습니다.

저기서 팽이를 치고 있는 명복 도련님은 제왕(帝王)의 상을 갖춘 분이라서 큰절을 올린 것입니다"라고 했다. 그러고 나서 백운학은 대원군에게 복채를 요구했다.

대원군이 얼마를 주면 되겠느냐고 묻자

"제왕의 상을 보았는데 3만 냥은 주셔야 하지 않겠습니까?

지금 달라는 것이 아니고 4년 후에 주시면 됩니다."라고 했다.

3만 냥이면 엄청난 당시로서는 큰 거금이었다.

하지만 당시 대원군은 돈이 없던 시절이라 복채를 곧바로 줄 수는 없었고, 약속어음 비슷한 증서를 백운학에게 써 주었다.

과연 그로부터 4년 후 명복 도련님은 고종으로 즉위하였고, 그 소식을 들은 백운학은 복채를 받기 위해 대원군이 써준 어음을 들고 운

현방으로 찾아갔다.

대원군을 찾아갈 때 백운학은 당나귀 4마리를 끌고 갔다고 한다.

당나귀 4마리는 3만 냥의 엽전을 싣기 위한 용도였음은 물론이다.

3만 냥의 복채 외에도 백운학은 대원군에게 벼슬을 요구하였다.

벼슬도 못하고 죽으면 신위(神位)에 '현고학생'(顯考學生)이라고 써야 하니 학생(學生)을 면하기 위해서였다.

결국 백운학은 복채 3만 냥과 함께 청도 현감이라는 벼슬까지 받았다고 하니 배포 한번 대단했던 셈이다.

이러한 연유로 해서 백운학의 명성은 전국적으로 알려졌고, 이후 조선팔도에는 수많은 가짜 백운학이 탄생하게 된다.

71
김치와 인조반정

　김치(金緻)는 1577년에 출생하여 1625년 인조 3년까지 살았던 사람으로 광해군 때에는 참판 벼슬을 하다가 대북·소북 등의 당파싸움으로 왕이 실정(失政)을 저지르고 세상이 어수선한 때에 독직 사건으로 인하여 고향으로 내려가 두문불출하고 있었다.

　그는 어렸을 때에 주역·복서·천문 등을 배워 사주(四柱)에 통기 사주를 보니 47세[癸亥(계해)]에 생명이 위태로움을 느껴 잠시 부귀영화를 버리고 산골에서 은둔생활을 하며 다음 기회를 엿보고 있었다.

　그런데 만약 수변 성(水邊姓)을 가진 귀인을 만나면 흉(凶)한 것이 길(吉)한 것으로 변하여 생명을 보존하는 것은 물론 출세까지 하는 명수(命數)였다.

　그래서 그는 수변 성 가진 사람이 찾아오길 은근히 기다리며 책을 가까이 하는 것으로 소일하고 있었다.

　이때 광해군에게 반기를 든 이귀·김유·이괄 등은 능양군을 받들고 거사 날짜만 기다리고 있었다.

　그 반정집단(反政集團)에서는 심기원(沈器遠)을 김치에게 보내 거사의 성공 여부를 은밀히 알아보기로 했다.

　심기원은 농민으로 가장하여 김치의 집을 찾아가 대문을 두드렸다. 그리고 김치가 안에 있느냐고 물었다.

"저희 영감마님은 출타하시고 안 계신데요.

나중에 영감마님이 들어오시면 여쭈어 드릴 테니 성함이 어떻게
되는지요."

하인의 질문에,

"한양에서 사는 심기원이라는 사람이 다녀갔다고 전해 주시오."

이렇게 일러주며 뒤돌아섰다.

심기원이 일이 낭패라고 생각하며 몇 발짝 옮겼을 때였다.

"영감마님께서 안으로 들어오시랍니다."

조금 전의 그 하인이 다시 대문을 열고 달려 나오더니 이렇게 말하
는 것이었다.

심기원은 마음속으로 이상한 일이라 생각하며 안으로 들어갔다.
사랑채에는 출타하고 없다던 김치가 정연히 앉아 있었다.

"저는 한양에서 농사를 지어먹고 사는 농군인데 제 사주 좀 봐주
시오."

심기원은 자기의 생년월일을 대 주었다.

그의 사주를 본 다음 김치는 아무 말이 없었다.

심기원이 무어라 묻자 고개로 끄덕거리거나 좌우로 흔들기만 했다.

심기원은 적어온 그의 동지들의 생년월일을 대 주었다.

김치는 각자의 사주를 다 풀어본 다음 한참 동안 생각했다.

"이분들은 수개월 이내에 모두 정승이 되고 판서가 될 귀한 분들의 사주입니다."

김치가 이렇게 말하자, 심기원은 깜짝 놀랐지만, 속으로는 기분이 좋았다.

그렇다고 사실대로 말할 수도 없는 노릇이었다.

"저희들같이 무식한 농사꾼들이 어떻게 수개월 이내에 정승이 되고 판서가 된단 말이오."

심기원은 극구 부인하면서 능양군의 생년월일을 댔다.

김치는 사주를 써놓고 깜짝 놀라 소반 위에 강보를 펴고 그 위에 사주 쓴 종이를 올려놓은 후 공손히 꿇어앉았다.

"이분은 이 나라에서 첫째가는 귀인이 되실 분입니다."

이렇게 대답하자, 심기원은 당치 않은 소리라고 얼버무렸다.

"귀공(貴公)들이 무슨 일을 꾸미고 있는지 나는 이미 다 짐작하고 있습니다.

내 사주팔자는 앞으로 몇 개월 이내에 죽을 운인데 심공(沈公)처럼 삼수변(氵) 성(姓)을 가진 사람을 만나면 살 수 있는 운수입니다.

제가 비록 광해군 아래에서 녹을 먹었지만 불충한 짓은 안 했으니, 제발 저를 살려주는 셈 치고 귀공들의 집단에 저를 가담케 해 주십시오."

김치는 심기원의 손을 잡고 간절하게 애원을 했다.

처음에 심기원도 사람 잡을 소리 하지 말라고 펄펄 뛰었지만, 김치가 하도 간절하게 청하는지라 할 수 없이 비밀 얘기를 해 주었다.

그리고 절대로 천기를 누설하지 말라고 당부하며 엄포를 놓았다.

"우리는 오는 3월 22일 거사 일자로 잡았는데, 이날은 어떻소?"

심기원이 거사일의 길흉을 물었다.

"그날은 광해주에게 좋은 날이고, 능양군에게 불길한 날이니 열흘 앞당겨 3월 12일로 하시오."

김치는 거사일을 정정하라고 일렀다.

그래서 그들은 김치의 말대로 3월 12일 광해군을 몰아내고 능양군을 왕으로 추대하니 이분이 인조이다.

그 뒤 김치는 경상감사에 올랐지만 3년 만에 죽었다.

그것이 그의 천수(天壽)였는가 생각된다.

72

일류는 타인의 능력을 써먹는다

한비자 중에서

모든 화근(禍根)은 입에서 생긴다.

싸움에 임해서는 속임수를 꺼리지 않는다.

해와 달은 밖에서 비추지만 적은 내부에 있다.

증오하는 것에 대해서는 대비하고 있지만, 재앙은 늘 사랑하는 곳에 있는 법이다.

"삼류는 자기 능력을 쓰고, 이류는 타인의 힘을 부려 먹고, 일류는 타인의 능력을 써먹는다."

상벌의 공정성을 잃은 군주는 발톱과 이빨을 버린 호랑이와 같아서 뜻대로 움직일 수 없다.

선악설을 주장한 순자의 제자로 이기적인 인간을 주제로 법가사상을 전파한 동양의 한비자를 모셔왔습니다.

제갈량이 죽으며 유비의 아들 유선에게 읽도록 한 책이 『한비자』다.

한비자의 「이익설」은 진시황이 중국을 통일하는데 국경선을 넘어 땅을 개간하면 군역을 면제하고 개간한 땅을 주었으며 50리를 들어가면 황소를 주고, 100리를 들어가면 집, 더 들어가면 노자를 주는 방법으로 국가경영의 모태는 한비의 『한비자』라는 책에서 얻은 것이다.

73
천하를 다스리는 세 가지 이치

1. 지혜만으로 공을 세울 수는 없는 것이며
2. 힘으로만 일을 할 수는 없는 것이며
3. 강하다고 하여 항상 이길 수는 없는 것이다.

요임금 같은 지혜가 있을지라도 여러 사람의 도움이 없으면 큰 공을 세울 수 없고 오획과 같은 천하장사도 타인의 도움이 있었기 때문에 가능했다.

맹분이나 하육과 같이 의지가 강한 사람도 방법을 알지 못하면 항상 이길 수는 없는 것이다.

이처럼 세상에는 어떻게 할 수 없는 상황, 이룰 수 없는 일이 있는 법이다.

그러므로 오획 같은 천하장사가 천근의 무게는 가벼이 움직이면서도 자신의 몸을 무겁게 여기는 것은 자신의 몸이 천근의 무게보다 무겁기 때문이 아니라 그 주변 상황이 순조롭지 않기 때문이다.

'이주'처럼 눈 밝은 사람이 백 보 밖의 물체는 볼 수 있어도 자기의 눈썹은 볼 수 없으니 이는 백 보가 가깝고 눈썹이 먼 데 있기 때문이 아니라 이치상 눈썹을 보는 것이 불가능하기 때문이다.

이러한 까닭에 현명한 군주는 오획이 자신의 몸조차 일으키지 못한다 문책하지 않으며 이주가 자신의 눈썹을 보지 못한다 하여 탓하지 않는다.

현명한 군주가 신하에게 하기 어려운 일을 시키지 않는 것은 이 때문이다.

가득 찰 때와 텅 빌 때가 있고, 일에는 이로울 때와 해로울 때가 있으며, 생물은 태어남과 죽음이 있다.

군주가 이 세 가지 때문에 기뻐하고 노여워하는 기색을 나타내면 쇠와 돌처럼 굳건한 마음을 갖고 있는 벼슬아치라도 마음이 떠날 것이고 성현이라 할 만한 신하들도 회의를 느낄 것이다.

그리하여 현명한 군주는 다른 사람을 살펴보지, 다른 사람이 자신을 살펴보게 하지는 않는다.

74
추사 김정희와 '한일 자(一)'

추사 김정희는 데릴사위처럼 처가 집에 얹혀살았다.

아무튼, 추사 장인과 장모는 옛날 사람치고는 개방된 양반 가문이었던 모양이다.

사위는 다 도둑놈이라는 생각을 가진 집안이면 생각도 못할 일이었지만. 출가외인(出嫁外人), 여자는 출가하면 남이라는 생각과는 거리가 먼 애정이 풍부한 아버지요, 어머니였으니 죽어도 그 집 가문에 귀신이 되어야 한다는 옹고집 부모와는 달리, 복 받은 딸이기에 사위인 추사 김정희는 눈칫밥 만큼은 면할 수가 있었다.

'옛말에 겨 서 말만 있으면 처가살이하지 말라'는 말 오죽하면 이런 말이 나왔겠나?

눈칫밥 먹어도 살 안 찐다는 말처럼 그런 처지를 알아서인지 평소에도 항상 장인 장모는 행여 사위가 불편한 일이 있어 귀한 딸에게 누가 될까 걱정이 되어 사위를 친자식처럼 아끼고 사랑했다.

그러던 어느 날 하루는 추사의 장인이 추사가 거처하는 방문 앞으로 찾아와서는 헛기침을 몇 번 하더니

"김 서방 방안에 계시는가?"

"네!" 하고 방문을 열고 황급히 버선발로 뛰쳐나와서는 허리가 부

러질 정도로 고개를 푹 숙인다.

평소에도 이런 행동이 장인에게는 큰 점수를 땄다.

어른을 깍듯이 존경하는 자세는 특히 사대부가에서는 높이 평가를 해주는 행동이었기 때문이다.

"여보게 김 서방 자네한테 부탁이 하나 있어 찾아왔네.

들어줄 수 있겠나?"

"예 아버님. 무엇이든지 말씀만 하십시오."

장인어른은 헛기침을 한두 번 하고는 어려운 사위 눈치를 한번 힐 끗 본 뒤 추사를 또 한 번 더 쳐다본다.

추사는 갑자기 예고도 없이 찾아온 장인어른의 부탁이라는 말씀에 궁금해하면서도 무슨 부탁일까 하고 속으로는 걱정부터 앞서지만, 앞뒤 가릴 것 없이 승낙부터 하고 말았다.

감히 어느 누구의 부탁인가?

평소에 이런 부탁을 하시는 분이 아니기에 더욱더 궁금해진다.

평소에는 사위가 거처하는 사랑채 근방에는 단 한 번도 그림자조 차 안 보이시던 장인어른이 오늘따라 아침 일찍부터 부탁이 있다고 찾아오는 장인어른을 보고 추사로서는 궁금할 수밖에.

"예, 어서 들어오십시오" 하고는 아랫목을 권한다.

아랫목에 앉은 장인어른은 다시 한번 어렵게 말문을 연다.

"김 서방 처가살이 어려움은 없나? 있으면 언제든지 자네 처나, 장 모님 아니면 나한테 서슴없이 말씀하시게".

"아버님 아닙니다.

아버님과 장모님 덕분에 편하게 잘 지내고 있습니다."

"그럼 천만다행이네! 다른 게 아니라 자네 나한테 글씨 한 장만 써줄 수 있겠나?"

추사는 뜻밖이라는 생각에 글씨 하면 어려운 것도 아닌 추사의 밑천 안 드는 전문 직업이 아닌가?

마음속으로 살았다는 추사는 안도의 한숨을 쉬었다.

"예! 장인어른 써드리고 말고요.

안 그래도 평소에 써 드리려고 생각하고 있던 참이었습니다.

참 잘되었습니다."

이런 말을 들은 장인은 너무 고마웠다.

이심전심(以心傳心)이라고 "역시 내 하나밖에 없는 사위가 너무 고마워, 그렇게 생각하고 있었다니."

대답이 생각보다 시원하게 나오는 사위를 본 추사 장인어른은 기분이 너무 좋아 "이 사람 사위님!"

사위는 어렵고도 쉬운 백 년 객이라는 말이 있듯이 아무리 윗사람이라 할지라도 남도 아닌 장인과 사위는 서로가 어려운 처지다.

그런데 "먼저 글을 쓰기 전에 저도 장인어른께 부탁이 하나 있습니다."

"어떤 부탁인데 어서 말씀해 보시게."

"예! 다름이 아니옵고, 내일부터 제가 그만할 때까지 매일 황소 한 마리씩을 잡아 그 황소의 등골만 빼어 내어 저를 주십시오."

황소 등골이라는 말에 그것도 매일매일 암소도 아닌 황소 한 마리씩이란 소리를 들은 장인어른의 얼굴빛이 갑자기 360도 확 변한다.

암소보다 황소가 그때나 지금이나 더 비싸다는 것을 삼척동자(三尺

童子)도 다 아는 사실 혹 떼려다 혹 붙인 꼴이었다.

이거 보통 일이 아니다, 어디 한두 푼 하는 물건도 아니고 송아지도 아니고 황소라!

"장인어른! 저는 좋은 글을 쓰기 위해서는 황소의 등골만 빼먹어야만 좋은 글을 쓸 수 있는 확률이 높습니다.

꼭 황소 등골을 먹는다고 해서 좋은 글씨가 나오라는 법도 없지만, 오해는 하시지 마시고, 솔직히 말씀드리면 연습할 때와는 좀 다릅니다."

이 말을 들은 추사의 장인어른은 어안이 벙벙할 수밖에.

그 당시에도 농촌에서는 소가 농사일을 반타작하던 시절이었으니까 요즘 같으면 경운기가 생겨 365일 죽도록 일만 하던 그때 소들과는 사정이 다르다.

지금은 소 팔자가 상팔자다.

먹고 놀고 살만 쪄 때가 되면 주인에게 몸값을 치르기 위해 도살장에 갈 일만 남았지만, 옛날에 소는 웬만한 가정에 재산 목록 1호였다. 그 당시에는 농사를 짓기 위해서는 필히 소가 필요하다.

소 살 돈이 없고 소가 없는 가난한 소작인들 가정에서는 소가 없어 몇 날 며칠씩 남의 집에 부부가 함께 가서 날품을 팔아 일을 해 주고 난 뒤 돈 대신 사정사정 하다시피 남의 집 소를 빌려다 농사를 짓는 실정이 허다했다.

그런 황소를 한 마리도 아닌 하루에 한 마리씩 잡아 그만할 때까지 황소의 등골만 빼어내어 먹어야 된다니 아무리 잘 사는 부잣집 대감이라도 속으로는 놀랄 수밖에 백년손님 사위 부탁이니 못 하겠다는 말은 차마 하지 못하고 울며 겨자 먹기식으로 장인 역시 얼른 승낙을 하고 돌아서서 밖으로 나오는 추사 장인어른의 모습은 똥 밟은 얼굴이다.

누구를 원망하겠나?

모든 것이 내 탓이지 울며 겨자 먹기식으로 마음을 스스로 추수를 수밖에는 '사위는 도둑놈'이라고 한 말 오늘따라 자신이 직접 경험해 보니 하나도 틀린 말이 아니었다.

추사 장인은 이것저것 생각하니 속이 상해 견딜 수가 없었다.

장가와서 지금까지 내 집에 살아온 세월이 몇 해인가? 의식주 해결해 준 것만 해도 돈으로 따질 수는 없는데 거기에다 비싼 종이와 집필묵까지 사준 것은 흙 파서 나온 것으로 착각하는 사위가 원망스러웠다.

옛날에 문종이는 비싸 웬만한 가정에서는 살 수가 없었다.

한호(한석봉)는 종이 살 돈이 없어 모래 위 아니면 땅바닥, 나무, 청마루 위에 연습 삼아 쓴 글씨가 얼마나 필력이 넘쳐 마룻바닥 뒷면에까지 글씨가 비쳐 대패로 깎아도 깎아도 안 지워 졌다는 유명한 일화가 전해져 내려온다.

한석봉 어머님은 집필묵을 사기 위해 떡국을 밤낮으로 썰어 팔아도 석봉이의 딱종이와 집필묵을 사기도 어려웠다.

이런 사정과는 달리 말만 하면 대령이었으니 얼마나 행운아인가?

글씨 한 장 써달라는데 황소 한두 마리도 아니고 매일매일 황소 한 마리씩 잡아 등골만 빼 달라니 참 기가 막혔다.

'세상에 공짜는 없다'고 하더니 딸년이야 내 자식이라고는 하지만 오늘따라 평소에는 생각도 못했던 일들이 떠올라 사위가 한없이 미워서 죽겠다.

말 한마디에 천 냥 빚을 갚는다고 하나밖에 없는 외동딸을 생각해 화가 나도 참을 수밖에.

추사 장인어른은 그 이튿날부터 속에 천불이 났지만 남아 일언은 중천금이라고 약속한대로 큰 황소 한 마리씩을 잡아다 등꼴 만 빼내어 추사에게 정성껏 갖다 바쳤다.

소 시장 단골 중개인은 살판이 났다.

매일 매일 소 한 마리씩 팔리니. 한편으로는 추사 장모는 사위에게 미안한 생각마저 들었다.

얼마나 소 등골이 먹고 싶으면 이런 어려운 부탁을 할까 하고, 사위 사랑 장모라고 이 마을에서는 매일매일 경사가 났다.

옛날에는 큰 명절이나 결혼식 아니면 길, 흉사나 귀한 손님이 왔을 때만 쇠고기 구경 한번 하고 아니면 평생동안 쇠고기 구경 못해 보는 가정도 수두룩했다.

쇠고기가 한두 푼인가?

죽도 못 먹던 시절 하루 한 끼도 제대로 못 먹는 집안도 추사가 사는 이 동네만큼은 그 귀한 쇠고기와 사골 뼈를 매일매일 황소 한 마리씩을 온 동네 사람들이 나누어 먹어도 다 소비할 수가 없었다.

처음에는 너도나도 서로 쇠고기와 사골 뼈를 많이 가져가겠다고 다투던 동네 사람들도 이제는 실컷 먹고 질려서 쇠고기와 사골 뼈가 남아 돌아가니 서로 적게 가져가려고 양보 아닌 양보를 하고 야단법석들이다.

이 동네는 구석구석마다 보신탕으로 삶아 먹고 남은 사골 뼈는 골목마다 쌓여가고 동네 어린이들은 발로 공차듯이 굴러다니는 뼈로 공놀이 하고 놀다가도 이제는 싫증이 났는지 쳐다도 안 본다.

동네 똥개들도 처음에는 서로 많이 먹겠다고 물고 뜯고 땅기고 피가 나도록 싸움질하던 장면은 옛날 말이다.

날마다 온 동네 길가에 돌멩이처럼 굴러다니는 사꼴 뼈를 보면서 사람이나 지나가는 동네 개들도 돌멩이로 보이는지 쳐다보지도 않았다.

옛말에 배부르면 잡생각 한다고 저녁이면 구들목 농사로 이 동네 인구가 갑자기 평소에 배로 늘어났다.

머슴들마저 얼굴에는 개기름 아닌 쇠기름으로 살이 뒤룩뒤룩 쪄 배가 나오고 번들거렸으니 오래 살다 보니 이런 날도 온다고 온 동네 사람들이 수근거렸다.

이런 날이 벌써 내일이면 110일째가 되는 날이다.

이웃 마을 사람들 역시 쇠고기를 너무 많이 얻어먹어 소 이야기만 나오면 쇠고기 냄새 난다고 했다.

석 달이 넘어도 이제 소 그만 잡으라는 소리는 할 낌새가 안 보여 하루는 딸을 보고 "얘야 지금까지 잡은 황소가 110마리인데도 아직도 더 잡아야 하는지 네가 김 서방한테 가서 조심스럽게 한번 물어봐라."

안 그래도 딸은 서방님이 하는 행동이 너무 못마땅했지만 양반집 규수가 서방님에게 항의도 못 하고, 그저 친정집 부모님 눈치만 살피고 있던 참이었다.

"아버지 어머님 정말 죄송합니다.

모두가 제 못난 탓으로 죽을죄를 졌습니다.

죄가 많아 시집가서 하루도 부모님 마음 편하게 못해 드리고 고생만 시켜드리니 죽어도 눈을 못 감겠습니다." 하며 친정집 부모를 위로하며 울먹였다.

그래도 부모는 딸이 가여워 "아니다. 오죽하면 소 등골이 먹고 싶었으면 김 서방이 그런 말을 했겠느냐?"

딸의 말을 듣고 장모는 꿀 한 사발을 물에 타서 딸에게 건네주면서 사위 갖다주란다.

꿀 사발을 받아든 추사 부인 사랑방으로 조심스럽게 무거운 발길을 돌린다.

추사를 찾아간 추사 부인 "여보 언제까지 황소 등골을 더 잡숴야 됩니까?" 하고 물으니

추사 왈, "아직 몇 마리 더 먹어야 될 것 같습니다."

그 말을 듣고 방을 나온 부인 아무 말도 못하고 돌아와서는 눈물을 흘리면서 친정 부모님께 "아버지 어머님 김 서방이 아직도 몇 마리 더 먹어야 된답니다.

아버님 어머님, 죄송해요.

두 분 볼 면목이 없습니다."라고 하니,

"아니다. 기왕 시작했으니 원하는 대로 끝을 보자꾸나."

친정집에 얹혀사는 딸이지만 평생 한결같은 부모님이 고맙기 짝이 없었다.

그날 이후 며칠 더 지나서 등골을 가져가는 하인에게 추사 김정희 왈 "이제 그만 먹어도 될 것 같다고 대감마님께 전해라."

이 말을 듣고 얼씨구 좋다고 달려온 하인 대감 마님께 전한다.

장인과 장모는 속으로 아이구! 이제 살았구나 살았어. 기뻐서 춤이라도 덩실덩실 추고 싶은 심정이었다.

지금까지 먹은 황소만 딱 120마리였다.

웬만한 집 같으면 대들보가 썩어 내려앉았을 것이다.

장인은 어떤 글씨를 써 줄려고 하는지는 몰라도 기대가 컸다.

아무리 못 써줘도 열 폭짜리 병풍 몇 틀은 써 주겠지 하고 나름대로 꿈에 부풀어 있었다.

처가살이 하면서 그래도 남도 아니고 장인에게는 지금까지 단 한 장도 안 써준 글씨를 공짜도 아니고 돈으로 따지면 고래등 같은 기와집이 몇 채인가? 생각만 해도 끔찍했다.

그놈에 말 한마디 실수 때문에 그 비싼 황소 120마리까지 먹고난 뒤에야 신식말로 스톱했으니 웬만한 대가집이라면 기둥뿌리가 왕창 내려앉을 돈인데 기대가 컸다.

그동안 홀쭉하던 추사 얼굴에 살이 붙어 쇠 기름기가 빤질빤질 넘쳐흘러 밤마다 추사 부인은 하소연은 말로 표현 못하고 밤이 되면 구들목농사 때문에 걱정이 이만저만 아니었다.

오늘 저녁도 그냥은 안 넘어갈 것이고 날이면 날마다 밤이면 밤마다 즐거운 비명 소리가 사랑방을 울려 퍼졌다.

행복한 비명소리.

온 집안에는 쇠고기 냄새가 진동하고 석 달이 넘게 쇠고기로 몸보신을 한 집안에 종들 얼굴에도 쇠기름이 줄줄 넘쳐 흘렀다.

종들은 팔자가 구자로 변하고 오줌을 누면 오줌 줄기가 힘차 땅바닥에 박힌 작은 돌멩이는 튕겨져 나올 정도다.

보약이 따로 없다.

이게 보약이 아니던가?

종들은 힘이 넘쳐 평소에 일을 두 배나 잘하니 잃은 것도 있지만 얻은 것도 많다.

추사는 넘치는 욕정을 어떠했겠나? 덕분에 추사 장인 장모 역시 마찬가지 늘그막에 구들목 농사 풍년이다.

온 동네 사람들 남녀노소 나이 고하를 막론하고 동네 집안에 똥개들도 평생 사람들도 구경하기 어려운 쇠고기를 개가 냄새나도록 먹어 살이 통실통실하게 쪄 걸음걸이들이 황금알을 낳은 미운 오리 새끼 모양 비틀거렸다.

이제 사위가 글씨 가져가라는 소식만 남았다.

기다리다 못해 아무런 소식이 없자 추사 장인어른 사위 방을 찾았다.

양반 헛기침을 한 장인 "이 사람 김서방! 글씨 다 써놓았나?"하고 물으니,

"예 다 써놓았습니다.

어서 오십시오.

장인어른, 지금 당장 내 드리겠습니다." 하고 내놓는 글씨를 본 장인어른은 깜짝 놀라 기절초풍할 뻔했다.

이게 웬일인가?

고작 글씨라고 써 놓은 것이 종이 석 장에 '한일 자(一)' 한자씩 석 자를 쓴 글씨를 장인 앞에 내밀었다.

이럴 수가 있나! 추사의 장인어른은 자신의 눈을 의심할 수밖에 이럴 수는 없다,

이럴 수는 없어! 이런 날강도 같은 놈 속에서 천불이 끓어 올라 참을 수가 없다.

피가 거꾸로 솟아올라 숨이 막혀 숨쉬기조차도 어려웠다.

이게 사람인지 짐승인지 분간이 안 갈 정도다.

내 딸이 그동안 이런 날강도 같은 놈하고 살았다니 얼마나 마음고생을 많이 했을까 생각하니 눈물이 핑 돌아 눈앞이 캄캄했다.

지금까지 잡아먹은 황소가 120마리인데, 글씨라고는 종이 석 장에 작대기 세 개 옆으로 쭉쭉 한 개씩 그어 놓고 다 썼다니 참 기가 찰 노릇이었다.

딸만 아니면 당장 멍석말이로 때려죽이고 싶지만 양반 체면에 그럴 수도 없고 딸이 웬수다 웬수.

사위가 보는 앞에서는 딸을 생각해 말 한마디 못하고 힘없는 소리로 "그래 수고했네!"

하고 종이 석 장을 받아가지고 안방으로 와서는 화가 머리끝까지 치솟아 찢을 수도 없고 두 손으로 이리저리 비비고 구겨서 발로 짓이겨 반쯤 열려있는 벽장롱 속으로 확 던져버리니 이를 지켜본 부인, 사위가 써준 글씨를 가지고 싱글벙글 웃으면서 돌아올 영감을 생각하고 사랑채 앞에서 기다리던 추사 장모 안방으로 들어와서 대감의 화난 얼굴을 보고 놀랐다.

추사 장인은 그날로부터 식음을 전폐하고 화병이 나서 누워 버렸다.

이 소문은 하인들을 통해 온 동네방네 집집마다 귀에 들어가 너도 나도 수군거리며 아침부터 저녁까지 시끌벅적할 정도이었으니 오직 했겠나?

남의 흉, 안 그래도 잘 보는 민족이 아니던가?

발 없는 말이 천 리 간다고 소문은 전국 방방곡곡에 퍼져 사대부를 통해 조정에까지 들어가 상감의 귀에까지 전해졌다.

그즈음 명(明)나라에서는 속국(屬國)인 조선의 국왕이 평소 말을 잘 안 듣고 조공(朝貢)이 변변치 않아 사신을 조선으로 보내 국왕의 버릇을 단단히 고쳐놓겠다고 통보해 온 터였다.

이번에 조선에 올 명(明) 나라 사신은 다른 사신보다는 두뇌 회전이 아주 빨랐던 모양이다.

중국의 명필 왕희지(王羲之, 303~361년)와 버금간다는 조선의 명필 추사 김정희를 조선에 가서 만나면 꼭 글씨를 몇 자 얻어 오리라는 생각부터 했다.

비둘기가 몸은 산에 있어도 마음은 콩밭에 가 있다고 몸은 비롯 중국에 있지만 마음은 벌써부터 조선에 와 있었다.

명나라의 조정 대신들도 조선에 가면 인삼과 추사 김정희 글씨를 어떤 일이 있어도 돈 걱정하지 말고 꼭 구해달라는 청탁이 빗발치듯 여기저기서 너도나도 주문이 들어와 하루아침에 부자가 된 기분이었다.

누구나 조선 사신으로 오기만 하면 부자가 된다는 말은 어제, 오늘 소문이 아니었다.

황제의 명을 받은 사신은 이번 기회를 통해 부자 한번 되어보겠다는 생각에 가득 차 있었다.

중국을 떠나 조선 땅에 도착한 사신 일행은 임금과 문무백관들이 기다리는 한양 땅 도성으로 먼저 가야 될 사신 일행들은 아무런 사전 기별도 없이 자신들 멋대로 방향을 바꾸어 추사가 살고 있는 고을 쪽으로 말머리를 돌렸다.

이 얼마나 속국인 조선의 국왕을 무시한 처사냐?

조정에서는 중국의 사신들이 머지않아 한양 땅에 도착할 거라는 소식에 사신 맞을 준비에 북새통을 이루었다.

그도 그럴 것이 사신들이 누구냐? 막강한 황제의 힘을 등에 업고 황제 대신 오는 감찰단들이 아니던가? 사신에게 자칫 잘못 보이는 날에는 양국전쟁도 불사한다.

조선의 세자와 국왕이 되려면 황제의 칙명을 받는 것은 당연지사.

중국 대국의 사신이 올 때면 왕은 물론 문무백관들이 사신을 맞으러 궁궐 밖 30리까지 나와 기다리는 기막힌 풍경을 생각하면 대국의 사신은 웬만한 일국의 황제가 온 것 이상으로 사신의 힘과 행렬은 막강했다. 본국에 돌아가서는 황제에게 고하는 사신 한마디가 행, 불을 초래할 수도 있었으니까 말이다.

몸 바쳐 마음 바쳐 돈 바쳐 여자 바쳐 할 수 있는 것들은 모두 총동원을 하는 것이 힘없는 속국이 할 수 있는 최선의 방법이고 선택이었다.

그런데 궁궐로 향할 사신 일행들이 파발 보고에 따르면 추사 김정희가 살고 있는 처갓집 쪽으로 갔다는 보고였다.

왕 이하 문무백관들 기가 막혔다.

이것이 힘 있는 대국과 힘이 없는 속국의 차이점이다. 그래도 어쩔 수 없는 일 누굴 원망하겠는가?

일국에 왕(王)이 기다리든 말든 그건 안중에도 없고 사신 일행은 중이 염불에는 관심이 없고 잿밥에만 관심이 있듯이 오로지 추사 김정희 글씨에만 황제 사신 머릿속에 가득 차 있었다.

사신 일행은 추사가 데릴사위로 있는 추사 처가에만 가면 온통 추사 글씨로 도배가 되었을 것이라는 부푼 꿈을 안고 행차를 재촉했다.

어서 가자! 사신은 빨리 가서 글씨 한 장이라도 더 손에 넣고 싶은 욕망에 일행들을 재촉했다.

얼마나 이날이 오기만을 기다렸던가? 청국 사신 일행이 이 마을로 온다는 소식을 전해 듣고 고을 사또의 명을 받고 오뉴월 바쁜 농사철에 모내기하다 말고 동네 사람들이 총 동원이 되어 사신 일행을 맞이하기 위해 동네 거리 구석구석 청소하느라 정신이 없다.

대궐로 가야 할 대국의 황제 사신이 이런 누추한 시골집에 사전 기별도 없이 갑자기 찾아온다니 말이나 될 법 하는 소리인가? 사또는 땀을 뻘뻘 흘리면서 진두지휘를 했다.

궁궐에서 왕이 보낸 왕명이 도착했다.

한 치의 오차도 없이 사신 일행을 맞이하라는 어명이 떨어졌다.

어명을 받은 사또 허겁지겁 모내기하는 일꾼들까지 동원해 사신 맞을 준비를 마쳤다.

기다리던 사신 행렬들이 들이닥친 동네 사람들은 난생처음 보는 대국의 사신 행렬을 보고 기가 막혔다.

과연 말만 듣던 대국의 화려하고 거창한 사신 행렬에 절로 고개가 숙여진다. 족히 10리는 넘게 늘어선 화려한 사신 행차와 행렬들, 골목 어귀에서부터 양쪽에 엎드려 고개를 푹 숙인 남녀노소 어린아이 할 것 없이 불쌍한 백성들, 말 여섯 마리가 끄는 황금색 마차에서 내린 황제 사신은 거만하게 한번 좌우를 홱 둘러보고는 벌벌 떨면서 안절부절 못하며 추사 장인집으로 안내하는 고을 사또를 따라 곧바로 한마디 말도 없이 추사 장인 집 솟을대문 안으로 쑥 빨려 들어가듯이 달려 들어가 다짜고짜 추사 김정희부터 찾았다.

추사 장인, 장모는 날벼락을 맞은 기분이다.

사전에 아무런 기별도 없이 갑자기 들이닥친 사신 일행의 행차를 보고 정신 나간 사람들처럼 사위가 평소에 무슨 죽을죄를 지었다고 이게 무슨 놈의 날벼락인가?

"아가야! 김 서방은 어디 있노?"

추사 부인 "아버지 오는 날이 장날이라고 하필이면 오늘 서방님께서는 아침부터 출타 중이십니다."

추사 부인도 어리둥절해 어떻게 해야 할지 평소에는 침착한 사람들이 오는 날이 장날이라고 서방도 안 계시고, 팔자에도 없는 대국의 사신을 맞이하려니 제정신이 아니었다.

서방 친구분도 아니고, 그것도 생전 처음 보는 대국의 사신을 나라님도 궁궐 밖 30리까지 마중을 나가 기다리다가 맞이하는 황제의 사신을 행여 잘못 했다가 서방님께 누가될까, 걱정이 태산 같았다.

추사 내외는 호랑이 한테 물려가도 정신만 차리면 산다고 마음속으로 침착하려고 무던 애를 써도 어쩔 수 없이 덜덜 떨기만 했다.

추사 장인이 지금 사위는 출타하고 집에 없다고 하자, 사신과 사신 일행들은 온 집안을 쥐잡듯이 몇 번씩이나 둘러보고는 이럴 수가 있나? 우리가 오는 줄 미리 알고 글씨들을 빼돌린 거는 아닌지 의심하는 눈치였다.

아직까지도 추사 장인과 장모는 사신 일행이 왜 자신의 집에 왔고 무엇을 찾는지 영문을 몰라 정신을 못 차리고 오뉴월에 초안들린 사람들 모양 오들오들 떨고 있었다.

사위를 숨겨놓은 것처럼 의심하는 사신과 사신들의 일행. 사신은 그렇게 애타게 기다리고 기다리던 글씨 한자도 없으니 실망한 눈빛으로 그럼 추사가 거처하는 사랑방으로 안내를 하라고 장인과 사또에게 불호령이 떨어졌다.

똥 낀 놈이 성낸다고, 차라리 미리부터 글씨를 가지러 왔다고 했으면 안심이라도 하고 글씨는 없다고 했지만, 한마디 말도 없이 도둑놈 찾듯이 이리저리 구석구석 돌아보니 감히 물어볼 수도 없이 추사 장모는 이제 우리 집은 망했다.

우리 사위가 평소 무슨 죄를 지었기에 대국의 사신이 찾아와 이렇게 불호령이 떨어지나? 임금님이 기다리는 도성에는 먼저 아니가고 우리 집까지 찾아와서는 저렇게 화를 내면서 닦달하고 있으니 당장이라도 쓰러질 것 같은 위기 일발 직전. 평소에도 몸이 허약해 집안사람들조차 서로 대화를 나눌 때는 조용조용하게 배려를 하는 처지였다.

그나마 석 달 전부터는 고깃국에 사골국까지 먹어서 다행이지, 아니면 벌써 쓰러져 동네 의원을 불렀을 것이다.

사신과 사신 일행들을 추사가 거처하는 사랑방으로 안내하자 다짜고짜 신발도 안 벗고 막무가내로 방안으로 들어와서는 눈에 불을 켜고 좌우로 두리번거리면서 아직도 미친 사람처럼 이리저리 앉았다 일어서고 안절부절하고 둘러보는 것이었다.

아무 영문도 모르는 사또 이하 추사 장인과 장모 그리고 추사 부인은 그저 한없이 궁금하기만 했다.

영문도 모르고 밖에서 구경하는 온 동네 사람들과 종들도 평소에 우리 서방님이 무슨 큰 잘못을 했길래 대국에 사신이 찾아와 한마디 말도 없이 화만 내고 있는지 그런 모습을 멀리서 보고 있는 종들은 대감마님과 안방마님이 안타깝기 짝이 없었다.

조정에서는 예정에도 없이 방향을 바꿔 추사 처가로 향한 사신 행차에 다들 도살장에 끌려가는 소들 모양 안절부절하고 있었다.

이럴 때 사위라도 있었으면 얼마나 좋겠냐마는 없는 사위를 데려올 수도 없고 오늘따라 평소에는 그렇게도 밉던 사위가 생각이 났다.

'개똥도 약에 쓰려면 없다'고 평소에는 집안에만 틀어박혀 나오지도 않고 삼시 세끼 주는 밥만 먹고 글만 쓰던 사위가 오는 날이 장날이라고 얼마나 답답하겠나?

그러나 방안에서는 사신과 일행들이 그렇게 오매불망 기대하고 찾던 글씨는 고사하고 글씨 한자도 없으니 사신의 얼굴 색깔이 이만저만 실망한 모습이 아니었다.

추사 처가에만 오면 동서남북 상하좌우 천장할 것 없이 추사 글씨로 도배를 해 놓았을 것이라는 생각이 허망한 물거품으로 깨졌으니 얼마나 속이 천불이 날까? 돌아갈 때는 글씨를 마차에 가득 싣고 돌아간다는 생각에 말이다.

지금까지 단 한 장의 글씨 구경도 못 하고 있으니…. 다른 집은 몰라도 추사 처가에만 오면 온 집안에 추사 글씨로 도배를 했을 거라고 생각한 사신의 생각이 완전 빗나갔다.

도저히 사신의 상식으로는 이해가 안 되는 모양인지 고개를 절레절레 흔든다.

사신은 정보가 새어나가 내가 오기도 전에 이미 집안에 글씨를 모두 다른 곳으로 숨겼는지 오만 잡생각이 다 들었다.

너도나도 돈은 주는 대로 다 받아 챙기고 황제에게까지 큰소리쳤으니 글씨를 못 가져가면 도로아미타불이 될까 걱정이다.

속으로는 몇 날 며칠 아니 몇 달이 걸리더라도 추사 글씨는 어떤 일이 있어도 반드시 가져가야 한다는 일념으로 대인답게 자신이 무던히도 노력하고 침착하려고 노력했다.

혹시나 하고 그래도 다시 한번 온 방안을 눈을 크게 뜨고 샅샅이 둘러봐도 찾는 글씨는 없는데, 그때 저쪽 장롱 벽 쪽에서 서광이 번쩍 번쩍 비치는 것이었다.

아직 사신과 사신 일행들이 왜 갑자기 예고도 없이 자신의 집에 들이닥쳐 사위를 죄인 취급하면서 찾고 있는지 사또와 추사 장인은 그저 고개만 땅바닥에 쳐박고 사신의 입에서 무슨 말이 또 튀어나올지 처분만 기다리고 있는 그때 사신 왈 대감! "저 벽 장롱 속에는 무슨 물건이 들어있소!" 하고 물으니,

추사 장인어른 "대감 거기는 아무것도 없습니다."

"저 벽장 속에 아무것도 없다니요?"

"아니 정말입니다.

어찌 감히 대감 앞에 거짓말을 하겠습니까?"

"아니 분명히 내가 볼 때는 귀중한 것이 있는 것 같은데 바른대로 말하시오 대감!" 하고 큰소리를 치니

추사 장인어른은 사정사정하면서 "대감! 아무것도 없는데, 무슨 바른말을 하시라는 겁니까?

대감 살려 주십시오.

사위가 무슨 잘못을 했는지는 모르지만 소인이 대신 벌이라도 받겠습니다."

그저 영문도 모르고 살려달라고 비는 수밖에, 빌면 돌부처도 돌아앉는다고 땅바닥에 수도 없이 이마를 들이박아 이마에는 이미 시퍼런 멍 자국과 함께 밤톨만한 혹이 생겼다.

"그 장롱 문을 활짝 한번 열어 보시오."라는 명령에, 추사 장인이 허겁지겁 벌떡 일어나서 황급히 방안으로 달려 들어와 장롱 문을 양쪽 손으로 여는 순간에 오색 무지개가 온 방안을 환하게 비춘다.

사신 일행과 방안에 있던 사람들 모두 장롱 속에서 흘러나오는 광

채 때문에 눈을 뜨지 못하고 약속이나 한 것처럼 똑같이 한쪽으로 고개를 번개처럼 돌리고 말았다.

이게 웬일인가? 추사 장인어른 역시 눈이 부실 정도로 벽장 안에서 흘러나오는 빛 때문에 그만 눈을 감고 말았다.

귀신에게 홀린 사람처럼 눈이 부셔 고개를 못 들었다.

장롱 속에는 사위가 종이 석 장에 써놓은 초라한 '한일자(一)'밖에 없는데 자신의 눈을 의심할 수밖에.

사신 왈,

"아니 그 장롱 속에 무슨 보물이 있길래 저렇게 서광이 비치는 거요?"

안절부절못하면서 아무 말도 못하는 추사 장인. 추사 장인은 글씨를 처박아놓은 후로는 단 한 번도 보기 싫은 장롱 쪽으로는 눈길조차 돌리기 싫은 심정이었다.

황소 120마리만 생각하면 오장육부가 뒤틀려죽겠는데 오늘 보니 글씨밖에 없는데 저렇게 오색 무지개와 서기가 온통 방안을 비추고 있으니 "아무것도 없습니다. 살려주십시오 대감!"

사신은 어이가 없다는 듯이 "허허 그래도 자꾸 거짓말만 하고 있는 대감을 보니 나중에 그 감당을 어떻게 하려고 자꾸 변명만 늘어놓으시오 대감!" 하고 호통을 친다.

"아! 이제야 생각이 납니다.

얼마 전 사위한테 제가 글씨를 한 장 써달라고 부탁을 했더니 석 달 열흘 넘게 황소 120마리를 매일 황소 한 마리씩를 잡아서 그 소에 등골을 빼어 먹고 난 뒤에 써준 글씨 한일자 석 장밖에는 없습니다." 라고 하니,

"그 글씨를 어서 빨리 꺼내 보시오"라는 벼락같은 사신의 목소리에 벌떡 일어나 장롱 속에 처박아놓은 구겨진 종이를 두 손으로 잡고 보는 순간 온몸이 떨리면서 경련을 일으켰다.

서광이 비쳐 눈을 뜰 수가 없었다.

자신이 도깨비에 홀린 사람처럼 정신이 혼미해졌다.

"이놈에 '한일자(一)'만 생각하면 꿈에 보일까 걱정이 되어 피가 거꾸로 솟구칩니다."

사신의 눈에는 그때서야 지금까지 행동과는 전혀 다르게 넉 사자입이 웃음꽃으로 활짝 피었다.

'난생처음으로 마주 보는 천하에 귀한 글씨요,

왕희지가 살아왔다 해도 이 글씨를 보면 감탄했을 것이다.

과연 천하에 둘도 없는 귀한 보물이로다.

내가 찾던 게 바로 이것이로다.

내가 온 보람이 있어 잘 왔어! 잘 왔어! 하늘이 내게 복을 준거야' 하고 마음속으로 감탄을 연발했다.

하지만 겉으로는 태연한 척하면서 "대감 이 글씨를 내게 줄 수는 없겠소?" 하니, 추사 장인 하는 말 대감 "나한테는 필요 없는 물건이니 그냥 가져가시오."

하고 제발 살려만 달라는 뜻으로 고개를 수도 없이 끄덕거렸다.

사신일행이 한시라도 빨리 자신의 집에서 나갔으면 하는 마음에서 그냥 가져갔으면 했다.

"대감 아니 남의 물건을 그냥 가져갈 수는 없고, 내가 사위가 먹었다는 소값 보다 세 배를 더 셈해서 줄 테니까 내게 파시오."

하니, 추사 장인어른 안 그래도 그놈에 글씨만 생각하면 화병이 도질 것만 같았는데, 황소 360마리 값을 쳐 준다는 사신의 말을 들으니 화병이 당장이라도 나을 것 같았다.

이런 장사가 어디에 있나 지금까지 호랑이와 같은 사신의 행동은 얌전한 시집온 새색시로 돌변하는 것이 아닌가!

이제는 음지(陰地)가 양지(陽地) 된 기분이다.

그것도 본전의 세곱으로 쳐주면서도 사신은 고맙다는 말을 수십 번도 더 하고 이마를 구십도 각도로 숙이면서 고맙다는 말을 수도 없이 남기고 한양으로 떠나갔다. 이게 웬 떡인가! 꿈인가? 생시인가?

한일자(一) 작대기 세 개 쓴 글씨 석 장 주고 소 360마리 값을 금덩어리로 받으니 좋을 수밖에 추사 장인 기뻐 어쩔줄 몰랐다.

사신과 사신 일행은 천하에 귀한 글씨를 한 장도 아닌 석 장씩을 손에 넣고 보니 기분이 좋아 어쩔줄 몰라 콧노래까지 부르면서 나는 이제 고국에 돌아가면 부자다 부자여 하고 한양보다는 이대로 곧장 황제와 대감들이 기다리는 중국 땅으로 갔으면 하는 생각뿐이었지만 황제의 칙명을 받은 사신이라 어쩔 수 없이 아쉬운 발길을 다시 한양 땅 궁궐쪽으로 향했다.

사실 황제(皇帝)와 왕자(王子), 공주(公主), 일가친척들도 떠나올 때 추사 김정희 글씨를 부탁한 사람이 어디 한두 사람인가?

사신은 추사 덕분에 벌써부터 부자가 된 기분이었다.

한편 출타하고 돌아온 추사 김정희 그동안 일어났던 사신 일행의 행차 소식을 장인 장모와 부인으로부터 상세하게 이야기를 듣고 추사 왈

"장인 장모님 참 잘하셨습니다."

넙죽 큰절을 올렸다.

이미 엎질러진 물인데 원망해도 버스는 지나가고 안 그래도 평소 너무 많은 신세를 진 차에 다소나마 처가집에 도움이 되었다니 고맙고 부인에게도 격려의 인사도 아끼지 않았다.

그날 이후로 추사의 밥상이 달라졌다.

이제나저제나 사신들이 돌아올 때를 목이 빠지도록 기다리던 왕(王)과 삼정승 육판서 이하 문무백관들이 정중하게 고개를 깍듯이 숙여 사신 일행을 맞이했다.

사신의 얼굴빛이 싱글벙글하는 것을 보고 왕(王)은 무슨 좋은 일이라도 있느냐고 물었다.

사신은 추사 처가집에서 있었던 이야기를 하며 융숭한 대접을 받고 중국으로 돌아갈 때쯤, 조선에서 조공을 거의 안 바쳐도 되도록 황제에게 말을 잘하겠다고 했고, 조선의 왕(王)은 너무 기뻐 어쩔 줄을 몰라 귀한 홍삼(紅蔘)과 인삼(人蔘)을 바리바리 싸 줬다.

아니 평소에도 언제나 사신들이 올 때면 하던 그대로지만 오늘만큼은 조선의 왕은 주고도 기분이 좋았다.

다음부터는 조공을 삭감해 준다니까 퍼주는 것도 아까운 줄도 몰랐다.

한편 본국(本國)에 돌아온 사신은 황제(皇帝)가 보는 앞에서 추사 김정희가 써놓은 '한일자(一)'를 꺼내니 눈이 부실 정도로 서광이 비쳐 모두들 놀라, 한마디씩 거들었다 "과연 천하에 명필이로다"라고 감탄을 아끼지 않았다.

모든 글씨는 '한일자(一)'로 쓴다는 것을 추사 장인은 몰랐던 것이다.

보통 사람들은 글자 수만 많은 것이 귀한 글씨라고 생각한 것이다. 그러나 한문의 원조 중국 사람들은 이 글씨야말로 천하의 보물 중에 보물로 생각하고 한 장은 황제에게 선물로 바치고, 또 한 장은 궁궐 집현전에 보관하고, 또 한 장은 사신 본인이 보관하니, 이 '한일자(一)'가 얼마나 귀한 보물인지를 가히 짐작하고도 남을 것이다. 돈을 받은 사람들에게는 돈 대신 가지고 온 홍삼과 인삼으로 약속을 모두 지켰다.

이 소문이 온 중국 전역에 퍼지니 '한일자(一)' 글씨 한 장에 소 수 천 마리 아니 수만 마리 값을 주겠다고 하는 사람들이 줄을 섰다.

사신은 당장 아쉬울 것이 없어서 그대로 둔다고 하니 가격이 하늘 높은 줄 모르고 계속 치솟아 돈으로는 환산할 수 없는 보물 중에 보물이 되었다.

이 소문을 들은 황제는 자기 사후에라도 이 글씨를 두고두고 보물로 정해서 후대에 남기도록 유언을 했다고 한다.

그 후 추사 김정희 글씨 덕분에 그전에는 그렇게 여러 가지 많은 조공을 요구해오던 황제는 조공(朝貢)이 100분의 1로 삭감이되 인삼(人蔘) 하나로만 조공(朝貢)을 바치게 했다.

그전에는 나이 어린 소녀들을 골라 대국에 처녀 조공을 바치다 보니 딸을 가진 사대부를 비롯 불쌍한 백성들은 아예 어린 나이에 시집을 보내던지 아니면 남장을 하고 다녔고 그러다 들켜 벌금과 함께 그 자리에서 붙잡혀 중국과 일본으로 강제로 끌려가는 해프닝까지 생겨났다.

임진왜란 때 조선을 침입한 몽골 군사들이 갓을 쓰고 다니는 남장을 한 어린 총각을 이상히 여겨 잡고보니 남자가 아니라 여자였기 때문에 깜짝 놀라 그때부터 남장을 한 사람들은 남녀노소를 막론하고 이유 없이 검문검색했다고 한다.

'갓을 쓴 아이' 즉 '갓쓴 아' 어휘가 바뀌어 '갓시내'라는 말이 여기에서 생긴 말이다.

나는 안철수를 철수를 하도 잘해 온 길을 뒤돌아간다는 갓쓴아, 갓을 쓴 계집아이라고 부른다.

안철수는 그놈에 이름 때문에 되는 것도 없고 안되는 것도 없이 운명은 서쪽 하늘에 7시 지는 해다.

다행스러운 일은 그후 추사가 쓴 한일(一)자 글씨 3장 때문에 국가의 운명을 바꾼 덕분에 국가나 어린 딸을 가진 사람들에게는 고마울 따름이다.

나라를 구한 추사 김정희와 한일자(一).

그전에 조공(朝貢) 품목은 중국이 정하면 무조건 바쳐야만 했다.

금, 은, 동, 말, 양가집 규수, 도공, 해달과 수달 가죽, 홍삼, 인삼, 비단, 단비털, 호랑이 가죽, 표범 가죽, 사슴 가죽 등 이루 헤아릴 수조차도 없었다.

무엇이든지 대국 황제가 한마디 말을 하면 물목은 대국인 중국 사관의 춤추는 붓 끝에서 생사고락이 달라지며 지옥과 극락이 결정이 된다는 말이다.

조공(朝貢)을 바치라고 하면 이유 없이 자신의 정부인까지도 막말로 바치곤 했다. 이를 수용하지 못하면 전쟁(戰爭)이다.

지금도 이 '한일자(一)' 한 장은 중국 북경 국립중앙박물관 고문서보관 금고 속에 깊숙이 보관되어 있는데, 이 글씨를 미국 정부에서 팔라고 중국 정부에 한번 부탁을 했더니 중국 정부에서는 정중하게 거절하며 미국의 한 주(州)를 다 준다고 해도 안 판다고 했다니, 중국 사람들이 추사 김정희의 이 '한일자(一)'를 얼마나 귀한 천하의 보물로 여기는가를 가히 짐작하고도 남음이 있겠다.

매년 한 번씩 단 하루 동안만 지정된 비밀 장소에서 초대받은 거물급 명사들에 한해서만 이 글씨를 관람할 수 있는데, 가까이에서는 볼 수 없고 박물관에서 만들어 놓은 금지된 구역 밖에서 멀리 떨어져서 눈으로만 구경을 할 수가 있다. 관람료는 비밀?

추사 김정희 '한일자(一)' 글씨는 멀리서 차례대로 시계 방향으로 돌아가면서 구경할 수가 있다.

(본인은 북경 국립중앙박물관장 초청으로 중국에 가서 중국 국립중앙박물관 내 국빈들만 먹는 식당에서 대접을 받고 자금성을 음력 1월 1일 날 중국 정부가 내어준 국가수반 귀빈용 차로 안내를 받아 관람하는 영광을 누렸다.

이 자금성은 자동차로 관람하는 것은 중국 정부의 허가 없이는 그 누구도 할 수 없다. 자금성은 중국 민족의 신성한 성지이기 때문이다.)

추사는 자신의 글씨가 자신의 사후에는 오늘날에 세계적인 '밀레의 만종'보다 수천수만 배 더 값비싼 보물이 될 것을 추사는 미리 알고 있었는지도 모른다.

글씨를 사겠다고 하는 미국 정부도 정말 대단한 국가지만, 아무리 돈을 많이 준다고 해도 안 팔겠다고 하는 중국 정부 역시 만리장성을 세운 나라답다.

한 예로 중국에 있는 동인당(同人堂) 분점을 미국 정부에서 한 개만 미국 전 국토에 내 달라고 중국 정부에 정중하게 부탁했지만 중국 정부 왈, 미국의 한 주를 준다 해도 싫다고 한 일화도 유명하다.

75
삼국지의 모든 것

　유사 이래 현세에 이르기까지 공명만 한 사람 없고, 역사가 이어지는 영원한 앞날에서도 공명만 한 사람은 없을 것이다.
　때를 만나면 천지도 함께 힘을 도와주어 일이 순조롭게 이루어지지만, 운수가 없으면 영웅의 계략도 들어맞지 않는 법이니라.

　'모사재인(謀事在人)이요, 성사재천(成事在天)'이라.
　일은 사람이 꾸미지만 이를 이루게 하는 것은 하늘이다.

　이 말은 중국 제일의 병법가인 제갈공명이 한 말이다.

　'산궈옌이(三國漢義)'를 세 번 읽지 않으면 친구로 삼지마라.
　삼국지를 세 번 읽지 않으면 친구로 삼지마라!
　삼국지를 세 번 읽은 사람과는 함부로 다투지 말라.
　북경 중남해의 마오쩌둥 유물관에 가면 그가 쓰던 침대 위에 책 몇권이 놓여있다. 그가 죽을 때까지 손에서 놓지 않았던 책이 바로『손자병법』이다.
　이 책은 마오쩌둥에게 단순한 병서가 아니라 정치학의 보감이요,

처세학의 교과서였다.

마이크로 소프트 회장 빌 게이츠나 나폴레옹이 이 책을 늘 곁에 두고 읽었던 일은 유명한 이야기며 제 1차 세계대전에 패한 독일의 황제 빌헬름 2세는 만년에 가서 '내가 만약 20년 전에 손자병법(孫子兵法)을 읽었더라면 그렇게 무참하게 패하지는 않았을 텐데…' 하고 탄식했다는 것이다.

2500년 전 춘추시대의 이 병법서는 서양판 병서인 클라우제비츠의 『전쟁론』을 능가한다는 평을 받고 있다.

인간에 대한 깊은 통찰로부터 비롯된 『손자병법』의 전략 전술은 전쟁뿐 아니라 인간관계에 두루 응용이 가능해 '승자를 위한 바이블'로 통한다.

손자병법은 다수의 라이벌을 상대로 살아남는 법을 다룬다.

그러면서도 싸워서 이기는 방법을 가르치는 병서가 아니라 싸우지 않고도 이길 수 있는 방법을 가르쳐 주는 고차원의 철학서다.

특히 공격보다 방어가 우선이며 지지 않는 것, 즉 불패가 중요하다고 지적한다.

손자는 지도자가 갖춰야 할 요건을 지(智), 인(仁), 용(勇), 신(信), 엄(嚴) 다섯 가지를 꼽는다.

본고장인 중국에서는 물론 손자병법은 세계 각국에서 읽혀져 왔으며, 일본에서도 상급 무사의 교양서로서 중시되어 왔다.

76
병법 삼십육계(兵法 三十六計)

병법 삼십육계, 육도, 삼략, 손자병법과 같은 병법이 아니고 따로 전투에 임하는 태도 36가지를 기록해 놓은 병법서다.

병법서 이름은 『병법 삼십육계(兵法 三十六計)』,

지은이는 미상이었으나 얼마 전 중국에서 옥간이 발견되면서 개황 16년 11월 1일 허진각이라는 사람이 작성하였다라고 기록이 되어 있었다.

개황이란 수나라의 연호로 계산을 해보면 서기 596년이다. 기원전 발간된 손자병법, 육도, 삼략과는 아무런 연관이 없다.

제1장 승전계(勝戰計) : 아군이 승리할 수 있는 조건이 충분히 구비되었을 때 취하는 작전이다.

1. 만천과해(瞞天過海) : 하늘을 가리고 바다를 건넌다.
2. 위위구조(圍魏救趙) : 정면공격보다 우회하라.
3. 차도살인(借刀殺人) : 직접 나서는 것은 초보자의 방법이다.

4. 이일대로(以逸待勞) : 때가 올 때까지 기다려라.

5. 진화타겁(趁火打劫) : 기회가 왔을 때는 벌떼처럼 공격하라.

6. 성동격서(聲東擊西) : 상대방의 주의를 다른 곳으로 유도하라.

제2장 적적계(敵戰計) : 아군과 적군의 세력이 비슷할 때 기묘한 계략으로 적군을 미혹시켜 승리를 이끄는 작전이다.

7. 무중생유(無中生有) : 없어도 있는 것처럼 보여라.

8. 암도진창(暗渡陳倉) : 허위 정보를 누설하여 역으로 이용하라.

9. 격안관화(隔岸觀火) : 상대방에 내분이 일어나면 관망하라.

10. 소리장도(笑裏藏刀) : 비장의 무기는 웃음으로 감추어라.

11. 이대도강(李代桃강) : 작은 손실로 결정적인 승리를 유도하라.

12. 순수견양(順手牽羊) : 아무리 작은 이득이라도 묵과하지 말라.

제3장 공전계(攻戰計) : 자신을 알고 적을 안 다음 계책을 모의하여 적을 공격하는 전략이다.

13. 타초경사(打草驚蛇) : 상대방의 본심을 드러내도록 하라.

14. 차시환혼(借尸還魂) : 대책 없는 모험은 피하라.

15. 조호이산(調虎離山) : 어려운 상대는 끌어내라.

16. 욕금고종(欲擒故縱) : 상대방의 마음을 잡아라.

17. 포전인옥(抛전引玉) : 작은 미끼로 큰 이득을 도모하라.

18. 금적금왕(擒賊擒王) : 승부는 최후의 일각까지.

제4장 혼전계(混戰計) : 적이 혼란한 와중을 틈타 승기를 잡는 전략이다.

19. 부저추신(釜底抽薪) : 힘으로 안 되면 상대방의 김을 빼라.
20. 혼수모어(混水摸漁) : 혼란을 일으켜 결정타를 가하라.
21. 금선탈각(金蟬脫각) : 진영을 그대로 두고 주력을 딴 곳으로,
22. 관문착적(關門捉賊) : 약한 적을 포위 공격하라.
23. 원교근공(遠交近攻) : 가까운 적부터 상대하라.
24. 가도벌괵(假途伐괵) : 약한 상대는 명분만으로 취할 수 있다.

제5장 병전계(併戰計) : 상황의 추이에 따라 언제든지 적이 될 수 있는 우군을 배반, 이용하는 전략이다.

25. 투량환주(偸梁換柱) : 고의로 패하게 하여 자신의 세력으로 흡수한다.
26. 지상매괴(指桑罵槐) : 우회적인 방법으로 겁을 주어라.
27. 가치부전(假痴不癲) : 어리석은 행동으로 상대를 안심시켜라.
28. 상옥추제(上屋抽梯) : 비행기 태워 놓고 미사일 쏘기.
29. 수상개화(樹上開花) : 허장성세. 허풍도 때에 따라서는 큰 힘이 된다.
30. 반객위주(反客爲主) : 구르는 돌이 박힌 돌을 뽑아낸다.

제6장 패전계(敗戰計) : 상황이 가장 불리한 경우 열세를 우세로 바꾸어 패배를 승리로 이끄는 전략이다.

31. 미인계(美人計) : 미모를 겸비한 여인을 앞세워 현혹시키고 판단 미숙으로 유도.

32. 공성계(空城計) : 철저히 비워 둠으로써 적을 두렵게 하라.

33. 반간계(反間計) : 적의 스파이를 역으로 이용하라.

34. 고육계(苦肉計) : 죽는 것보다 팔 하나 없는 것이 낫다.

35. 연환계(連環計) : 상대방의 족쇄를 채우고 공격하라.

36. 주위상(走爲上) : 여의치 않으면 피하라.

사마법 중 가장 동감이 된 구절 딱 하나만 말하겠다. "같은 방법을 반복해서 사용하지 말아라."

77

3대(代)를 적선하여야 명당 한자리를 얻을 수 있다

고역왈(故易日) : 그래서 『역경』에 이르기를 '털끝만큼 틀려도 천 리가 차이가 난다.'라고 했다.

풍수의 경전인 『청오경』에는

장어묘명, 실관휴구, 이언유인, 사약비시, 기어말야, 일무외차(藏於杳冥, 實關休咎, 以言諭人, 似若非是, 其於末也, 一無外此)라고 하여 사람의 운명이 지력(地力)에 의해 지배되는 것이 확실하며, 사실이 적중되는 바가 너무 많으므로 의심의 여지가 없다고 역설했다.

아득하게 장사 지내나 실로 길흉이 달렸도다. 말로 사람 타이르니 속이는 것 같으나 끝에 가서 보면, 하나도 틀림없도다.

또한 『금낭경』에서도

'화복불선일 시이군자 탈신공 개천명(禍福不旋日 是以君子 奪神工 改天命)',

화복의 응험(應驗)은 금세 만 하루가 가기 전에 나타난다.

　그러므로 군자(君子=여기서는 어진 지관을 뜻함)는 신공(神工)을 빼앗고 천명(天命)을 고치는 것이다.

　3대(代)를 적선하여야 명당 한자리를 얻을 수 있다.

시왈(詩曰) : 시경에

　무념이조(毋念爾祖) : 너희 조상을 항상 생각하며

　율수궐덕(聿修厥德) : 그 덕을 닦아야 한다.

　삼대적선(三代積善)이라야

　시득명당일혈(始得明堂一穴)이라는 말이 있다.

　즉 3대(代)를 적선하여야 명당 한자리를 얻을 수 있다.

78
십팔사략(十八史略)

노자, 공자, 손자, 한비자, 진시황제, 항우와 유방, 한무제, 조조, 유비, 손권, 측천무후, 당현종과 양귀비, 칭기즈칸 등의 냉혹함과 예리한 통찰력, 그리고 목숨을 건 판단으로 한 시대를 움켜잡았던 드라마 같은 실록은 오늘날 정치가나 리더들에게 성공이란 지혜를 제공하는 인생의 커다란 지침서이다.

『십팔사략』은 사마천의 사기(史記), 반고의 전한서(前漢書), 범엽의 후한서(後漢書), 진수의 삼국지(三國志), 방현령의 진서(晉書), 심약의 송서(宋書), 소자현의 남제서(南齊書), 요사렴의 진서(陳書)와 양서(梁書), 위수의 위서(魏書), 이백약의 북제서(北齊書), 영호 덕분 등의 주서(周書), 위징 등의 수서(隋書), 이연수의 남사(南史)와 북사(北史), 구양수의 구당서(舊唐書)와 당서(唐書), 설거정의 구오대사(舊五代史), 탁극탁의 송사(宋史) 이 18가지 역사서를 일목요연하게 집대성한 책으로 조선 시대 중국의 역사 교과서로 쓰였을 만큼 방대한 지식을 담고 있는 작품이다.

79

박정희 대통령과의 인연

본인의 저서 『흑담사』(도서출판 장백산 1995년 11월 25일 p.21)

나는 10·26을 예상하고 청와대에 장문의 편지를 보낸 적이 있다.

각하에게 무례를 빌며 말씀드립니다.

제가 보기엔 곧 국난이 일어날 것 같으니 몸조심하십시오.

이 편지가 박 대통령 앞에까지 전달되었는지는 모르겠다.

지자체 선거도 필자는 1995년 1월호 『여성동아』에 올해는 대형 사건 사고가 많이 일어나고 여소 야대가 된다고 예언한 바 있다.

이게 바로 박 대통령이 죽은 기미년(己未年) 갑술월(甲戌月) 병인일(丙寅日) 무술시(戊戌時)가 아니던가?

본인의 저서 『흑담사』(도서출판 장백산 1995년 11월 25일 p.165-p.166)

'박정희 대통령과의 만남' 『와룡의 터』(도서출판 답게 2007년 10월 25일 p.67-p.70)

평소 국운 때문에 나는 박정희 전 대통령 내외분을 가끔씩 만나 뵌 적이 있다.

그때마다 김재규를 조심하라고 말씀드렸지만, "세상에 어느 누구보다도 재규는 믿는다"고 말씀하셨다.

김재규는 반골상(배신할 상)이다.

측자파자(測字破字)

박정희(朴正熙) 대통령 1917년 9월 30일 인(寅)시 생이다.

	己未年	甲戌月	丙寅日	戊戌時
	丁	辛	庚	戊
朴	巳	亥	申	寅
正	庚 己 戊	丁 丙 乙 甲
熙	辰 酉 申	未 午 巳 辰
	2 12 22	32 42 52 62

朴 '박(후박나무 박자)'을 측자 파자하니, '木(나무 목자)' + '十(열 십자)' + '八(여덟 팔자)' + '卜(점 복자)'라.

正 '정(바를 정자)'을 측자 파자하니, '一(한 일자)' + '止(그칠 지자)'라.

熙 '희(밝을 희자)'를 측자파자 하니, '臣(신하 신자)' + '巳(몸 기자)' + '灬(불 화자)'라.

나무 목(木) = 18(十八)년 동안만 집권을 하라고 하늘이 복(卜)을 주었으면 스톱(一) 그만하고 그쳐야지(止) 그치지 않고 욕심을 내다가 옆(臣)에 있던 자신의 신하(己) 그것도 수족과 같은 사람 중앙정보부장, 김재규(金載圭)가 쏜 총탄(灬) 그것도 불 총. 탕, 탕, 탕, 탕, 4방을 이마와 가슴에 맞고 "각하 의사를 부를까요?" 죽어가면서도 "나는 괜찮아" 하고 어느 날 갑자기 하루아침에 형장의 이슬로 끝날 운명(?)의 이름을 조상들이 지어 놓았다.

1961년 신축(辛丑)년부터 1979년 기미(己未)년까지는 꼭 18년 집권, 계엄사 합동수사본부에서 10월 26일 박 대통령의 시해 사건은 김재규(金載圭) 중앙정보부장에 의한 계획 범행임이 발표되었다.

　　(사석에서는 김재규와 박정희는 형님, 동생하는 고향 선후배 사이)

박 대통령의 서거일, 1979년 10월 26일 저녁 7시~9시

기미(己未)년 갑술(甲戌)월 병인(丙寅)일 무술(戊戌)시

己	甲	丙	戊
未	戌	寅	戌

80
여보게 차나 한 잔 마시고 가게

'차 한 잔 마시고 가게' 이 말은 차를 들면서 선의 경지에 잠깐 들어 갔다 가지 않겠느냐는 뜻인데 차와 선을 같은 경지에서 본 것이다.

평상심은 비일상적인 것이 아니라 언제 어디서고 갖고 있는 마음 이다.

'평상심이 곧 도'라는 말은 일상생활 속에서 늘 변함없는 마음 그대 로가 곧 도라는 것이다.

무문(無門) 선사라는 분은 평상심이 곧 도라는 것을 다음과 같은 시 로 표현했다.

봄에는 꽃이 피고 가을에는 달이 뜨고
여름에는 서늘한 바람 불고 겨울에는 눈 내리네
쓸데없는 생각만 마음에 두지 않으면
이것이 바로 좋은 시절이라네.
평상심이란 바로 그 자체 있는 그대로이다.
달은 푸른 하늘에 있고 물은 병 속에 있다.

당나라의 약산(藥山) 선사와 제자인 문학자 이고(李翶) 사이의 문답에 서 나온 말이다.

이고가 약산선사에게 물었다.

"도란 무엇입니까?"

약산이 두 손으로 하늘과 병을 가리키면서 말했다.

"알겠는가?"

이고는 약산이 가리키는 선의 깊은 뜻을 이해할 수가 없었다.

"모르겠습니다."

그러자 약산은 즉시 말했다.

"달은 푸른 하늘에 있고 물은 병 속에 있다."

이고는 이 말을 듣고 깨우치는 바가 있었다.

이 말뜻은 진실한 모습, 의심의 여지가 없는 사실 그대로의 모습을 가리킨다.

성철 스님은 1993년 열반했지만 여전히 수많은 사람들의 가슴에 고승으로 살아있는 성철 스님의 법어 중에 '산은 산이요, 물은 물이로다'라는 구절이 나온다.

뚜렷한 깨달음 널리 비치니 고요함과 없어짐이 둘 아니로다. 보이는 만물은 관음이요, 들리는 소리마다 묘한 이치로다.

보고 듣는 이것밖에 진리가 따로 없으니,

아아 여기 모인 대중은 알겠는가?

"산은 산이요

물은 물이로다."

진리가 따로 있는 게 아니라 눈앞에 보고 듣는 삼라만상 있는 그대로가 바로 진리라고 가르치는 말이다.

성철 스님을 유명인으로 만든 "산은 산이요 물은 물이다"라고 하신 말씀으로 오용한 말씀은 사실 중국 당나라 청원선사(青原禪師)가 하신 말씀을 인용한 말이다.

81

중국 당나라 청원선사(青原禪師)

8세기 중엽 중국 당나라 청원선사(青原禪師)가 참선 전에는 '견사시산 견수시수(見山是山 見水是水), 산을 보니 산이요 물을 보니 물이로다' 하였다.

속세의 애증(愛憎)이 한껏 묻어 있는 그것이다.

깨침 후에는 '견산불시산 겨수불시수(見山不是山 見水不是水), 산을 보니 산이 아니요 물을 보니 물이 아니로다'

이제는 애증(愛憎)의 대상이 아니다.

해탈 후에는 '견산지시산 견수지시수(見山只是山 見水只是水), 산을 보니 산일 뿐이고 물을 보니 물일 뿐이다.'

애증(愛憎)의 대상 주체가 모두 사라져 있는 그대로의 산과 물(山水)일 뿐이다.

생멸(生滅)이 하나라는 얘기다.

이 이야기가 송대(宋代)의 유신선사(惟信禪師)에 의하여 다시 확산되고 같은 시대 야보(冶父) 스님이 '산시산 수시수 불재심마처(山是山 水是水 佛在甚麽處), 산은 산이요 물은 물인데 부처님은 어디에 계시나?' 하였다.

82

박근혜 망신살(亡身殺)

　'망신살(亡身殺)'은 일명 '파군살(破軍殺)'로서 모든 계획이 수포(水泡)로 돌아가 마침내는 패가망신을 초래하게 된다는 살로서 명예가 땅에 떨어지고 소위 돈 잃고 망신까지 당하게 된다는 것이다.

일찍이 삼명서(三命書)에 이르기를,

　'망자회야(亡者灰也)요, 자내실지 위 망신(自內失之 謂 亡身)'이라고 설했거니와 쉽게 말하면 '다 된 밥에 재 뿌린 격'으로 모든 것이 장애·좌절·실패로 연속되어 나중에는 궁지에 처해 몸을 망치고 만다는 것이다.

　사주에 고신살(孤神殺)이 들어 있으면 옛 사람[고인(古人)]이 이르기를, 늙어서 지아비[부(夫), 남편(男便)]가 없는 것을 '과(寡)'라고 하고, 어릴 때 아비(父)가 없는 것을 '고(孤)'라고 하였다. 때문에 명(命)에 고신살(孤神殺)이 들어있게 되면 '쓸쓸한 늦가을 처마 밑 쓰르라미 울음소리에도 잠을 설친다'고 일렀거니와 일생이 고독하고 쓸쓸한 명임에 홀로 마음 속에 은연중 외로움을 느낀다.

중국의 고전 『삼거일람(三車一覽)』에

명입고신 살비가(命入孤神 殺非佳)

일신유한 고평생(一身有恨 孤平生)

'고신은 가히 아름다운 살이 아니니 일신에 한이 있어 평생을 고독하게 지낸다'고 지적했다.

새털같이 많은 날 해마다 빈방을 홀로 지키는 격이니 어찌 고독한 명이 아니랴! 이 명이 노경에 이르러 다시 봄을 맞이한 격이니 매화꽃이 때를 만나 눈 속에서 그 아름다운 자태를 한껏 드러내는 것과 같도다.

사주에 과숙살이 들어있으면 옛 사람은 과숙살(寡宿殺)을 두고 이르기를 '일찍이 청춘 성욕 굶주리고, 남편 덕이 소원(疎遠)하여 독좌난방(獨座蘭房)에 한숨짓네'라고 한탄하였다.

과숙(寡宿)은 그 자의로 볼 때 '홀로 외롭게 지는 것'이라고 풀이할 수 있다.

특히 여성은 남성과의 금슬이 고르지 못하여 청춘에 외로움을 느껴 큰방 금침낭에 홀로 지새며 남편을 그리다 잠 못 이루는 것과 같은 형상에 비유할 수 있다.

83

계룡산(鷄龍山)은 웅장한 것이 개성의 오관산보다 못 하다

계룡산은 웅장한 것이 개성의 오관산 보다 못하고 수려한 것은 한 양의 삼각산보다 못하다.

산 모양은 반드시 수려한 돌로 된 봉오리라야 산이 수려하고 물도 또한 맑다. 또 반드시 강이나 바다가 서로 모이는 곳에 터를 잡아야 큰 힘이 있다.

이와 같은 곳이 나라 안에 네 곳이 있다.

개성(開城)의 오관산(五冠山), 한양(漢陽)의 삼각산(三角山), 진잠(鎭岑)의 계룡산(鷄龍山), 문화(文化)의 구월산(九月山)이다.

오관산을 도선(道詵)은 '모봉(母峯)은 수성(水星)이고 줄기는 목성(木星)이다' 하였다. 산세가 아주 길고 멀다.

또 크게 끊어져서 송악산(松岳山)이 되었는데, 감여가(堪輿家)는 하늘에 모여드는 토성(土星)이다 한다.

웅장한 기세는 넓고 크며, 포용하려는 의사는 혼연하고 후하다. 동쪽에는 마전강(麻田江)이 있고 서편에는 후서강(後西江)이 있으며 승천포(昇天浦)는 안수(案水)가 되어 있다.

교동도(喬桐島)와 강화도(江華島) 두 개의 큰 섬이 바다 가운데 일자로 뻗어서 남쪽으로는 바다를 막았고, 북쪽으로는 한강 하류를 담는 듯, 은연 중에 앞산 너머를 둘러싸서 깊고 넓으며 한없이 크다. 동월(董越)이 기상이 평양과 비교하여 더욱 짜임새가 있다 한 것이 이곳이다.

오관산 좌우에는 골이 많다.

박연은 서쪽에 있고 화담은 동쪽에 있는데 아울러 샘과 폭포가 뛰어나게 훌륭하다.

한양의 삼각산이 동남방(巽方) 백 리 밖에서 하늘에 솟아나 앞면은 평평하고 좋다.

서북쪽은 높이 막혔고 동남쪽은 멀리 틔었으니 여기가 천작(天作)으로 된 요새이며 이름난 터이다.

다만 부족한 점은 기름지고 넓은 들판이 없는 것이다.

삼각산(三角山)은 도봉산(道峰山)과 연달아 얽힌 산세다.

돌 봉우리가 한껏 맑고 수려하여 만 줄기 불꽃이 하늘에 오르는 것 같고 특별하게 이상한 기운이 있어서 그림으로 나타내기 어렵다. 다만 기세를 도와주는 옆 산이 없고 또 골이 적다.

예전에는 중흥사(重興寺) 계곡이 있었으나 북한산성을 쌓을 때 모두 깎아서 평평하여졌다.

성 안에 있는 백악산(白岳山)과 인왕산(仁旺山)은 돌 형세가 사람을 두렵게 하여 살기 없는 송악보다 못하다.

미더운 바는 다만 남산 한 가닥이 강을 거슬러서 판국을 만든 것이다.

수구(水口)가 낮고 허하며, 앞쪽에는 관악산(冠岳山)이 강을 사이에 두고 있으나 또한 너무 가깝다. 비록 화성(火星)이 앞을 받치고 있어서 감여가는 매양 정남향으로 위치를 잡는 것은 좋지 못하다.

그러나 판국 안이 명랑하고 흙이 깨끗하여 길에 밥을 떨어뜨렸더라도 다시 주워서 먹을 수 있을 것 같다.

까닭에 한양의 인사가 막히지 않고 명랑한 점은 많으나 웅걸(雄傑)한 기상이 없는 것이 유감이다.

계룡산은 웅장한 것이 오관산보다 못하고 수려한 것은 삼각산보다 못하다. 전면에 또 한 수가 적고 다만 금강(錦江) 한 줄기가 산을 둘러 돌았을 뿐이다.

중국 금릉(金陵)을 보더라도 매양 한편의 패자(覇者) 노릇하는 고장으로 되었을 뿐이다.

그러므로 명(明)나라 태조(太祖)가 금릉에서 비록 중국 천하를 통일하였으나 세대가 바뀌자 도읍을 옮기게 됨을 면치 못하였다.

까닭에 계룡산 남쪽 골은 한양과 개성에 견주어서 기세가 훨씬 떨어진다.

또 판국 안에 평지가 적고 동남쪽이 넓게 틔지 않았다. 그러나 그 내맥(來脈)이 멀고 골이 깊어 정기를 함축하였다.

판국 안 서북쪽에 있는 용연(龍淵)은 매우 깊고 또 크다. 그물이 넘쳐서 큰 시내가 되었는데 이것은 개성과 한양에도 없는 것이다.

산 남쪽과 북쪽에 좋은 천석(泉石)이 많다.

동쪽에는 봉림사(鳳林寺)가 북쪽에는 갑사(甲寺)와 동학사(東鶴寺)의 기이한 경치가 있다.

구월산도 또한 회룡고조하는 지형이다.

옛말에 천하의 명산을 중이 많이 차지하였다.

84
진사왕(陳思王) 조식(曹植)

曹植(조식, 192~232) 위(魏)나라 시인. 자는 자건(子建). 시호(諡號)는 사(思)이다. 최후의 봉지(封地)의 이름을 따서 진사왕(陳思王)이라고도 한다.

조조의 셋째 아들. 비(丕＝文帝)의 아우. 조조 부자는 삼조(三曹)라고 불린다.

일찍부터 문재(文才)가 있어 업도의 동작대(銅雀臺)를 노래한 부(賦)는 형들을 능가하여 부친의 총애를 받았다.

29세에 부친이 죽고 맏형인 비가 즉위하자 후계자 경쟁의 실패 때문에 엄중한 감시 아래 이후의 생애를 보내지 않으면 안 되었다.

콩깍지로 불을 지펴 콩을 삶으니
뜨거운 가마솥 안에서 슬피 우는 콩이여!
(콩깍지야, 콩깍지야)
우리가 원래 한 뿌리에서 태어나 지금껏 함께 자라왔거늘,
무엇이 그리 급해 네 몸을 태워 나를 삶느냐?
'콩을 삶는 데는 콩깍지로 태운
다자두지작갱(煮豆持作羹) 같은 뿌리의 형제가 왜 다투지 않으면 안
되느뇨!

본시동근생 상전하태급(本是同根生 相煎何太急)'라고 노래한
'7보의 시(七步之詩)'는 전설이라고 전하지만 상징적이다.

칠보시(七步詩) 조식(曹植)

자두연두기(煮豆燃豆其) : 콩깍지를 태워 콩을 삶으니
자두연두기(豆在釜中泣) : 가마솥 안에서 슬피 우는 콩깍지여
본생동근생(本生同根生) : 원래 한 뿌리에서 나왔거늘
상연하태급(相煎何太急) : 어찌 그리 급하게 볶아대는가

조식은 조비의 동생으로 자는 자건이며, 그의 아버지인 조조, 형인
조비와 함께 당대의 시인으로 일컬어진다.

어려서부터 재능과 학식이 뛰어나 조조로부터 사랑을 받았으며,
조조가 죽고 조비가 위왕의 자리에 올랐으나, 조식이 조비에게 알현
치 않자 이에 화가 난 조비는 조식을 잡아들여 일곱 걸음을 걷는 동안
'형제'라는 제목으로 시를 짓되 '형제'라는 말을 쓰지 못하도록 했다.

조식은 일곱 걸음을 채 걷기도 전에 시를 완성하자.

조비와 주위에 있던 신하들이 모두 깜짝 놀랐다.

위왕인 조비는 이 시를 듣고 자기도 모르게 눈물을 흘렸으며, 조식
을 임치 후로 봉하여 임치에 위리안치하며 목숨을 보존하여 주었다.

85

돈은 아무나 버는 것이 아니다
머리를 굴려야만 돈을 벌 수 있다

머리를 굴려야만 돈을 벌 수 있다.

무위 무관의 평민으로서 정치를 어지럽히지도 않고 남의 생활을 방해하지도 않고 때를 맞추어 거래해서 재산을 늘려 부자가 되었다. 지혜로운 자는 여기서는 얻는 바가 있을 것이다.

그래서 제69에 화식열전을 서술한다.

이 글은 태사공(太史公) 사마천(司馬遷)이 『화식열전(貨殖列傳)』 첫머리에 쓴 자서이다.

사마천은 『사기』의 「화식열전」 편에서 부자를 소개하며 이렇게 결론을 낸다.

'돈은 아무나 버는 것이 아니다. 머리를 굴려야만 돈을 벌 수 있다.'

사마천(司馬遷)은 화식열전(貨殖列傳)에서 기원전 중국 부호(富豪)들의 이재법을 소개하면서 부자들의 사업에 대한 통찰력을 다음과 같이 찬양하고 있다.

'부를 얻는 데는 일정한 직업이 따로 있는 것이 아니며, 물건의 주인이 고정되어 있는 것도 아니다.

사업능력이 있는 자에게는 부가 집중되고 우매하고 불초한 자에게는 흩어진다.

천금의 부자는 한 도시를 지배하는 제후에 비길만 하고 수만금을 가진 부호는 왕자(王者)와 즐거움을 같이 한다.

그들이야말로 무관(無冠)의 제후(諸侯)라 할 만하지 않을까?'

'천승(千乘)의 왕이나 만가(萬家)의 제후 그리고 백실(百室)의 군(君)조차도 가난한 것을 걱정하는 판에 하물며 일반 서민들이야 말해서 무엇하겠는가? 부자가 되고자 하는 것은 인간의 본성으로 배우지 않아도 스스로 알게 되는 것이다.'

사마천(司馬遷)은 한 술 더 떠서 이렇게까지 극언하고 있다.

집이 가난하고 부모님은 연로하시고 처자식들은 밥벌이를 못 할 지경이며, 그리고 명절이 되어도 조상에게 제사 지내거나 술자리를 마련할 돈도 없고 또한 먹고 마시고 입고하는 기본적인 의식주(衣食住)도 마련하지 못하는 주제에 스스로 부끄러워하지도 않는다면 그런 인간들에게는 더이상 할 말이 없다.

이 말은 사마천(司馬遷)의 『사기(史記)』 중 「회식열전(貨殖列傳)」에 중국 3대 상성(商聖)으로 칭송받는 백규(白圭) 편에 나온다.

[3대 상성(商聖) : 도주공(陶朱公. 범려范蠡), 백규(白圭), 호광용(胡光鏞. 호설암胡雪巖)]

86

중국의 십대(十大) 병서(兵書)

1. **손자(孫子)** : 중국에 현존하는 가장 오래된 병법서이다.

춘추시대(BC 770~403)의 유명한 병법가 손무(孫武)가 쓴 것으로 전 82 편 그림 9권인데 현존하는 것은 13편분이다.

2. **손빈병법(孫彬兵法)** : 전국시대(BC 403~221)의 제(齊)나라 손빈의 저서이다.

손빈은 또 다른 전략가인 오기와 함께 명성을 떨쳐 세상에서는 이들을 '손오'라고 함께 불렀다. 『사기』에서 그들의 전기를 함께 실어 『손자오기열전』이라 했다.

바로 그 열전에 '세상에 그의 병법이 퍼져서 전해지고 있다'고 말한 것처럼 일찍이 널리 알려졌다.

이 책은 서한 말기에 이르기까지 널리 읽혀서 『한서』의 「예문지」에는 『손자병법』과 『손빈병법』을 구분하기 위해 각기 '오손자'와 '제손자'로 나눠 불렀다.

「한서」의 「진탕전」에는 다음과 같은 말이 나오고 있다.

또 병법에서 이렇게 말하였다.

"공격군은 두 배 이상의 병력이 돼야 적과 싸울 수 있으며, 수비군은 공격군의 절반의 병력만 돼도 맞서 싸울 수가 있다."

이는 『손빈병법』의 「객주인분」에 나오는 말이다.

'진탕전'에서 다만 병법이라고만 부르고 지은이를 따로 적지 않은 『손빈병법』이 당시에 매우 유행하고 있었기 때문에 지은이를 따로 표시할 필요가 없었을 것이다.

3. 오자(吳子)병법 : 전국시대에 오기(吳起), 위문후(魏文候), 위무후(魏武候)가 수집 기록한 것이다. 전 48편, 현재 6편이 남아 있다.

4. 육도(六韜) 삼략(三略) : 주나라 여상(呂尙, 太公望)의 작품이라고 전해져 왔는데 나중에 전국시대의 작품임이 밝혀졌다. 현존하는 것은 6권이다.

5. 위료자(尉僚子) : 전국시대 위료의 저서로 전해진다. 전부 31권이었지만 현존하는 것은 5권, 24편이다.

6. 사마법(司馬法) : 전국시대 제나라 위왕(威王)의 명령을 받고 대부(大夫) 전양저(田穰저)가 옛 사마병법을 정리한 것. 전부 150편이나 현존하는 것은 불과 5편이다.

7. 태백음경(太白陰經) : 당나라 때 이전(李筌)이 저술한 병법서로 전부 10권이다.

8. 호령경(虎鈴經) : 송나라 때 허동(許洞)이 저술한 병법서로 전부 20권, 120편이다.

9. 기효신서(紀效新書) : 명나라 때(1368~1644)에 척계광(戚繼光)이 저술한 것으로 전부 18권이다.

10. 연병실기(鍊兵實記) : 척계광의 저서로 정집(正集) 9권과 잡집(雜集) 6권으로 되어 있다.

87
손빈(孫臏)과 방연(龐涓)은
동문수학했다

　주(周)나라 양성(陽城) 땅에 귀곡(鬼谷)이란 깊은 산골짜기가 있었다. 산이 깊고 나무가 울창해서 한낮에도 햇빛을 보기 어렵기 때문에 귀곡이란 이름이 붙게 되었다.

　그런데 이 귀곡에 귀신 아닌 사람 한 사람이 살고 있었으니 그가 바로 귀곡자(鬼谷子)다.

　귀곡자의 본래 이름은 왕희(王羲)였는데 그가 귀곡에 산다고 해서 사람들이 귀곡 선생, 혹은 귀곡자라 부른 것이 그만 그대로 굳어 버리고 만 셈이다.

　세상을 마다하고 귀곡에 숨어 살았지만, 그의 남다른 학문과 지혜를 사모하여 뜻있는 많은 젊은이들이 귀곡으로 그를 찾아들었다.

　그중에는 뒷날 세상을 떠들썩하게 만들었던 소진(蘇秦), 장의(張儀)가 있었고, 뒤사람들로 하여금 울분과 안타까움을 금치 못하게 하는 기막힌 사연을 남긴 손빈(孫臏)과 방연(龐涓)이 있었다.

　소진과 장의는 말로써 사람의 마음을 사로잡는 유세학(遊說學)을 공부했고 손빈과 방연은 힘으로써 천하를 누를 병학(兵學)을 함께 공부하여 서로 형제의 의를 맺었다.

방연은 나이가 손빈 보다 아래로 손빈을 형이라 불렀는데 입으로만 형이라고 불렀을 뿐 속으로는 그의 재주를 항상 부러워하며 시기하고 있었다.

　귀곡 선생 밑에서 병학을 공부한 지도 그럭저럭 삼 년이 지난 어느 날이었다. 방연이 밥 지을 물을 길으러 산밑으로 내려왔다가 우연히 지나가는 나그네를 만나게 되었다. 방연은 이미 배울 것은 다 배웠다고 자부하며 출세의 꿈을 안고 있던 때였다.

　"손님 어디서 오시는 길입니까?"

　"정처 없이 떠돌아다니는 사람입니다. 보아하니 노형은 무슨 공부를 하시는 모양인데……?"

　"네, 귀곡 선생 밑에서 병학을 공부하고 있습니다. 혹 무슨 좋은 소식이라도 없습니까?"

　"말소리가 위(魏)나라 분 같은데 고향이 어디십니까?"

　"옳게 보셨습니다. 위나라올시다."

　"지금 위나라에서는 널리 인재를 찾으며 특히 군사에 능한 사람을 구한다 하던데……"

　방연은 순간 가슴이 뛰기 시작했다.

　출세의 곧은 길이 환히 내다보이는 것만 같았다.

　당장 선생을 하직하고 고향으로 달려가고 싶었다. 그러나 선생이 허락을 할지 어떨지 얼른 말할 용기가 나지 않았다.

　그러나 하나를 들으면 백을 짐작하고, 얼굴만 보면 마음속까지 꿰뚫는 귀곡 선생이 그의 속을 모를 리 없다.

　"방연아 네게 출세의 운이 열렸으니 그만 고향으로 가 부귀를 누리는 것이 어떻겠느냐?"

선생의 말에 방연은 껑충 뛰고 싶었다.

그러나 공손히 무릎을 꿇고 제자는

"그럴 생각은 있사옵니다만 과연 이번 걸음에 성공을 하게 될지 염려되옵니다."

"너 산에 가서 꽃을 한 가지 꺾어 오너라. 내 너를 위해 점을 쳐 줄 테니."

귀곡 선생은 꽃 점을 잘 쳤다. 점을 안 쳐도 다 알고 있었을 그였지만 역시 하나의 구실을 만들기 위해서였다.

때마침 유월 한더위라 꽃은 이미 다 지고 없었다.

이리저리 한참을 헤매던 끝에 겨우 가늘고 보잘것없는 풀꽃 한 포기를 발견했다.

그것도 찾던 꽃이라 반가웠다. 얼른 뽑아 들고 산막을 향해 치달았다.

그러나 한참을 가다가 생각하니 그게 아니었다.

'내가 첫발을 내디디는 마당에 이런 보잘것없는 꽃으로 점을 치다니! 그건 안될 말이다.

어디 이보다 크고 아름다운 꽃을 찾아보자.'

들고 있던 꽃을 내던지고, 다시 산을 헤매기 시작했다.

그러나 꽃은 좀처럼 눈에 띄지 않았다.

억지로 좋은 꽃을 구하려던 그도 결국은 던져 버렸던 아까 그 꽃을 도로 집어들 수밖에 없었다.

꽃은 이미 시들어 버렸다.

꽃을 받아든 귀곡 선생은 이렇게 점괘를 풀었다.

"너 이 꽃 이름을 아느냐? 이 꽃 이름은 마두령(馬兜鈴)이라고 하는데 한 가지에 열두 송이가 피었으니 이것은 너의 영화의 햇수를 말한다. 귀곡에서 피어서 해를 보고 시들었으니 귀곡이란 귀(鬼)자와 시들었다는 위(委)자를 합치면 위(魏)자가 된다. 너는 위나라에서 뜻을 이루게 될 것이다."

방연은 속으로 놀라지 않을 수 없었다.

위나라로 가려고 하는데 선생이 위나라를 지적하니 신기하기 짝이 없었다.

선생은 다시 말을 이었다.

"너는 이 꽃을 버렸다가, 결국은 이 꽃을 도로 가지고 왔다.

남을 속이면 결국은 그 사람에게 도로 속고 말 것이다.

부디 남을 속이지 말아라.

내 너에게 여덟 글자를 말해 줄 테니 잘 기억해 두어라."

하고 선생은 '우양이영 마이췌양(遇羊而榮馬而瘁羊)'이라고 일러 주었다.

뜻인바 '양을 만나 영화를 누리고, 말을 만나 패망한다'는 것이다.

방연은 이튿날 선생을 하직하고 길을 떠났다.

손빈은 그를 산밑 큰길까지 데려다 준 후 손을 잡고 눈물로 작별 인사를 했다. 방연은 마음에 없는 말을 했다.

"형님, 몸조심하십시오.

이번 길에 아우가 뜻을 펴게 되면 곧 형님을 천거해 함께 부귀를 누리도록 하겠습니다."

"동생 그게 정말인가?"

손빈은 자못 기뻤다.

"제가 만일 마음에도 없는 말을 한다면 못 화살을 맞아 죽겠습니다."

"고맙네. 구태여 그런 맹세까지 할 거야 뭐 있는가?"

산막으로 돌아온 손빈의 얼굴에 눈물 흔적이 있는 것을 본 귀곡 선생은

"너 방연과 헤어지는 것이 그다지도 서러우냐?" 하고 손빈을 바라보았다.

"함께 공부하던 정리에 어찌 섭섭한 마음이 없겠습니까?"

"넌 방연이 대장 될 자격이 없다고 보느냐?"

"선생님의 오랜 교훈을 받았는데 어찌 자격이 없겠습니까?"

"아니다, 아니야."

손빈은 깜짝 놀라 까닭을 물었다.

그러나 귀곡 선생은 침울한 표정만을 지을 뿐 말이 없었다.

이튿날 귀곡 선생은 제자들을 보고

"밤으로 쥐들이 몹시 시끄럽게 구는 통에 잠을 잘 수가 없구나! 너희들 한 사람씩 순번으로 쥐를 좀 쫓아다오."

이리하여 제자들은 순번을 정해 놓고 한 사람씩 밤마다 선생의 방을 지키게 되었다.

손빈이 순번을 드는 날 밤이었다.

귀곡자는 베개 밑에서 책 한 권을 꺼내 손빈을 주며

"이 책은 너의 할아버지 손무자가 쓴 병법 십삼편이다. 옛날 너의 할아버지께서 오왕(吳王) 합려(闔閭)에게 이 책을 드렸던 바, 합려는 이로써 초나라를 크게 이긴 다음 이 세상에 널리 전하는 것을 꺼려 철궤 속에 넣어 기둥 밑에 감춰 두었다고 한다.

그 뒤 원나라가 쳐들어와서 불을 지르는 바람에 타버리고 말았지 않겠니. 그래서 이 책은 이름만 전할 뿐 아는 사람이 없다.

이것은 내가 너희 할아버지와 친했던 관계로 직접 얻은 것인데 밑에 주석까지 해 두었다.

용병(用兵)의 비결이 모두 이 안에 들어있으니 다른 것을 볼 필요가 없다.

함부로 사람에게 전할 수 없어 혼자 간직해 두었다가 네게 주는 것이니 아무에게나 이걸 보여서는 안 된다."

손빈은 할아버지에 대한 이야기를 듣자 눈물을 흘리며 말했다.

"저는 어려서 부모를 잃고 객지로 떠돌아다녔기 때문에 이 책의 이름은 들었으나 내용을 들은 적은 없었습니다.

선생님께서 주석까지 하셨다면서 어떻게 방연에게는 주시지 않았습니까?"

"이 책은 잘 쓰면 천하를 위해 도움이 되지만 나쁘게 쓰면 큰 해를 끼치게 된다.

방연의 마음이 바르지 못하거늘 가볍게 줄 수 있었겠느냐?"

손빈은 그 책을 맡아 자기 방으로 돌아온 다음, 밤낮을 가리지 않고 읽고 또 읽으며 연구를 거듭했다.

사흘이 되던 날, 귀곡 선생은 갑자기 그 책을 도로 찾아 가져간 다음 두루 질문을 했다.

손빈이 거침없이 대답을 하자 선생은 자못 만족해하며

"네가 그토록 열심인 걸 보니 너의 할아버지는 아직 죽지 않았다." 고 칭찬해 주었다. 손무자가 다시 태어났다는 뜻이리라.

한편 방연은 손빈과 헤어져 위나라로 들어오자, 곧 상국인 왕착(王錯)을 찾아가 병법으로 그의 마음을 사게 되었다.

왕착의 천거로 방연이 위혜왕을 만나러 들어갔을 때, 때마침 포인이 찐 양(羊)을 왕에게 올려 왕이 막 젓가락을 드는 참이었다.

방연은 속으로 '양을 보고 영화를 누리게 된다고 하던 선생님의 말씀이 맞구나……' 하고 기뻐했다.

혜왕은 그의 늠름한 기상과 거침없는 변론과 천하를 손아귀에 쥐고 흔들겠다는 장담과 만일 그 장담이 거짓말일 때는 임금을 속인 죄를 달게 받겠다는 맹세에 마음이 쏠려, 그를 곧 원수(元帥)로 삼아 군사(軍師)의 직을 겸하게 했다.

그의 아들 방영(龐英)과 조카들도 다 무장으로 각각 출세를 하게 되었다.

방연은 멀리 작은 이웃 나라들을 쳐서 자주 작은 승리를 거두었다.

그러자 송·노·위·정(宋·魯·衛·鄭) 등 여러 나라 임금들이 함께 조회를 온 일이 있었고, 때마침 제나라가 변경을 침범해 들어오자 방연이 나가 이를 물리친 일도 있었다.

모두가 우연이요 요행이었지만, 방연은 스스로 세상에 둘도 없는 공이라도 세운 것처럼 자못 자랑스러웠다.

무대는 다시 귀곡으로 바뀌어,

하루는 묵자(墨子)로 알려진 묵적(墨翟)이 귀곡으로 귀곡자를 찾아왔다.

그는 원래 귀곡자와 함께 산으로 약을 캐러 다니던 옛날 친구였다. 귀곡자를 찾아왔던 묵자는 우연히 손빈과 말을 주고 받게 되었다. 손빈의 뛰어난 재주를 본 묵자는

"그대는 이미 공부를 성취했는데 어서 세상에 나갈 일이지, 왜 산골에 이렇게 묻혀 있소?" 하고 물었다.

"동창인 방연이 위나라로 갔는데, 그가 뜻을 이루면 곧 데리러 오겠다고 약속을 하고 갔기 때문에 소식을 기다리고 있는 중이올시다."

"방연이 지금 위나라의 대장군으로 군권을 쥐고 있는데?⋯⋯"

"내 위나라에 가면 방연의 의사를 한번 알아보리다."

묵자는 의아한 생각을 버리지 못한 채, 손빈을 위해 위나라로 오게 되었다.

방연이 혼자 잘난 체하며 부끄러운 줄도 모르고 큰소리만 치고 있다는 평을 들은 묵자는 그가 손빈을 이끌어 줄 생각이 없다는 것을 알고 직접 위왕을 만나 손빈의 재주가 방연의 정도가 아니라는 것을 애써 소개했다.

위왕은 묵자가 간 뒤, 방연을 불러 손빈을 데려오도록 부탁했다. 그러자 방연은

"신도 손빈의 재주를 모르는 바 아니옵니다.

그러나 그는 제나라 사람으로 종족들이 다 제나라에 있기 때문에 비록 위나라에서 벼슬을 한다 해도 제나라에 마음이 가게 되지 않을까 염려되옵니다."

하고 불러오기를 꺼려했다.

"선비는 지기(知己)를 위해 죽는다고 했는데, 어디 꼭 본국 사람만 써야 할 까닭이 있겠소?"

방연은 말문이 막혔다.

하는 수 없이

"대왕께서 손빈을 불러 보실 의향이 계시다면 곧 편지를 보내어 오도록 하겠습니다."

하고 얼버무린 다음, 달리 방법을 강구 할 생각이었다.

'손빈이 오면 병권이 두 곳으로 나뉠 것이 아닌가? 그가 필경은 임금의 신임을 내게서 빼앗아 갈 것이 아닌가? 그러나 왕명이니 하는 수 없다……. 그래 우선 불러다 놓고 다른 방법으로 그를 없애 버리면 그만이다.' 이렇게 결심한 그는 곧 손빈에게 보내는 편지를 써서 왕에게 올렸다.

왕은 네 마리의 말이 끄는 큰 수레에, 황금과 흰 구슬을 예물로, 방연의 편지와 함께 손빈을 모시러 사람을 귀곡으로 보냈다.

손빈이 방연의 편지를 펴보니 사연은 대강 이런 것이었다.

'형님이 염려해주신 덕택으로 위왕을 만나는 그날로 무거운 책임을 맡게 되었습니다. 작별할 때의 약속을 명심하고 이제 왕께 천거를 하였사오니 한시바삐 오셔서 함께 큰일을 도모하시기 바랍니다.'

소인과 간신은 이래서 무섭다는 것이리라.

앞에서는 좋은 척하며 뒤로 화살을 던지니, 정직하고 순진한 사람이면 어느 누가 그들 손아귀에 넘어가지 않겠는가?

손빈은 그런 줄도 모르고, 기쁨을 감추지 못해 하며 편지를 들고 귀곡 선생 앞으로 달려갔다.

"너는 그 편지가 진심에서 나온 것인 줄 아느냐?"

선생은 손빈을 물끄러미 바라보며 이렇게 묻는 것이었다.

"선생님 어찌 그런 말씀을 하십니까?"

"우선 그가 내게 안부 편지 하나 없는 것을 보아라."

"스승의 정을 모르는 그가 어찌 친구의 의리를 알겠느냐?"

"총망 중에 미쳐…… 하여간 위왕이 그토록 성의를 보이니 안 갈 수도 없는 일이다.

내 너를 위해 앞날을 점칠 테니 꽃을 한 가지 꺾어 오너라."

이때는 구월이었다.

손빈은 선생의 책상 위 병 속에 꽂혀 있는 국화 한 가지를 뽑아들었다가 도로 꽂았다.

귀곡 선생은 이렇게 단을 내렸다.

"이 꽃은 사람의 손에서 꺾임을 당했으니 남의 음해를 조심해야 한다.

그러나 성질이 추위를 잘 견디고 서리를 맞아도 떨어지지 않으니 비록 해를 입는 일이 있어도 큰 변을 당하지는 않을 것이다. 또 다행한 일은 비록 꺾임을 당하기는 했으나 사람들의 총애를 받고 있으니 너도 남의 꺾임을 당한 끝에 좋은 일이 있을 것이다.

그리고 이 병은 쇠를 끓여 부어 만든 것으로 쇠 북과 세발 솥을 만드는 것과 같은 재료이니 끝내는 공을 세워 이름을 천추에 빛내게 될 것이다.

그러나 이 꽃은 두 번째로 뽑혔으니 처음은 뜻을 얻기 어려울 것 같다.

그리고 다시 본래 있던 곳으로 되돌아갔으니 네가 성공하는 것은 아무래도 너의 고향이 될 것 같다.

그런데 내 너를 위해서 이름을 새로 지어줄 테니 부디 성공하기 바란다."

하고 손빈이란 빈(賓)자를 달 월(月)을 더한 빈(臏)자로 바꿔 쓰도록 했다.

귀곡자의 국화 점은 손빈의 앞날을 그토록 정확하게 맞힐 수가 없었다.

　더구나 새로 고쳐 지어준 빈(臏)이란 이름은 무릎을 까는 형벌의 이름이다. 그가 방연의 음해를 받아 무릎뼈를 잃게 될 것을 미리 예고한 것이니 감탄할 일이다.

　귀곡 선생은 손빈이 떠나기 직전 그에게 비단 주머니를 하나 주며 "아주 위급한 시기를 당했을 때에 끌러 보아라!" 하며 비밀히 간직하고 있을 것을 당부했다.

　위나라로 들어온 손빈은 멀리 방연의 부중으로 들어가, 그가 천거해 준 호의에 감사의 뜻을 표했다.

　이튿날 손빈을 만나본 위왕은 방연에게 이렇게 물었다.

　"과인이 손 선생을 부군사(副軍師)로 모시어, 경과 함께 병권을 맡도록 하고 싶은데 경의 의향은 어떠한지?"

　"신과 손빈과는 결의 형제를 맺은 사이로 손빈은 곧 신의 형이옵니다.

　어찌 형을 다음 자리에 모실 수 있겠습니까?

　임시 객경(客卿)으로 두었다가 공을 세우는 날, 신이 벼슬을 사양하고 달게 그 밑에 있겠습니다."

　말인즉 그럴듯했다.

　왕은 곧 손빈을 객경으로 앉히고 일등 녹을 주어 대우를 방연 다음으로 했다.

　객경이란, 손님의 대우를 받는 무인이나 대신과도 같은 것으로, 겉으로 보기에는 무척 대우를 한 것처럼 보이지만 실제는 병권을 나눠주기가 싫어서 취한 조치였다.

방연은 자연 손빈과 자주 내왕이 있게 되었다.

그는 손빈이 손무자의 비전을 알고 있다는 왕의 말을 들은지라 그 것을 얻어듣기가 소원이었다.

그러나 입이 무겁고 겸손한 손빈은 그런 것을 자랑하는 일이 없 었다.

어느 날 방연은 짐짓 술자리를 빌어 손빈과 병법을 논하게 되었다.

방연의 묻는 말에 손빈은 거침없는 대답을 했다.

방연은 손빈이 그가 알지 못하는 질문을 하자 슬쩍 이렇게 넘겨짚 어 물었다.

"형님 손무자 병법에 있는 거 아니오?"

손빈은 그렇다고 대답하자 방연은

"아우도 전날 선생님께 들은 적이 있었는데 그 당시는 별로 명심하 고 듣지 않았기 때문에 다 잊고 말았어요.

혹시 그 책을 가지고 계시면 잠깐 빌어 보았으면 싶은데……" 하고 얕은 꾀를 부렸다.

이때 손빈이 만일 세밀하거나 의심이 많은 사람 같으면 즉각 방연 의 속셈을 짐작할 수 있었으리라. 왜냐하면 귀곡 선생이 손무자 병서 를 손빈에게 비밀히 전해줄 적에 방연은 마음이 바르지 못한 사람이 라 전하지 않았다는 말을 분명히 했었는데, 방연은 들은 적이 있다고 꾸며대었으니까 정직하고 마음 착한 손빈은

"내가 본 책은 선생님께서 자세히 주석을 붙인 것으로 원본과는 전 혀 다른 것이었는데 겨우 사흘을 보자 선생님께서 도로 찾아가 버리 셨어. 그리고 내가 베껴 둔 일도 없기 때문에 아우의 부탁을 들어줄 길이 없군."

"형님께서 아직 그걸 기억하고 계시는지요?"

"글쎄 희미하게 알고는 있지만……"

방연의 손에 죽어야 했을 손빈이 이 말 한마디로 살아날 줄은 누가 알았으랴!

방연은 급히 서두를 수도 없는 일이라 서서히 계획을 꾸미기로 하고 더 말하지 않았다.

그 뒤 며칠이 지났다.

왕은 손빈의 재주를 시험하기 위해서 군대를 교장에서 사열하고 손빈과 방연에게 각각 진을 벌이도록 했다.

방연이 먼저 진을 벌였다.

손빈은 곧 그것이 무엇인가를 알아내고 또 어떻게 하면 깨뜨릴 수 있다는 것을 설명했다.

다음에 손빈이 진을 벌였다.

방연은 전연 알 수 없었다.

익히 들은 일조차 없는 것이었다.

방연은 가만히 손빈에게 물었다.

"이 진은 이름이 뭐라고 합니까?"

"이건 전도팔문진(顚倒八門陣)이란 걸세."

"변할 수 있습니까?"

"공격을 받으면 변해서 장사진이 되지."

방연은 손빈에게서 들은 지식을 가지고 임금에게 설명을 해 주었다.

마치 자기가 잘 알고 있는 것처럼 이윽고 진이 완성된 다음 왕은 손빈에게서 진법의 설명을 들었다.

방연에게서 들은 것과 똑같은 설명을 했다.

'방연의 재주가 손빈만 못하지 않구나.'

왕은 마냥 다행스럽기만 했다. 소인은 이래서 무섭다는 것이다.

남의 선량한 호의를 사악한 자기 욕망을 채우는 데 이용하며 속으로는 웃음을 친다.

이 재주 시합에서 잔꾀로 겨우 자기의 부족을 감출 수 있었던 방연은 손빈을 빨리 없애야만 되겠다는 생각이 한결 굳어지게 되었다.

결심을 다진 방연은 조용히 손빈에게 가족 관계를 물어보았다.

착하기만 한 손빈은 눈물을 흘리며,

"나는 네 살 때 어머니를 여의고, 아홉 살 때 아버지를 잃은 다음 숙부인 손교(孫喬)의 손에서 자라났는데 그 뒤 난을 피해 서로 떨어지고 말았지.

내 사촌에 손평(孫平)과 손탁(孫卓)이 있지만 지금 죽었는지 살았는지조차 알 수 없는 형편일세."

"그래도 고향인 제나라에는 조상의 분묘가 계실 텐데, 고향이 그립지 않습니까?"

"사람이 목석이 아닌 이상 어찌 근본을 모르겠는가? 선생님도 나보고 너는 고국에서 성공을 하리라 하셨지만, 지금은 이미 위나라의 신하가 되었으니 그런 문제는 논할 시기가 아니잖겠는가?"

손빈의 가정 내막과 그의 속을 떠볼 대로 떠본 방연은 짐짓 강개한 표정을 지으며,

"형님의 말씀이 옳습니다. 대장부가 어찌 고향이 따로 있겠습니까? 아무 데서나 자기의 뜻을 펴고 공을 세우면 되지 않습니까?"

방연은 마음은 급했지만 계획만은 치밀했다.

손빈이 눈치를 채지 않게 하려면 시간이 필요했다. 약 반 년의 세월이 흘렀다.

손빈은 방연과의 술자리에서 한 이야기를 이미 까맣게 잊고 있을 무렵이었다.

하루는 조회에서 돌아오려니 웬 사람이 문밖에서 기다리고 있다가 손빈에게 편지를 전했다.

제나라 서울 임치(臨淄)에 사는 사람으로 이름을 정을(丁乙)이라고 했다.

편지인바, 손빈의 사촌 형 손평과 손탁이 손빈이 귀곡 선생 문하에 있다는 소식을 듣고, 하루빨리 제나라로 와서 형제가 서로 만나 함께 정답게 살아보자는 사연이었다.

그것이 방연의 연극인 줄 꿈에도 생각지 않은 손빈은 편지 사연을 읽자 옛날에 쫓겨 다니며 함께 고생하던 생각이 붇받쳐 오르며, 형제가 살아있는 기쁨에 그만 엉엉 소리내어 울었다.

정을을 후히 대접한 다음 손빈은 곧 회답 편지를 썼다.

'지금은 입장이 거북하니 차차 형편을 보아 고향으로 가겠다는 사연이었다.'

술과 밥을 잘 대접받고 난 정을은, 황금 열 냥을 노자로 얻기까지 했다. 정말 기막힌 노릇이다. '정을'이란 바로 방연이 보낸 그의 심복 부하 '서갑'이란 자였다.

서갑의 손에서 손빈의 편지를 받아든 방연은 손빈의 필적을 모방해서 편지 사연을 새로 꾸몄다.

그 속에는 물론 위나라를 배신하는 비밀 문구가 많이 들어있었다.

다음날 방연은 편전으로 들어가 왕을 뵙고 사람들을 물리친 다음 그가 새로 꾸며 쓴 손빈의 거짓 편지를 왕에게 보였다.

"손빈이 위나라를 배반하고 제나라로 갈 생각으로 자주 제나라와 통한다는 말이 들리기에 길목을 지키고 있다가 이 편지를 수색해 내었사옵니다."

편지를 다 읽고 난 왕은 방연이 예상한 것처럼 노여워하지는 않았다.

"손빈이 이토록 고향 땅을 그리고 있는 것은 과인이 그를 크게 사지 못해서 그의 재주를 펼 수 없기 때문이 아닐까?"

"고국을 생각하는 것은 사람이면 다 같지 않겠습니까?

대왕께서 비록 손빈을 크게 산다 해도 위나라를 위해 힘을 다하지는 않을 것이옵니다.

그리고 손빈의 재주가 신만 못지 않사오니 만일 제나라로 가서 장수가 되면 다음 날 우리 위나라의 걱정거리가 될 줄 아옵니다.

이 비밀 편지를 구실로 그를 죽이는 것이 가장 좋을 것 같습니다."

"편지 하나로 어찌 사람을 죽이겠소?

천하 사람들이 과인을 가리켜 선비를 가벼이 대한다 하지 않겠소?"

"대왕의 말씀은 참으로 어지신 말씀이옵이다."

"신이 손빈에게 권해 그가 위나라에 머물러 있도록 노력해 보겠습니다."

"허지만 그래도 끝내 생각을 고치지 않는다면 대왕께서 조치를 내리시옵소서."

"신이 알아서 처리하겠습니다."

"잘해 보구료."

왕은 약간 착잡한 심정이었다.

궁중에서 물러나온 방연은 곧장 손빈에게로 달려갔다.

"고향에서 소식이 왔다는데 정말이십니까?"

마음 착한 손빈은 사실대로 모든 것을 다 이야기해 주었다.

"이왕 그러시면 왕에게 한두 달 여가를 얻어 고향엘 다녀오시는 것이 좋지 않겠습니까?

혹 임금께서 의심을 하시고 허락하지 않으실까 싶어서. 허락하시지 않으면 할 수 없는 일이지만 한 번 청이나 해 보시지요.

아우가 옆에서 힘껏 노력해 볼 터이니."

"그럼 아우만 믿겠네."

화약을 지고 불로 들어가는 격이라고나 할까?

손빈은 방연이 하라는 대로 임금께 글을 올려 한 달 여가를 청했다.

방연이 먼저 임금을 만났다.

"신이 대왕의 분부를 받들어 손빈을 누차 달래고 권했으나 그는 끝내 머무를 생각이 없고 원망까지 하고 있습니다.

혹 그가 제나라로 가기 위해 여가를 청하고 글을 올리거든 대왕께서는 며칠 전 그 비밀 편지를 증거로 들어 그의 죄를 묻도록 분부를 내리시옵소서."

열 번 찍어 안 넘어갈 나무는 없다. 위왕은 방연의 이 말에 그러라고 고개를 끄덕여 보였다.

다음날 손빈은 고향으로 성묘를 가겠다면서 한 달 여가를 청하는 글을 임금께 올렸다.

왕은 이미 들은 얘기가 있는지라 손빈의 글을 보자 크게 성을 냈다.

"제나라 사자에게 사사로운 편지를 보내더니 이제 또 제나라로 돌아갈 것을 청하니 분명 과인을 배반할 뜻을 품고 있는 것이 틀림없다.

마땅히 그의 관직을 박탈하고 원수부로 보내 죄를 다스리도록 하라!"

왕의 분부를 대기하고 있던 군정사(軍政司)는 곧 손빈을 결박지어 원수부로 압송해 왔다.

방연은 호들갑을 떨며 뛰어 내려와

"아니 형님 이게 어찌 된 일이오?"

군정사가 왕의 분부를 전하자, 방연은 공손히 이를 다 듣고 나서

"세상에 이런 원통한 일이 어디 또 있겠소?"

"아우가 왕을 뵈옵고 힘자라는 데까지 노력해 보겠습니다."

하고는 곧 수레를 타고 궁중으로 왕을 찾아가 뵈었다.

"손빈이 비록 비밀을 통한 죄 있사오나 죽일 수는 없는 일이오니 신의 생각 같아서는 그의 무릎을 까고 이마에 먹을 넣어 병신을 만들어 평생 멀리 달아나지 못하도록 하면 목숨은 목숨대로 살려 주고 다른 후환도 없을 것으로 아옵니다."

"경의 말대로 하는 것이 과연 좋겠소."

방연은 집으로 돌아오자 손빈에게 또 이렇게 생색을 냈다.

"왕께서 어찌나 노염이 대단하신지 굳이 극형에 처하시겠다고 하지 않겠습니까? 아우가 두 번, 세 번 사정을 해서 겨우 목숨만은 보전하게 되었습니다만 무릎을 까고 얼굴에 먹물을 넣으라 하시지 않겠습니까? 이것은 나라의 법인지라 아우도 더는 해 볼 도리가 없습니다."

손빈은 어이없는 한숨을 지으며

"선생님 말씀이 비록 몸이 상하기는 해도 크게 흉하지는 않다 하시더니 결국 오늘의 이 변을 두고 하시는 말이었구료. 목숨을 보존한 것만도 모두가 아우가 힘써 준 덕이니 은혜를 잊지 않겠네."

이리하여 손빈은 두 무릎이 떨어져 나가고 얼굴에는 사통외국(私通

外國)이란 네 글자가 뚜렷이 박혀 있게 되었다.

손빈은 무릎이 떨어져 나가는 순간 까무러치고 말았다.

그가 다시 정신을 차렸을 때는 방연이 거짓 울음을 울며 손수 약을 바르고 상처를 싸매고 있었다.

한 달 후에 무릎이 아물기는 했으나 앉아 있을 뿐 일어나 다닐 수는 없었다. 손빈은 병신이 된 채 하루 세 끼 밥만을 비우며 쓰라림을 가슴에 아로새길 뿐이었다.

방연은 손빈을 몹시 동정하는 척하며 그에게 귀곡 선생이 풀이한 손무자 병서를 써 줄 수 없겠느냐고 간곡한 청을 했다.

손빈은 감개 무량한 한숨을 지어 보이며 '그러마'고 승낙을 했다.

방연은 목간(木簡)을 주어 쓰도록 했다. 손빈이 아직 십 분의 일도 채 쓰지 않아서 하루는 손빈의 시중을 들고 있는 성아(誠兒)라는 종 아이를 불러 물었다.

"손빈이 하루 얼마나 쓰더냐?"

"손 장군은 늘 몸이 불편해서 누워 있는 시간이 많기 때문에 매일 겨우 두 세 가치(簡)밖에 쓰시지 못합니다."

방연은 버럭 화를 냈다.

"그렇게 늑장을 부려가지고야 어느 천년에 그걸 다 쓴단 말이냐? 너 앞으로는 보는 대로 독촉을 해서 빨리 쓰도록 해야 한다."

"네 알겠습니다."

이 종 아이는 원래 몹시 영리한 데다가 또 손빈이 죄없이 형을 받은 데 대해 의협과 동정심 같은 것을 느끼고 있는 참이었다.

성아는 방연의 근시를 보고 조용히 지나는 말처럼 물었다.

"원수께서 어째서 몸도 불편한 손 장군에게 글을 빨리 쓰라고 독촉을 하라는 건지 모르겠어."

그러자 근시는 저만이 알고 있는 비밀을 자랑이나 되는 듯이 그에게 일러주었다.

"넌 아직 몰라서 그래. 원수와 손 장군과는 겉으로는 좋은 척 하지만 속으로는 서로 시기를 하고 있단 말이다.

손 장군을 살려둔 것은 그에게서 병서를 얻어 가지기 위해서야. 그것을 일단 다 쓰고 나면 곧 음식을 끊어 굶어 죽게 만들 테니 두고 보아라."

자랑하고 싶은 마음에 이렇게 털어놓아 버린 근시는 몇 번이나 약속을 어기지 말라고 당부를 했다.

속으로 분개한 성아는 돌아오는 즉시 근시에게 들은 말을 가만히 알려 주었다.

손빈은 가슴이 철렁하며, 속은 일을 생각하니 뼛속이 저려왔다.

'결국 내가 어리석었다.

선생님이 그토록 깨우쳐 주셨는데도 끝내 그를 믿고 있었다니!……허나 앞으로 어떻게 할 것인가. 그런 간악한 방연에게 병서를 전할 수는 없다. 그러나 그것마저 쓰지 않으면 당장 죽일 것이 아닌가?'

아무리 생각해도 방법이 없었다. 가뜩이나 불편한 몸이 잠이 올 턱이 없었다.

멀리서 닭이 첫 홰를 우는 소리가 들려왔다.

순간 손빈의 머리를 스쳐가는 것이 있었다.

'그렇다! 내가 떠나올 때 선생님이 주신 비단 주머니가 있지 않은가!'

손빈은 얼른 깊이 간직해 두었던 비단 주머니를 끌렀다.

안에서 노란 비단 한 조각이 나타났다.

「사풍마(詐瘋魔)」 이렇게 세 글자가 적혀 있지 않겠는가!

'그렇다 역시 그 방법밖에는 없다.' 「사풍마(詐瘋魔)」란 거짓 미치광이가 되라는 뜻이다.

이튿날 아침상이 들어왔다.

손빈은 막 수저를 들고 음식으로 손이 가려다가 무엇에 놀란 사람처럼 느닷없이 뒤로 넘어지며 정신을 잃고 말았다.

이윽고 구역질이 나는 듯 토하는 시늉을 하더니, 갑자기 눈을 부릅뜨고 호령호령하는 것이었다.

"너 이놈! 네 놈이 어째서 독약으로 나를 죽이려 한단 말이냐?"

이렇게 호통을 치며 상 위에 있는 음식이란 음식은 모조리 그릇째 내던졌다.

그리고는 지금껏 공들여 써 둔 나무 조각을 불 속에 던져 버리고 바닥에 쓰러져 입으로 혼자 무어라 욕설을 퍼붓는 것이었다.

성아는 그것이 거짓인 줄 알 리가 없었다. 황급히 방연에게 달려가 사실대로 보고를 했다.

다음날 방연이 직접 와서 손빈의 동정을 살폈다. 손빈은 얼굴에 온통 침과 콧물투성이를 해가지고 땅에 넘어져 한바탕 껄껄 웃다가는 금시 또 대성통곡을 하는 것이었다.

하긴 인생이 우습기도 하고 인간이 슬프기도 했으리라.

"형님 뭐가 그렇게 우습고, 또 뭐가 그렇게 슬프십니까?"

방연이 묻는 말이었다.

"내가 웃는 것은 내게 하느님이 보내신 십만 대군이 있는데 위왕이 그걸 모르고 나를 죽이려고 하기 때문이고, 내가 우는 것은 손빈이 없으면 위나라에 대장 할 사람이 없기 때문이다."

미친 소리 같지만, 실상은 그가 생각하고 있는 진심이 깃들어 있었다.

하늘이 정한 운명을 어찌 인간의 힘으로 거역하겠느냐는 야유가 숨어있다. 말을 마치자 손빈은 다시 두 눈을 똑바로 뜨고 방연을 물끄러미 바라보더니, 그만 황급히 머리를 조아리며,

"귀곡 선생님! 이 불쌍한 손빈의 목숨을 건져주시옵소서!"

하고 애걸복걸하는 것이었다.

"저는 방연입니다.

착각을 일으키지 마십시요!"

손빈은 방연의 그런 말 따위는 귀에 들어오지도 않은 듯, 방연 옷자락을 꽉 움켜잡고 계속

"선생님! 저를 살려 주십시오!" 하고 매달리는 것이었다.

방연은 수행원들을 시켜 손빈을 억지로 떼어 놓은 다음, 조용히 성아를 불러 물었다.

"손 선생님의 병이 언제부터 시작되었느냐?"

"오늘 아침 밥상을 받고 나서부터였습니다."

방연은 얼른 판단이 안 갔다.

어쩌면 거짓일지도 모른다는 생각이 들었다.

방연은 사람을 시켜 손빈을 돼지우리 속으로 끌어넣었다.

그의 표정을 살피기 위해서였다.

손빈은 똥오줌이 질퍽한 위를 무슨 비단 요라도 되는 듯이 번듯이 누워 있었다.

방연은 다시 사람을 시켜 술과 먹을 것을 보내 주며,

"소인은 선생님을 불쌍하게 생각해서 이걸 원수님 몰래 가지고 왔으니 잡수십시오." 하고 권하도록 했다.

손빈은 한 번 속지 두 번 속을 리 없다.

그는 곧 무서운 눈으로

"너 이놈! 그래도 또 나를 독약을 먹여 죽일 작정이냐?" 하고 술과 음식을 모조리 땅에 엎어 버렸다.

심부름 온 사람은 이번은 개밥과 진 흙덩이를 주어 보았다.

손빈은 개밥을 받아 달게 먹으며 진흙은 씹다가 뱉고 또 뱉었다.

보고를 들은 방연은,

"과연 미쳤구나. 그렇다면 조금도 염려할 것은 없다."
하고 그 뒤로는 손빈의 소재만을 매일 보고하도록 하고, 그의 일거수 일동에 대한 감시는 하지 않았다.

손빈은 아침에 밖으로 나갔다가 늦게 돌아와 돼지우리에서 자기도 하고, 혹은 길가 아무 데서나 이슬을 맞아 가며 잠들기도 했다.

착한 사람이면 이런 고난을 겪어야만 하는 것이 인간 세계일까?

이리하여 앉은뱅이 손객경(孫客卿)하면 모를 사람이 없을 정도로, 손빈의 미친 행각은 거리로 골목으로, 그리고 시장으로 안 미친 곳이 없었다.

그러나 의심 많은 방연은 매일 그의 소재를 보고하도록 여전히 경계를 계속하고 있었다.

그러나 방연도 필경은 실수가 있었으니 역시 그의 악행이 한도에 달했던 것일까?

"손무가 손자병법을 저술하고 난 뒤 남긴 한마디 명언은 내가

저술한 병법은 더 이상 병법으로서의 가치가 없다."

세상에 공개된 병법은 이미 적들도 알고 있기 때문에 자신이 저술한 병법으로 작전을 세우면 필패할 수밖에 없다는 경고의 말이다.

적군에게 이기는 방법에는 여러 가지 승리의 방법이 있으나 그 중 최선의 승리는 아군의 피해가 전혀 없는, 싸우지 않고 승리하는 것이라고 하였다.

그러기 위해서는 계략으로 적군의 전의(戰意)를 꺾어야 할 것을 지적하였다.

손자는 결코 백전백승(百戰百勝)이라는 것을 상책으로 삼지 않았다.

"백 번 싸워 백 번 이기는 것은, 상의 상책이 아니다.

싸우지 않고서 적의 군대를 굴복시키는 것이 상의 상책이다."

88
중국인들은 지략의 귀재다

셴주펑여우 허우주셩이(先做朋友 後做生意)

중국인들은 '셴주펑여우 허우주셩이(先做朋友 後做生意)'라고 즐겨 말한다.

먼저 친구가 돼야 장사를 같이 할 수 있다는 뜻이다.

중국인들은 사람을 사귈 때 의심부터 먼저 하고 난 뒤에 시작한다.

'하이런즈싱부커여우(害人之心不可有) , 팡런즈싱부커우(防人之心不可無)'라고 배운다.

남을 해쳐서도 안 되지만, 남을 경계하는 의심은 절대 버리지 말라는 뜻이다.

해인지심(害人之心) : 남을 해치려는 마음을

불가유(不可有) : 가져서도 안 되지만

방인지심(防人之心) : 남의 침해를 막으려는 마음이

불가무(不可無) : 없어서도 안 된다고 한 것은

차계소어려야(此戒疎於慮也) : 생각에 소홀함이 있을까 경계한 것이요.

먼저 남을 믿기 전에 의심부터 하고 보라고 가르친다.

중국인들은 어려서부터 『손자병법』, 『병법 삼십육계(兵法 三十六計)』 같은 병법의 지략들을 모태에서부터 부모 형제를 통해 배운다.

'전무후무 제갈무후(專無後無 諸葛武侯)' : 유사 이래 현세에 이르기까지 공명 만한 사람 없고, 역사가 이어지는 영원한 앞날에서도 공명 만한 사람은 없을 것이다.

그리고 공명의 후손답게 모두 제갈공명으로 성장한다. 중국인들은 지략의 귀재다.

성자위수(成者爲首) : 성공을 하면 우두머리가 되어 존경받고,

불성자위미부(成者爲尾不) : 성공하지 못하는 자는 꼬리가 되어 천대받게 된다고 했다.

상대를 믿는 순간부터 그들은 공자, 맹자와 같은 선한 마음으로 우리에게 다가오지만 무시하고 업신여기고 깔보고 자존심을 건드리면 그때는 가차 없이 제갈공명의 후손들답게 지략으로 공격을 한다.

사마천의 사기(史記) 손자오기열전(孫子吳起列傳)에 보면 '세상에서 군사를 이야기할 때는 모두가 손자(孫子) 13편과 오기(吳起)의 병법을 말한다.'

라고 하였다. 또한 한비자(韓非子)에서 '손무(孫武)와 오기(吳起)의 병서를 집집마다 가지고 있다'고 하였다.

비단 이 두 경우 뿐만 아니라 병법(兵法)을 논함에 있어서는 손·오(孫·吳)를 병칭함이 기본이었다.

중국인들은 기본적으로 '말로 뜻을 나타낼 수는 없다'는 사상을 가지고 있어 세세하게 설명하거나 하는 것을 그다지 좋아하지 않는다.

공자도 논어(論語)에서 말을 능숙하게 하는 사람을 의심하고, 말이 어눌한 사람을 높이 평가하라고까지 했던 것이다.

따라서 말로 설명할 수 없는 개념, '도(道)', '인(仁)', '의(義)', '예(禮)' 따위를 높이 평가하는 것이 중국인들인 것이다.

89

미국 하버드대학교
(HARVARD UNIVERSITY)

메사추세츠 캠브릿지에 위치한 하버드대학교는 1636년 메사추세츠 식민지 최고회의에 의해 설립된 미국에서 가장 오래된 대학으로 **IVY LEAGUE** 명문이다.

청교도 목사인 **JOHN HARVARD**가 300여 권의 도서와 재산을 기증하면서 1638년 하버드 칼리지로 이름을 바꾼 하버드는 학문의 다양성과 연구성과 그리고 개방적인 학문교류로 미국은 물론 세계에서도 최고로 꼽히는 명문 중의 명문대학교이다.

VISITOR CENTER 현판 삼각문양의 내용은 라틴어로 **VERITAS** (진리, 진실)을 의미한다.

보스턴에서 찰스강 건너 편에 위치한 하버드대학교는 **IVY LEAGUE** 대학교 중에서도 가장 많은 학생과 학부모들이 **INFORMATION SESSION**과 **CAMPUS TOUR**에 참석하여 항상 붐비는 곳이다.

하버드에서 빼놓을 수 없는 **J. HARVARD**의 동상이 있다. 흔히 존 하버드를 설립자로 생각하는 사람들이 있다.

미국으로 이주하고 1년 만에 폐결핵으로 사망한 청교도 존 하버드는 하나님의 일꾼이 되려는 생의 목표가 질병으로 더 이상 할 수 없게 되자 신 앞에서 새로운 가치를 얻으려 유능한 목사를 양성하기 위해 재산을 기부한다.

JOHN HARVARD의 왼쪽 구두를 만지면 하버드대학교에 입학할 수 있다는 속설이 있다.

이 동상에 대한 세 가지 틀린 말 중의 하나가 이 속설이다.

나머지 두 가지는 이 동상의 모델은 하버드가 아니라 1884년 당시 3학년 재학생이고 동상이 앉아 있는 좌대에 새겨있는 1638년이 설립 년도가 아니라는 것이다.

그렇지만 하버드를 방문한 사람들은 모두 구두를 만지려 하고 하버드 동상 앞에서 사진을 찍는다.

영화 타이타닉을 기억하는가? 1912년 4월 타이타닉호에 승선했다가 생을 마감한 **HARRY ELKINS WIDENER** 그의 어머니가 하버드 출신 아들의 죽음을 가치 있게 만들기 위해 재산을 기증해 만든 도서관이다.

도서관 내부 벽에 붙어있는 기념비 비석 아래에 **TITANIC**이라는 글자가 보인다.

어머니가 도서관을 세우길 바라면서 부탁한 조건이 하나 있었다 한다. 재학생들의 커리큘럼에 수영을 채택해 달라는 것.

도서관 앞 **OLD YARD** 이 광장은 하버드 졸업식이 열리는 곳이기도 하다. 하버드는 건물 하나하나가 모두 명물이다.

돌 하나에도 가치와 의미를 두고 있는 교정은 하버드의 전통과 함께 고풍스러운 멋을 지니고 있다.

1학년 편의시설과 식당이 있는 교회풍의 웅장한 건물이 있다.

대학 1학년생은 전원 올드 야드 기숙사에서 생활하면서 대학 생활

오리엔테이션과 안내를 받게 된다. 이 건물은 1학년들만을 위한 시설이다.

2학년에서 4학년까지는 하우스라는 곳에서 교양과목(LIBERAL ART)을 시작으로 각 전공 분야를 집중 공부한다.

기숙사와 도서관 그리고 강의실을 다니는 학생들에게는 승용차가 필요치 않다.

낡은 자전거 한 대면 최고다.

시간 절약도 되고 운동도 되고, 캠퍼스 곳곳에는 공연, 모임, 전시 동아리 안내, 벼룩시장 등등 게시판이 있다.

아홉 명의 학생과 하나의 석사 과정 프로그램으로 시작된 하버드는 18, 19세기를 거치면서 법대와 의대가 미국 최고의 학과로 자리를 잡았고 20세기에 들면서 교육뿐만 아니라 최고의 연구기관으로서도 명성을 획득하였다.

하버드 졸업생으로는 JOHN ADAMS, JOHN FIZGERALD KENNEDY 등 여섯 명의 미국 대통령이 있고 38명의 노벨상 수상자 그리고 헬렌 켈러, 빌 게이츠, 데이비드 록펠러 등이 배출되었다.

90

퇴임 후 문재인 대통령 부부의 운명

　문재인 대통령 퇴임후 양산 생가 터에 들어서는 순간 세상은 온통 먹구름으로 뒤덮힐 운명이다.

　이 터의 운명은 사사괘수형(死蛇掛樹形) : 죽은 뱀이 나무에 걸린 형세.

　이 사주는 형옥(刑獄)을 면치 못할 사주팔자(四柱八字)다.

　명궁에 팔패가 들었으니 즐거운 가운데 불현듯 우수(憂愁)가 깃들고 용머리에 뱀 꼬리와 같은 격이니 처음은 좋으나 끝이 흐리다.

　한번은 형상(形傷)의 화를 당할 것인즉 반드시 관재의 재앙이 몸을 두르리라.

　옛사람(故人)은 팔패살(八敗殺)을 가리켜 동서남북, 상하좌우, 형제, 일가친척, 친구, 처가로 여덟 번 패가 겹쳤다고 일러왔다.

　팔패(八敗)는 자의로 풀이하면 여덟 번 패한다는 뜻이 된다.

"팔패살(八敗殺)"
'다 된 밥에 재 뿌리는 팔패살(八敗殺)'

중국의 고전 연금경(演禽經)에서는 팔패를 가리켜

작야춘화 일타홍(昨夜春花 一朶紅)
추풍괄거 일천향(秋風刮去 一千香)

어젯밤 봄꽃 한 송이 붉었는데, 오늘 아침 가을 서리 세찬 바람에
일천 향기를 한꺼번에 쓸어가 버렸네 라고 탄식하였다.

91

진시황은 중국인을 먹여 살린다

몽념은 진(秦)나라를 위해서 영토를 개척하고 인구를 증가시켰으며, 북방의 흉노(匈奴)를 쳐부수고 황하를 거점으로 삼아 요새를 구축하였다.

또한 산악지형을 토대로 방어를 더욱 강화하기 위해서 유중(榆中)을 건설하였다. 그래서 몽념열전(蒙恬列傳) 제 28을 지었다.

몽념은 동생 몽의와 함께 진시황의 총애를 받았다.

그래서 만리장성 쌓는 임무를 맡았다.

그러나 진시황이 죽고 2세 황제와 그 옆에서 비데 짓하며 권력을 휘두른 환관 호해의 미움을 샀다.

미움이라기보다는 견제라고 보는 것이 좋겠지. 어쨌든 그래서 억울하게 죽임을 당하게 된다.

사실 역사적 맥락 없이 읽으면 별로 재미없는 편인데 마지막 구절이 왠지 가슴에 남았다.

몽념은 한숨을 쉬었다.

'신은 하늘에 무슨 죄를 얻어서 과실도 없는데 죽지 않으면 안 된단 말인가!' 얼마 동안 탄식하다가 천천히 말했다.

'나의 죄가 죽음에 해당하는 것도 무리는 아니다.

임조에서 요동에 연하여 장성을 쌓기는 만여 리, 그 중간에 지맥(地脈)을 끊는 일이 없다고 할 수 없으리라.

이것이 정녕코 나의 죄다.'

마침내 독약을 마셔 자결했다.

태사공은 말하였다.

나는 북방 변경에 가서 직도를 거쳐 돌아오는 길에, 몽념이 진나라를 위해 쌓은 장성의 요새를 보았는데, 산을 파고 골짜기를 메워 직도를 냈으니, 참으로 백성의 노고를 돌아보지 않은 것이었다.

진나라가 제후를 멸한 처음에 천하의 인심은 아직 안정되지 않고, 전쟁의 상처를 입은 자도 아직 낫지 않았다.

명장 몽념으로서는 이런 때일수록 백성의 위난을 구하고, 노인 공양에 힘을 쓰고, 고아를 불쌍히 여기고, 서민의 융화를 도모하도록 강력히 간하지 않으면 안 되었을 것인데, 시황제의 뜻만 중히 여기고 자신의 공로에만 힘썼다.

그렇게 해서는 형제가 다 같이 죽임을 당한 것도 당연한 일이 아니겠는가! 어찌하여 죄를 지맥 같은 데로 돌릴 수가 있겠는가?

"그때는 만리장성을 보고 '사람을 죽이는 성'이라고 했지만 지금은 '진시황은 중국인을 먹여 살린다.'"

중국인들은 진시황에게 영원히 감사한 마음으로 살아가야 할 것이다. 역시 선견지명이 뛰어난 진시황제다.

92

하룻밤을 자도 만리장성(萬里長城)을 쌓는다

흔히 우리말에 '하룻밤을 자도 만리장성을 쌓는다'는 말이 있는데, 만난 지가 얼마 되지 않았지만 깊은 인연을 맺을 수 있다는 뜻으로 이해하는 경우가 많다. 그러나 원래의 어원은 전혀 다른 뜻으로 시작되었다고 한다.

중국 진시황이 만리장성을 쌓을 계획을 세우고 기술자와 인부들을 모은 후에 대역사를 시작했을 때다.

어느 젊은 남녀가 결혼하여 신혼생활 한 달여 만에 남편이 만리장성을 쌓는 부역장에 징용을 당하고 말았다.

일단 징용이 되면 그 성 쌓는 일이 언제 끝날지도 모르는 상황에서 그야말로 죽은 목숨이나 다를 바 없었다.

가끔 안부 정도는 인편을 통해서 알 수야 있었겠지만, 부역장에 한 번 들어가면 공사가 끝나기 전에는 나올 수 없기 때문에 그 신혼부부는 생이별을 하게 되었으며, 아름다운 부인은 아직 아이도 없는 터라 혼자서 살 수밖에 없었다.

남편을 부역장에 보낸 여인이 외롭게 살고 있는 외딴집에 어느날 지나가던 나그네가 찾아들었다.

남편의 나이쯤 되어 보이는 사내 한 사람이 싸리문을 들어서며 "갈 길은 먼데 날은 이미 저물었고 이 근처에 인가라고는 이 집밖에 없어 헛간이라도 좋으니 하룻밤만 묵어가게 해 주시면 고맙겠습니다." 하고 정중하게 간청하고 여인은 허락을 했다.

 그 이유는 여인네가 혼자 살기 때문에 과객을 받을 수가 없다고 거절할 수가 없었던 이유는 주변에는 산세가 험하고 인가가 없기 때문이었다.

 저녁 식사를 마친 후, 바느질을 하고 있는 여인에게 사내가 말을 건넸다.

 "보아하니 이 외딴집에 혼자 살고 있는 듯한데 사연이 있나요?"라고 물었다.

 여인은 숨길 것도 없고 해서 남편이 부역을 가게 된 그동안의 사정을 말해 주었다.

 밤이 깊어가자 사내는 노골적으로 작업에 들어갔다. 하지만 쉽사리 허락하지 않는 여인과 실랑이가 거듭되자 더욱 안달이 났다.

 "이렇게 살다가 죽는다면 너무 허무하지 않습니까?

 그대가 돌아올 수도 없는 남편을 생각해서 정조를 지킨들 무슨 소용이 있습니까?

 아직 우리는 너무 젊지 않습니까?

 내가 당신을 평생 책임질 테니 나와 함께 멀리 도망가서 행복하게 같이 잘살아 봅시다."

 사내는 일단, 이단, 삼단 수위를 높여가지만 뛰는 놈 위에 나는 여자가 있다고 시골 사는 여인네이지만 양반집 가문에서 시집온 아마추어가 아닌 초단이었다.

아무리 꼬시려 해도 여인은 냉랭했다. 속으로는 좋았겠지만 겉으로는 전혀 내색이 없었다.

사내는 그럴수록 열이 나서 저돌적으로 달려들었고, 여인의 판단은 깊은 야밤에 인적이 없는 이 외딴집에서 자기 혼자서 절개를 지키겠다고 저항한다고 해도 소용없는 일이라는 것을 깨닫고 일단 사내의 뜻을 받아들여 몸을 허락하겠다고 말한 뒤, 한 가지 부탁을 들어달라고 조건을 내 걸었다.

귀가 번쩍 뜨인 사내는 어떤 부탁이라도 다 들어줄 테니 말해 보라고 했고, 여인은 "남편이 결혼식을 올리고 잠시라도 함께 산 부부간의 의리가 있어 그냥 당신을 따라나설 수는 없는 일입니다.

그리하여 제가 새로 지은 남편의 옷을 한 벌 싸드릴 테니 날이 밝는 대로 제 남편을 찾아가서 갈아입을 수 있도록 전해주시고 그 증표로 글 한 장만 받아 달라는 부탁입니다.

어차피 살아서 만나기 힘든 남편에게 수의를 마련해주는 기분으로 옷이라도 한 벌 지어 입히고 나면 당신을 따라나선다고 해도 마음이 좀 홀가분할 것 같습니다.

당신이 제 심부름을 마치고 돌아오시면 저는 평생 당신을 의지하면서 일편단심 민들레로 살겠습니다.

그 약속을 먼저 해 주신다면 제 몸을 허락하겠습니다."

여인의 말을 듣고 보니 그리 어려운 일도 아니고. 마음씨 또한 가상한지라 좋은 여인을 얻게 되었노라 쾌재를 부르며 그렇게 하겠다고 하고 이게 웬 떡이냐, 하는 심정으로 덤벼들어 자신의 모든 것을 동원해서 욕정을 채운 후 곯아떨어졌다.

사내는 아침이 되어 흔드는 기척에 단잠을 깨었다.

밝은 아침에 보니 젊고 절세의 미모에다 아침 햇살을 받아 빛나니 양귀비와 같이 천하 미색이었다.

사내는 저런 미인과 평생을 같이 살 수 있다는 황홀감에 빠져서 간밤의 피로도 잊고 벌떡 일어나서 어제의 약속을 이행하기 위하여 길 떠날 채비를 했고 여인은 사내가 보는 앞에서 장롱 속의 새 옷 한 벌을 꺼내 보자기에 싸서 괴나리봇짐에 잘 챙겨 주는 것이었다.

사내 마음은 잠시라도 떨어져 지내기 싫었지만, 하루라도 빨리 심부름을 마치고 와서 평생을 해로해야겠다는 생각으로 부지런히 걸었다.

드디어 부역장에 도착하여 감독관에게 면회를 신청하면서 옷을 갈아 입히고 글 한 장을 받아 가야 한다는 사정 이야기를 했더니 감독관이 "옷을 갈아 입히려면 공사장 밖으로 나와야 하는데 한 사람이 작업장을 나오면 그를 대신해서 다른 사람이 들어가 있어야 하는 규정 때문에 옷을 갈아입을 동안 당신이 잠시 교대를 해 줘야 가능하다"고 말하자 사내는 그렇게 하겠노라 하고 여인의 남편을 만난 사내는 관리가 시키는 대로 대신 들어가고 그에게 옷 보따리를 건네주었다.

남편이 옷을 갈아입으려고 보자기를 펼치자 옷 속에서 편지가 떨어졌다.

"당신의 아내 송옥(宋玉)입니다. 당신을 공사장 밖으로 끌어내기 위해 이 옷을 전한 남자와 하룻밤을 지냈습니다.

이런 연유로 외간 남자와 하룻밤같이 자게 된 것을 두고 평생 허물하지 않겠다는 각오가 서시면 이 옷을 갈아입는 즉시 제가 있는 집으로 돌아오시고 혹시라도 그럴 마음이 없거나 허물을 탓하려거든 그 남자와 교대해서 공사장 안으로 다시 들어가도록 하십시오."

자신을 부역장에서 빼내 주기 위해서 다른 남자와 하룻밤을 지냈다고 고백을 들었지만, 그것을 용서하고 아내와 오손도손 한평생을 사는 것이 낫지, 어느 바보가 평생 못 나올지도 모르는 만리장성 공사장에 다시 들어가서 교대를 해 주겠는가?

남편은 옷을 갈아입고 그 길로 아내에게 달려와서 아들, 딸 낳고 행복하게 살았다는 이야기다.

이거야말로 하룻밤을 자고 만리장성을 다 쌓은 것이 아닙니까?

하고 많은 인간사에서 이처럼 다른 사람이 나 대신 만리장성을 쌓아준다면 다행한 일이겠지만, 어리석은 그 사내처럼 잠시의 영욕에 눈이 어두워 자신도 모르는 사이에 남의 만리장성을 영원히 쌓아주고 있는 것이나 아닌지요!

93
백락이 있고 나서 천리마가 있다

당(唐)나라 때의 명문장가 한유(韓愈)도 세상에 백락이 있고 나서 천리마가 있게 마련이다.

천리마는 언제나 있지만 백락은 항상 있는 게 아니다.

그러니까 비록 명마라도 백락의 눈에 띄지 않으면 하인의 손에 고삐가 잡혀 끝내는 천리마란 이름 한 번 듣지 못하고 보통 말들과 함께 마구간에서 죽고 만다고 했다.

그런 백락이 어느 날 긴 고갯길을 내려가다가 명마 한 마리가 소금을 잔뜩 실은 수레를 힘겹게 끌고 오르는 것을 보게 되었다.

분명 천리마인데 이미 늙어 있었다.

무릎은 꺾이고 꼬리는 축 늘어졌고 소금은 녹아내려 땅을 적시고 있었다. 무슨 사연이 있어 천리마가 이 꼴이 되었는가!

천리마도 백락을 보고는 "히힝" 하고 슬픈 울음을 울었다.

명마로 태어났으면서도 천한 일을 하고 있는 게 서러웠던 것이다.

백락도 같이 울면서 자기의 비단옷을 벗어 말에게 덮어 주었다.

천리마에게 이렇게밖에 할 수 없는 백락의 마음인들 오죽 아팠을까?

천리마는 땅에 엎드려 숨을 몰아쉬다가 다시 고개를 들어 크게 우니 그 소리 하늘에 사무치더란 것이다. 이래서 '기복염거(驥服鹽車)'란 말이 나왔다고 한다.

94

불영사(佛影寺) 노스님이 준
천편, 지편, 인편

남사고는 어렸을 때 자주 불영사(佛影寺 : 경상북도 울진군 서면 하원리 천축산에 있는 절. 대한불교 조계종 제11교구 본사인 불국사의 말사이다.)에 갔다.

천축산불영사기(天竺山佛影寺記)에 의하면 651년(진덕여왕 5)에 의상(義湘)이 창건했다는 내용을 찾았으며, 절집에서 한 노승을 만났는데 스님은 소년이 남다른 인물이 될 줄 미리 내다보고 세 권의 비결을 내주었다고 한다.

그중 『천편(天編)』은 별자리의 운행과 그 운세 등 천문에 관한 모든 사항을 항목별로 적어 놓은 것이었다. 『지편(地編)』은 산천의 지세와 명당 등 풍수를 자세히 논한 것이었다.

마지막 『인편(人編)』은 사람의 얼굴을 한 번만 쳐다봐도 그 명운을 알아맞히는 방법을 기록한 비밀스러운 책이었다.

노승은 이 책들을 건네주며 아무쪼록 덕을 쌓는 것이 최우선임을 신신당부했다.

그 뒤 노승은 남사고의 공부를 점검하러 집으로 찾아갔다.

당연히 1권인 『천편(天編)』부터 차례로 공부하고 있으리라 짐작했으나, 남사고는 『**인편**(人編)』에 실린 각종 비술에 빠져 『**천편**(天編)』은 아직 시작도 못하고 있었다. 노승은 남사고가 비결을 사리사욕을 채우는데 쓸까 염려한 나머지 남사고의 집에 불을 질러 책을 모두 태워버리고는 불영사를 떠나 어디론가 사라졌다.

졸지에 비결을 빼앗긴 남사고는 새 각오로 삼천리강산을 두루 유람했다.

그리하여 비로소 지리 공부의 요체를 파악하게 되었다고 한다.

95

죽음을 이기는 약(藥)은 없다

창세기 5:27 969살을 산 '므두셀라'가 정말 가능했을까?

창세기 5장에는 아담에서 노아에 이르는 10고조의 역사가 기록되어 있다.

그러나 창세기 5장의 해석은 긴 수명에 초점이 있는 것이 아니다.

천년에 가까운 세월을 살았지만 결론은 언제나 '죽었다'라는 것이다. 죽음은 죄의 결과이다.

죽음은 모든 사람에게 임하는 보편적 사실인 것을 성경은 누누이 강조한다.

히 9:27에서는 '한번 죽는 것은 사람에게 정한 것이요'이라 하였고, 다윗은 '세상 모든 사람이 가는 길'(왕상 2: 1-2)이라 하였다.

그리하여 예수께서는 '나는 부활이요 생명이니 나를 믿는 자는 죽어도 살겠고 무릇 살아서 나를 믿는 자는 영원히 죽지 아니하리니' 이것을 네가 믿느냐?(요 11:25-26)

창세기 5장의 옛 조상들의 긴 수명은 그 완벽한 환경 속에서도 인간이 영생할 수 없었고 결국 죽음에 이르러야 했다는 죄인의 한계를 명백히 보여주는 것이다.

"헛되고 헛되도다, 모든 것이 헛되도다"

창 6:3 여호아께서 가라사대 나의 신이 영원히 사람과 함께하지 아니하리니 이는 그들이 육체가 됨이라 그러나 그들의 날은 일백이십 년(120년)이 되리라 하시니라.

시편 90:10 우리의 연수가 칠십이요,

강건(康健)하면 팔십이라도 그 연수의 자랑은 수고와 슬픔뿐이요,

신속히 가니 우리가 날아가나이다.

전도서 1:2 전도자가 가로되 헛되고 헛되며 헛되고 헛되니 모든 것이 헛되도다.

전도서 3:1-8 천하에 범사가 기한(期限)이 있고 모든 목적이 이룰 때가 있나니

전도서 12:8 전도자가 가로되 헛되고 헛되도다. 모든 것이 헛되도다.

전도서 3:20-21 다 흙으로 말미암았으므로 다 흙으로 돌아가나니 다 한곳으로 가거니와 인생의 혼은 위로 올라가고 짐승의 혼은 아래 곧 땅으로 내려가는 줄을 누가 알랴

명심보감 「존심편(存心篇)」

인무백세인(人無百歲人)이나 : 사람은 백 살을 사는 사람이 없건만,

왕작천년계(枉作千年計)니라 : 부질없이 천 년의 계획을 세우느니라.

긴 병에 효자 없다.

96

역대 미국 대통령들 생활습관

평소에 치아 관리를 소홀히 한 워싱턴은 대통령 취임식 때는 치아가 1개밖에 없었다고 한다.

미국 달러 지폐에 나와 있는 워싱턴의 얼굴에서 입이 약간 나와 있는 것은 틀니 때문이라고 한다.

그런 워싱턴 대통령이 매일 아침 자기가 기르던 말의 이빨은 매일 양치질을 해 주었다고 한다.

워싱턴은 미국의 역사상 유일무이하게 만장일치로 대통령이 되었다.

워싱턴은 미국 최초의 백만장자가 되어, 당시 대통령의 연봉 $25,000 (요즘 돈 약 50만 불)을 정중하게 거절하고 국가에 무료봉사를 했다고 한다.

대통령 연봉 전체를 불우이웃 돕기에 기증하고, 무료로 봉사한 케네디 대통령은 21세에 이미 백만장자였다고 한다.

조지 워싱턴 대통령(1대)은 목욕을 자주 하면 몸에 안 좋다고 생각했고, 존 F. 케네디(35대)는 하루에도 몇 번씩 샤워한 후, 매번 새 옷으로 갈아입었고, 토마스제퍼슨(3대)은 얼음같이 찬물에 목욕하면 감기에 안 걸린다고 믿었고, 존 퀸시 애덤스 대통령(6대)은 매일 아침 5시에 포토맥강에서 나체로 목욕했다고 한다.

존 애덤스 대통령(2대)은 여덟 살 때부터 담배를 피웠으며, 그의 아들(존 퀸시 애덤스 : 6대)도 대통령이 되었다. 9대 대통령인 윌리엄 헨리 해리슨은 손자 벤자민 해리슨(23대)이 대통령이 된 집안 내력이 있다. 테오도어 루즈벨트 대통령(26대)은 프랭클린 루스벨트(32대)의 사촌 형이며, 조지 H. 부시 대통령(41대)은 조지. W. 부시 대통령(43대)의 아버지이다.

제임스 메디슨 대통령(4대)은 몸무게가 45킬로 밖에 안 나가는 대통령이었으나, 미국 '헌법의 아버지'로 불려졌으며, 윌리엄 태프트 대통령은 몸무게가 150킬로 나갔지만 하와이에 가서 파도타기 서핑을 배웠다.

태프트(27대)는 체격이 커서 백악관 욕조에 목욕을 하다가 큰 덩치가 욕조에 끼어 빠져나오지 못하고 고생했다가 기술자를 시켜 보통 사람 4인분의 큰 욕조를 만들었으며, 회의 중에 잘 졸아서 백악관 직원들로부터, '잠자는 숲속의 공주(SLEEPING BEAUTY)'라는 애칭을 얻었고, 나중에는 자다가 죽었다고 한다.

앤드류 잭슨 대통령(7대)은 암살 시도를 받아 총탄을 2개 몸에 지닌 채 살았고, 자신은 아내인 레이철의 인격을 모독한 사람에게 정정당당하게 권총 결투를 신청하여 상대를 쏘아 죽임으로 미국 역사상 유일하게 권총으로 남을 죽인 대통령이 되었다.

윌리엄 헨리 해리슨 대통령(9대)은 몹시 추운 날씨에 거행된 대통령 취임식에서 코트, 장갑, 모자도 쓰지 않은 채 장장 1시간 이상의 취임 연설을 한 후, 그 길로 감기와 폐렴에 걸려 한 달 만에 죽었다.

존 타일러 대통령(10대)은 첫째 부인 라티샤에게서 여덟 자녀를 낳았고, 라티샤가 죽자 줄리아를 둘째 부인으로 얻었는데, 줄리아는 타

일러의 세 딸들 보다 나이가 더 어렸다고 한다.

그래도 줄리아에게서 일곱 명의 자녀를 더 낳았는데, 막내가 태어난 지 한 달 반 만에 71세의 나이로 죽었다.

제임스 포크 대통령(11대)은 은행을 신뢰하지 않아 돈자루를 집에다 숨겨 두고 돈 관리를 했고, 프랭클린 피어스 대통령(14대)은 미국 역사상 가장 잘생긴 대통령으로 알려져 있는데, 자기 눈앞에서 11살 먹은 막내아들이 열차에 치여 죽었다.

제임스 뷰캐넌 대통령(15대)은 평생 독신으로 살았고, 노예제도를 합법화해야 한다고 주장했고, 워런 하딩 대통령(29대)은 한술 더 떠서, 인종차별 그룹인 **K. K. K**에 가입되어 있었고, 존 퀸시 애덤스 대통령(6대)은 80세의 나이로 노예제도 반대 연설로 열변을 토하던 중 심장마비로 죽었다.

재커리 테일러 대통령(12대)은 노예제도는 필요악이라고 생각했다.

미국 역대 암살당한 대통령들 4명

1. 링컨(16대)은 대통령이 된 후에 만 번 이상의 암살 위협을 받고 56세의 나이로 결국은 암살당해 죽었고,
2. 제임스 가필드 대통령(20대)은 49살 때 암살을 당해 죽었고,
3. 윌리엄 매킨리 대통령(25대)은 58세의 나이로 암살당해 죽었고,
4. 존 F 케네디(35대)는 46세의 나이에 암살당해 죽었고,

워런 하딩 대통령(29대)은 아내에게 독살당했다는 일설이 있다고 한다.

97

미국 역대 대통령들의 학력과 사생활

에이브러햄 링컨대통령(16대)과 부인 매리 타드는 당시 상류사회의 유행이었던 부부 각방 쓰기를 했으며, 프랭클린 루즈벨트(32대)와 부인 엘리노어도 침실을 따로 썼고, 케네디(35대)와 잭클린도 각방을 썼으며, 닉슨(37대)과 부인 팻도 침실을 따로 썼으나, 드와이트 아이젠하워(34대)와 부인 매미(MAMIE)는 한 침실에서 잤는데, 매미는 "같이 자니 남편의 대머리를 언제든지 쓰다듬을 수 있어서 좋다."고 했다.

앤드류 존슨 대통령(17대)은 학교를 하루도 안 다닌 무학으로 결혼한 후 16살의 아내에게서 읽기와 쓰기를 배웠으며, 링컨 대통령(16대)은 1년의 학교 교육을 받았고, 해리 트루먼 대통령(33대)은 고등학교 졸업, 우드로우 윌슨 대통령(28대)은 프린스턴 대학교 총장 출신이었으나 그의 부인 에딧드는 초등학교 2학년 교육만 받았다.

벤자민 해리슨 대통령(23대)은 백악관에 전깃불을 처음 설치한 대통령이었으나, 전깃불을 켠 후 감전을 당할까봐 겁이 나서 전깃불을 끄지 못하고 그냥 켜 두었다고 한다.

용감무쌍한 디오도르 루즈벨트 대통령(26대)은 대통령으로는 처음으로 비행기도 타고, 잠수함도 타고, 차도 타고, 심지어 연설 중에 암살자로부터 가슴에 총을 맞고도 연설을 중단하지 않고 연설을 마친 후에야 병원에 가서 치료를 받았고, 로널드 레이건 대통령(40대)은 암살자 힝클리의 총을 맞고도 자기 발로 병원에 걸어 들어가서 수술을 받음으로 국민들에게 강한 지도자라는 인기를 끌었다.

루즈벨트 대통령(26대)은 50대의 어머니(미티)와 23세 된 아내 앨리스가 같은 날 오전과 오후에 죽는 비극을 당했다.

그러니까 발렌타인데이인 1884년 2월 14일, 오전에 어머니가 장티푸스로 돌아가시고, 오후에는 아내가 급성 신장병으로 죽은 것이었다.

이틀 전에 첫딸을 낳아 두고 죽은 것이다.

이런 비극을 딛고 일어선 루즈벨트는 파나마운하 건설, 국립공원 설립 등의 공헌을 했고, 개인적으로는 하루에 100번씩 크게 웃는 것을 규칙으로 정해 놓고 실천에 옮겼다고 한다.

워런 하딩 대통령(29대)은 미국 역사상 가장 나쁜 대통령으로 평가받고 있는데, 백인 우월단체인 **KU KLUX KLAN**의 맴버였고, 백악관의 찻잔을 팔아서 도박을 했으며, 대통령 업무는 안 보고 며칠 동안 계속 골프를 쳤고, "아내 플로렌스는 다른 남자들과 바람을 피웠고, 소문에 의하면 하딩이 자살했다는 말도 있고, 플로렌스가 독약을 먹여 죽였다는 소문도 있다."

린든 존슨 대통령(36대)은 클라이디아(레이디 버드)를 만난 첫날 청혼해서 결혼으로 골인했고, 리처드 닉슨(37대)도 델마(팻)를 만난 첫날 청혼해서 결혼으로 골인했으며, 프랭클린 루스벨트(32대)는 먼 사촌 엘리노어와 결혼했고, 벤자민 해리슨 대통령(23대)은 아내 캐롤라인이 죽자 아내의 조카인 메리와 결혼하여 세상을 놀라게 했다.

프랭클린 루스벨트 대통령의 백악관 요리사는 좀 별난 사람이었던지, 매일 아침 똑같은 시리얼을 주어서, 루스벨트 대통령이 내일은 다른 시리얼 좀 먹고 싶다고 해도, 똑같은 시리얼을 주었다고 한다.

할 수 없이 대통령이 다른 시리얼을 싸게 살 수 있는 쿠폰을 주었다고 한다.

루스벨트 대통령이 브로콜리를 싫어한다고 해도 요리사는 몸에 좋으니 무조건 드셔야 한다며 고집을 피우고, 매일 아침 식사가 맛이 없어도 루스벨트는 마음이 좋아서 요리사를 해고하지 않고, 대통령이 직접 부엌에 들어가 계란 샌드위치를 만들어 먹었다고 한다.(미국 대통령으로는 유일하게 4선)

아버지 조지 부시(41대) 대통령(GEORGE H.W. BUSH)은 브로콜리를 싫어했던지, 백악관에서 브로콜리를 전면 금지시켰는데, "나는 미국 대통령이다. 나는 더 이상 브로콜리를 먹지 않음을 선언한다."고 했다. 조지 부시 대통령(41대)의 부인인 바바라 여사는 3살 난 딸이 백혈병으로 죽자, 충격으로 20대에 흰머리가 되었는데, 염색을 하지 않고 나이 들어가는 모습을 그대로 받아들이고 살았다고 한다.

바람둥이로 유명한 빌 클린턴 대통령(42대)도 자신의 실수를 유머로 넘기기도 했는데, 최근에 원시시대의 미라가 발견되었을 때, "저 미라 잘 생겼네. 내가 결혼만 안 했으면, 어떻게 한번 해 볼 텐데" 하며 농담을 했다고 한다.

우드로우 윌슨 대통령(28대)은 아침과 저녁에 무릎을 꿇고 하나님께 기도를 했으며, 하나님이 어려운 시기에 자기를 대통령으로 세워주신 것은 세계 대전에서 미국을 구하라는 것이라는 확신을 가졌다고 한다.

그런데 그는 흑인들의 인권을 신장시켜 주겠다는 약속을 어기고, 오히려 흑인차별 정책을 더 강화했다.

우드로우 윌슨 대통령은 아내 엘런이 54세의 나이에 신장병으로 죽자 장례식장에서 크게 흐느끼며, 가까운 친구에게 "차라리 암살을 당해 함께 죽고 싶다"

고 말했으나 일 년 만에 워싱턴의 보석상 주인이었던 에딧드와 결혼했다.

에딧드는 초등학교 2학년의 교육밖에 못 받았으나, 워싱턴에서 여성으로는 최초로 자기 자가용을 운전하고 다니던 부유한 여성이었다.

리처드 닉슨 대통령(37대)은 워터게이트 도청사건과 관련된 책임을 부인하다가 백악관에 자기가 설치해 놓은 도청 장치에 자신이 한 말이 녹음된 것이 공개되는 바람에 거짓말을 했던 것이 탄로나서 역사상 처음으로 현역 대통령이 사임하는 치욕을 당했다.

퀘이커교도였던 리차드 닉슨은 매일 밤 자기 전에 무릎을 꿇고 기도했는데, 닉슨은 자기가 기도하는 사람임이 알려진 것에 대해 부끄러워했다.

드와이트 아이젠하워 대통령(34대)은 장로 교인으로 기도문을 스스로 작성하고 자기를 가리켜 '종교심이 무척 강한 사람(THE MOST INTENSELY RELIGIOUS MAN I KNOW)'이라고 했고, 제랄드 포드 대통령(38대)과 부인 베티는 밤에 자기 전에 손을 잡고 기도하며, 레이건은 교회에 잘 나가지는 않지만, 가난한 사람이 요청하면 수표를 직접 써서 주기도 했다고 한다.

에이브러햄 링컨(16대)은 교회를 다니지는 않았지만, 매일 성경을 읽었고, 하나님을 우리 뜻대로 이용해서는 안 되고, 우리가 하나님의 뜻대로 쓰임을 받아야 한다고 했다.

지미 카터 대통령(39대)은 부인 로잘린과 밤에 성경을 교대로 읽고, 카터 대통령은 주일학교에서 성경을 가르치며, 한 달에 한 번 교회 청소에 참가하고, 자신의 목수 기술을 활용하여 집 없는 사람들의 집을 지어 주는 일을 돕고 있고, 세계의 평화와 인권을 위해 아직 일하고 있다.

98
동의보감 허준 허와 실

허준 집필가 최완규가 말하는 허준

이 드라마는 이은성 원작 소설 『동의보감』을 바탕으로 만든 작품이었다.

허준은 산청에 온 적도 없고 유의태(柳義泰)는 산청에 실존하지 않았다.

최완규는 허준에 대한 자료가 거의 없고 몇 가지 사실만 제외한 모든 것이 픽션이며 역사적 사실도 사실과 다르게 묘사되었다고 말하였다.
그 대표적인 것이

"허준이 내의원에 들어간 것은 소설에 표현된 것처럼 과거가 아니라 '미암 유희춘'의 천거이고 허준의 스승으로 묘사된 유의태(柳義泰)는 허준 사후 백년 후의 인물인 유이태(劉以泰)이다."

99

모든 병은 마음에서 온다
(MIND OVER MATTER)

옛날에 유명한 의학자이신 구선자(九仙子)라는 분이 계셨다. 하루는 나이 40정도의 환자가 찾아왔다. 증상은 이러했다.

"온몸에 기운이 다 빠져 나가고, 일할 의욕이 없어지며, 온몸이 갑갑하며, 목이 꽉 막히는 것 같고, 가슴이 답답하고 기가 부대껴 헛배가 부르고, 팔다리가 뒤틀리며 마비가 온다.

또 이렇게 몸과 마음이 괴로우니 입술을 깨물고, 이를 악물고, 눈을 부릅뜨며 고통을 참으려 해도 참을 수 없어 주먹을 불끈 쥐고 빨갛게 달아오르며 귀까지 빨개진다.

그래서 온몸이 불같이 뜨거워진다.

그래서 많은 의사들을 찾아다니며 무수한 약을 써 보았지만 소용이 없었다."

그러자 구선자(九仙子)께서 처방을 하나 주시면서 말씀하셨다.

"이 병은 세상의 어떤 의술로도 고치기 어렵습니다.
오직 이 처방만이 당신의 병을 치유할 수 있으니, 잘 복용하면 원기를 보전하고 굳건해져 병이 낫게 될 것입니다.

원기가 보전되고 굳건해지므로 나쁜 기운이 침범치 못하여 만병이 생기지 않고 걱정 근심 없이 편안하게 오래도록 살 수 있을 것입니다."

세상에 이런 명약이 있을까요?

구선자의 처방은 보화탕(保和湯)이란 것인데 30가지 재료로 되어 있다.

그 30가지 약재료의 처방은 아래와 같다.

1. 사무사(思無邪) : 나쁜 생각을 하지 말라.

2. 행호사(行好事) : 착한 일을 행하라.

3. 막기심(莫其心) : 속이는 마음을 갖지 말라.

4. 행방편(行方便) : 사람을 좋은 길로 이끌라.

5. 수본분(守本分) : 자기의 분수를 지켜라.

6. 막질투(莫嫉妬) : 샘내거나 시기하지 말라.

7. 제교사(除狡詐) : 간사하고 교활한 마음을 버리라.

8. 무성실(無誠實) : 모든 일에 성실하게 힘쓰라.

9. 순천도(順天道) : 항상 옳은 길을 따르라.

10. 지명한(知命限) : 수명의 한도를 알라.

11. 청심(淸心) : 마음을 깨끗이 하라.

12. 과욕(寡慾) : 욕심을 부리지 말라.

13. 인내(忍耐) : 참고 견디라.

14. 유순(柔順) : 성질을 부드럽고 순하게 하라.

15. 감화(謙和) : 행동은 겸손하고 화목하게 하라.

16. 지족(知足) : 스스로 만족할 줄 알라.

17. 염근(廉勤) : 청렴하고 근검하라.

18. 존인(存仁) : 어진 마음이 늘 있어야 한다.

19. 절검(節儉) : 절약하고 겸손하라.

20. 처 중(處中) : 중용을 지켜 치우치지 말라.

21. 계살(戒殺) : 생명체를 죽이지 말라.

22. 계노(戒怒) : 성내지 말라.

23. 계폭(戒暴) : 행동이 거칠지 말라.

24. 계탐(戒貪) : 탐욕을 내지 말라.

25. 신독(愼獨) : 행동을 신중히 하라.

26. 지기(知機) : 순리를 잘 인식하라.

27. 보애(保愛) : 연약자를 사랑으로 보호하라.

28. 염퇴(廉退) : 물러날 줄 알아라.

29. 수정(守靜) : 고요함을 지켜라.

30. 음즐(陰櫛) : 은연중에 안정하라.

이 재료를 잘 썰고 덖어서 가루를 만들고 거기에 '마음의 불' 두 대
접을 잘 저어서 느긋하게 달여 때를 가리지 말고 수시로 따뜻하게 복
용한다. 참으로 훌륭한 처방인 것이다.

100
나는 포항 한동대학교 터를 잡아줬다

나는 경북 포항 한동대학 터를 잡은 정와룡입니다.

이 터의 형국은 '주마탈안형(走馬脫鞍形)', 달리는 말에서 안장이 벗겨지는 형국.

이 학교를 세운 첫 설립자는 경북 영천 사람으로 고물 장사를 해 기반을 잡아 대학을 설립한 기독교 장로 송태헌 회장이다.

나를 찾아온 송 회장의 간곡한 부탁으로 지금의 한동대학교 터를 잡아주었다.

이 터를 보는 순간 나는 놀라지 않을 수가 없었다.

이 터는 주인을 배신하는 터가 아닌가?

이 터의 형국은 '설립자가 완공을 보지 못하고 남의 손에 넘어갈 터'였기 때문이다.

또 한동대학교라는 이름이 가관이었다.

좋은 이름은 좋은 기름보다 낫고(전 7:1)

한국의 동쪽에 있다고 해서 담임목사가 지어주었다고 했다.

회장님께 이 한동대학교라는 이름을 사용할 경우 송 회장님께서는 이 학교 준공식도 보지 못할뿐더러 남의 손에 넘어갈 것이라고 말렸지만 송 회장님께서는 남의 손에 넘어가도 좋다고 하시며 씩 웃으셨다.

본인은 설마 했겠지? 설마가 사람 죽인다고.

벽돌 한 장 한 장 놓는 것부터 모두 정와룡 회장님의 말은 듣지만, 이 이름은 우리 교회 담임목사님이 직접 지어준 이름이기 때문에 이것만큼은 정 회장님이 양보를 좀 해 달라고 사정사정 부탁을 했다.

피땀 흘려 벌어놓은 돈, 갓 쓰고 폼 잡는 사람 따로 있다고 모두 내어주고 말았다.

결국, 내 예언대로 사기꾼 같은 목사의 꼬임에 빠져 이 한동대학교를 기부한다고 사인을 한다.

하나님 말씀과 성경책을 빙자한 사기꾼 목사 왈, 장로님 교회 재단에 기부를 하면 하나님이 우리 송 장로님께 천 배 만 배 더 큰 부자로 만들어줄 것이라는 얄팍한 술수에 넘어가고 말았다.

교회 재단에 기부를 하고 난 뒤에 기부 무효소송을 내고 울며불며 후회했지만, 버스 지나간 뒤 손들면 뭘 하나?

들리는 소문에 의하면 송 회장은 부도가 나고 지금은 알거지가 되었다는 소식을 들었다.

"지관 푸대접하면 천벌을 받는다"는 말은 이걸 두고 하는 말이다.

당시에 폐백비(지관 수수료) 떼먹은 약속 불이행자, 지금까지 돈 한 푼도 못 받았다.

원칙은 계약한 폐백비가 선불로 통장에 입금이 되면 확인 후 출장을 가는데 터를 봐주면 폐백비를 주겠다는 말에 속아 큰 손해를 본 첫 사례다.

101

귀신이 가르쳐 준 급제 시(詩)

전하는 일화로 박 어사가 한양에 과거를 보러 갈 때 어느 집에서 하룻밤을 묵게 되었다.

그런데 밤이 되자 갑자기 집 주인이 죽었다며 곡소리가 났는데, 아무래도 곡소리가 이상하였다.

곧 잠이 든 박 어사의 꿈에 한 젊은이가 풀로 만든 초립(草笠)을 쓰고 나타나 말하기를 자기는 억울하게 죽었으니 훗날 높은 사람이 되면 자기의 원수를 갚아 달라고 하면서, 만약 자기 소원을 들어 준다면 이번 과거에 합격하도록 도와주겠다고 하였다.

이어 귀신은 이번 과거의 시제(詩題)는 '낙조(落照)'가 날 것이며, 자기가 이르는 대로 써내면 틀림없이 급제할 것이라 하였다. 귀신이 읊어 준 시(詩)는 다음과 같다.

낙조토홍괘벽산(落照吐紅掛碧山)
낙조는 붉게 푸른 산을 물 들이고

김오척진백운간(金烏尺盡白雲間)
해(금오)는 흰구름 사이를 자로 재듯 넘어가는구나

방목원리우대영(放牧園裏帶影)

소 치는 동산엔 소의 긴 그림자 띠를 둘렀고(소 그림)

망부산두첩저(望夫山頭妾低)

망부산 꼭대기엔 아낙네의 머리쪽이 낮아졌구나(고개 숙임)

도진거객편마급(渡津去客鞭馬急)

강 건너는 나그네는 말채찍이 급해지고

심사귀승장부한(尋寺歸僧杖不閒)

절로 돌아가는 중의 지팡이는 바쁘기만 하다

그러나 귀신이 여기까지 시를 읊자 갑자기 닭 우는 소리가 들렸다. 귀신은 더 이상 일러주지 못하고 다시 한 번 간곡하게 부탁만 하고 급히 사라졌다.

과거에 응시한 박 어사가 과시(科詩)를 보니 귀신이 말하여 준대로 '낙조(落照)'였다.

이에 그는 일필휘지로 6구(句)까지 써 내려 갔다.

그러나 귀신이 알려 주지 않은 7, 8구(句)는 직접 지어야만 하는데 좋은 시상이 떠오르지 않았다.

몇 번이고 앞, 뒤를 살핀 그는 이내 7, 8구를 다음과 같이 덧붙였다.

심촌고목사양리(深村枯木斜陽裡)

깊은 마을 늙은 나뭇가지엔 석양이 비꼈는데

단발초동농적환(短髮樵童弄笛還)
더벅머리 초동은 피리를 불며 돌아오는구나

첫 번째로 답안을 제출한 박 어사의 시를 보고 시험관(上試官)은 눈이 휘둥그레져 글자마다 비점(批點 : 글에서 가장 잘 된 글자 위에 찍는 점)과 구구(句句)마다 관주(貫珠 : 잘 된 글이나 시문 위에 그리는 고리점)를 찍으며 여러 시관(試官)에게 장원급제를 주도록 하였다.

그러나 한 시관이 제지하며 말하기를, "아무래도 사람이 지은 것이 아닌 귀신이 지은 시 같습니다"
라며 불합격시키자고 하였다.

그러자 시관이 다시 면밀히 살피며 말하기를,

"1구에서 6구(句)까지는 귀신의 냄새가 나지만, 7구와 8구(句)는 사람 냄새가 나니 장원(壯元)으로는 안 되더라도 병과(丙科)로는 합격시킵시다."
라고 추천하여 박 어사는 3등에 급제하였다.

"암행어사가 된 박문수가 영조에게 전국 사찰에 있는 중들이 불공드린다고 앉아 눈을 지그시 감고 무슨 생각을 하고 있는지 알 수 없다고 상소를 올린 적이 있다.(억불 정책(抑佛政策)" 또는 배불 정책(排佛政策)

어사 박문수가 여름 어느 날 경북 문경군 산북면 사불산 대승사 앞을 지나가게 되었는데 마침 스님들은 나무그늘 아래에서 장기를 뜨고 있었는데, "마(馬)장 받아라, 상(象)장 받아라" 하는 소리가 들렸다.

박문수는 중들을 골탕 먹일려고 대웅전 앞마당에 소변을 보았다.

이 때 중이 나타나 "입은 꼴은 거지같으나 얼굴을 보니 글께나 알

만한데 어찌 법당 앞에서 흉물을 내놓고 소변을 보는 거요?" 하고 물으니 박문수 하는 말, "마(馬)場 상(象)場하고 이야기하니 말하고 코끼리들이 뛰어노는 풀밭인 줄 알았소"

하고 중들을 골려먹었는데 암행어사 임무를 마치고 영조 임금에게 보고를 할 때 중들은 아무 일도 하지 않고 나무그늘에서 장기, 바둑만 뜨고 놀고 먹기만 하니 일을 시켜야 한다고 보고하였다.

이리하여 중들에게 울력(중이 노동하는 짓)이 떨어졌는데 산중에서 할 수 있는 것 중 닥나무 종이 만드는 것과 높은 나무에 올라가 잣을 따는 일 등 힘든 일을 시켜서 그 생산품은 궁중으로 공납토록하게 하였다.

그렇지 않아도 억불정책으로 억압받던 스님들은 더욱 유생들에게 시달리게 되었다.

유생들이 쓰는 종이를 만들어 공급해야 함은 물론 그들이 요구하는 모든 물자를 조달해 주어야 했고 이를 거절하면 양반들의 횡포가 이만 저만이 아니었다.

어찌 되었던 박문수도 그 부모가 문수보살에게 지극한 보시와 정성으로 잉태되어 출생하여 그 이름도 문수로 작명하였는데 중들은 유생들을 위한 물자조달 인력으로 전락시킨 것은 좋은 인연이 악연으로 된 셈이다.

102

조선(朝鮮,좃선) 놈은 들어 오고
일본(日本) 놈은 나가라!

중국 북경시 번화거리에 있는 한 건물에 오가는 사람들의 시선을 사로 잡는 간판이 유별나게 눈에 돋보인다.

조선(朝鮮,좃선) 놈은 들어오라고 하고 일본(日本) 놈은 나가라는 글귀가 오가는 남녀들의 시선을 사로 잡는다.

하도 웃음이 나와 나는 마음속으로 하기야 일본 놈하고는 웬수는 웬수지. 조선 놈하고는 옛날부터 대국이라고 오죽 말을 잘 들었으면 "조선 놈은 들어오라고 하고 일본놈은 나가라고 하겠나?" 혼자 웃으면서 돌아와 그 간판을 본 이야기를 조선족 최고 부자 김희진 회장에게 설명을 했더니 김 회장은 배꼽을 잡고 웃는다.

나는 왜 웃느냐고 물었더니, 그 말의 뜻은 거기는 북경에서는 명물로 소문난 모텔인데 남녀가 안고 싶은 놈은 들어오고, 일을 다 본 놈(성 관계를 끝낸 놈)은 나가라는 뜻이라고 했다.

간판 이름 한번 기가 차다.

김희진 회장 은 그 집 간판 하나 때문에 북경에서는 그 여관집을 모르는 사람이 없을 정도로 유명해졌다고 했다.

어느날 중국의 장쩌민 국가 주석 부부가 차창 밖을 내다보다 그 간판 이름을 보고 박장대소(拍掌大笑)한 일로 더 유명하게 되었다고 했다.

103

이 한 권의 책 속에 당신의 운명을 바꿀 수 있는 비결이 들어 있다

부모라면 누구나 자식이 효성스럽기를 바란다.

그러나 효자라고 반드시 사랑받는 것은 아니다.

인생은 억지로 되는 것이 아니다. 여기에는 어느 누구도 예외는 없다.

성공보다는 성공 후 관리가 더 어렵다.

이 한 권의 책 속에 당신의 운명을 바꿀 수 있는 비결이 들어 있다.

기적이란 지금 내가 살아있다는 것이다.

회불여명(會不如命) 지불여복(智不如福) : 지식은 운명만 못하고, 지혜는 복만 못하다.

제자불필불여사(弟子不必不如師)요 : 제자라고 반드시 스승만 못한 것이 아니며,

사불필현어제자(師不必賢於弟子)니라 : 스승이라고 반드시 제자보다

현명한 것은 아닌 것이다.

호표무문(虎豹無文) 즉곽동견양(則鞹同犬羊) : 호랑이와 표범의 무늬가 없다면 그 가죽은 개나 양의 것과 같을 것이다.

천년응금(千年凝錦) : 천년의 미래에 비단을 짠다.

『명심보감』 순명편(順命篇)에 공자가 말하기를, '죽고 사는 것은 명에 있고 부자가 되고 귀하게 되는 것은 하늘에 있다.' 라고 하셨다.

"모든 일은 분수가 이미 정하여져 있는데 사람들은 부질 없이 스스로 바쁘게 움직인다. "

경행록에 이르기를 '화는 요행으로는 면하지 못하고, 복은 가히 두 번 다시 구하지 못한다.'라고 하였다.

열자가 말하기를, '어리석고 귀먹고 고질이 있고 벙어리라 도 집은 큰 부자요 지혜 있고 총명해도 도리어 가난하다.'

운수는 해와 달과 날과 시가 분명히 정하여 있으니 계산해 보면 부귀는 사람으로 말미암지 않고 명에 있는 것이다라고 하였다.

104
암탉이 울면 집안이 망한다

노무현 시절 때 H에게 국무총리를 하라고 했을 때 나는 대통령 할 사람인데 국무총리를 안 한다고 거절한 장본인이다.

부인이 평소 영주에 거주하는 단골 사기꾼 땡중 말을 듣고 대통령 할 사람이 국무총리는 왜 해. 내 말 듣고 조상의 묘를 이장하면 대통령이 된다고 설득해 이장을 한 뒤에 생때같은 젊은 사십 대 아들을 잃었다.

이유인즉 H 형님 부인이 평소에 거래하는 경북 영주에 거주하는 땡중에게 상담해 본 결과 당신 남편은 앞으로 대통령을 할 사람인데 국무총리를 왜 하느냐고 해 국무총리를 거절했다고 한다.

이 말은 세상이 다 알고 있는 사실, 그런 일이 있고 얼마 후 아침 일찍 임향순 형님에게 전화가 왔다.

"동상 자나? 동상 정말 귀신이다! 귀신!"

"형님 왜요? 갑자기 자다가 봉창 두들기는 소리를 하는교? 형님 무슨 일 있었습니껴?"

"간밤에 H 형님 아들이 죽었다고 H 형님한테 연락이왔는데 막냇동생 와룡이한테는 절대 알리지 말아달라고 당부했다"고 했다.

그리고 몽골과 미8군 부대에서 아리랑 택시를 하는 사업가도 동생이 한 달 전에 예언한 대로 어제께 부도가 나 도망가서 숨어있다가 사채업자들에게 붙잡혀 맞아 죽다가 살아나 지금 S병원에 입원해 있다고 여동생이 울면서 전화가 와서 수습 좀 해달라고 부탁을 받았다는 것이다.

나를 만날 때 타고 왔던 임시넘버 벤츠 신형 600cc 승용차는 제일 먼저 부도 사실을 알고 찾아온 부동산업자가 주차장에 주차해 놓은 자동차를 강제로 압수해갔다고 지금 집안은 초상집 분위기라고 했다.

나는 향순이 형님 고향인 전남 고흥에 있는 조상의 산소를 직접 관평한 적이 있고 향순이 형님 부탁과 소개로 수많은 사람들의 운명을 예언한 적이 있다.

평소에 나는 H 형님과는 의형제를 맺고 호형호제하면서 지내는 사이, 하루는 호남향우회 총재를 지내고 있는 임향순 씨와 나하고 세 사람이 영등포 어느 호텔에서 점심 식사를 할 때 향순이 형님이 소개한 나를 찾아온 사업가인 장로님 이야기와 H 형님 집안 이장 문제가 나왔다.

임 총재 왈 "H 형님 와룡이에게 이장 한번 해보시지요?"

동생 이장한 지가 한달 밖에 안되어서 평소 H 형님은 나를 만난 것이 지금도 천군만마를 얻었다고 기뻐하셨다.

"H 형님! 6개월 이내에 아들 둘 중에 한 사람을 잃을 것이요."

H 형님은 충격적인 내 말에 마음이 불편했는지 얼굴빛이 확 변했다.

형님 반풍수 집구석 망한다는 말이 있듯이 정치계의 거물로 통하던 이 아무개와 옥쇄사건의 주인공 무식한 김 아무개도 대통령되겠다고 얼풍수들에게 조상의 산소(음택)를 이장한 인물들이다.

국무총리는 땅이 내고, 대통령은 하늘의 인가를 받은 자만 대통령이 될 수가 있다.

105

백두산을 팔아먹은 김일성

김일성(金日成, 1912. 4. 15~1994. 7. 8) 만82세.

북한 공산주의 혁명의 주역. 본명은 김성주(金成柱)이다.

소련군 사령관이 '김일성 장군'으로 소개한 뒤부터 김일성으로 행세하였다.

소련군의 힘으로 북한 적화사업의 선봉에 섰으며, 북한 공산화를 이룩하였다.

남한까지 공산화하기 위해, 6·25전쟁을 일으켰으나 실패하였다.

평안남도 대동군 고평면(古平面) 남리(南里)에서 태어났으며, 본명은 김성주(金成柱)이다.

아버지는 김형직(金亨稷)

어머니는 강반석(康盤石)이고,

동생으로 김철주(金哲柱)와 김영주(金英柱)가 있다.

어려서 부모를 따라 만주 지린성(吉林省) 푸쑹(撫松)으로 이사하였고, 1926년 지린 육문(毓文)중학에 입학하였으나 1929년 중퇴하였다.

그 뒤 소련에서 특무공작요원 훈련을 받고 1945년 소련군 장교가 되었다.

1945년 8·15광복과 더불어 소련의 붉은 군대를 따라 소련군 대위

신분으로 평양에 들어와 김영환(金英煥)이라는 가명으로 정치공작을 폈다.

곧 소련군 소령으로 진급하고, 그해 10월 14일 소련군 사령관 로마넨코 소장이 평양 시민들 앞에서 '김일성 장군'이라고 그를 소개한 뒤부터 김일성으로 행세하였다.

처음에는, 자신을 제6사단장 및 제2방면 군장이던 김일성이라 주장하였다(사칭).

실제, 독립운동을 한 김일성은, 만주 독립군으로 활동하면서도, 그 모습을 잘 드러내지 않아 일반 대중이 쉽게 알아보지 못했으나, 그의 전공(戰功)만은 많은 사람에게 알려진 상태였다.

그러나, 1949년부터는 동북항일연합군과의 관계를 내세우지 않고, 만주사변 후부터 독자적인 항일유격대를 조직하여 일제와 싸운 것처럼 날조된 정치적 선전을 하였다.

북한으로 입성한 직후인 8월 26일부터 본격적으로 정치활동을 개시하였다.

첫 번째로, 민족진영과 공산 진영으로 반씩 구성하여 평남인민정치위원회를 조직하였다.

이것은 공산당의 혁명 전술로써, 처음에는 민족진영의 인사와 공산 진영의 인사가 동등한 합작전략을 사용하였다.

그러나, 후에 점차 공산 진영 인사의 수를 늘려 결국 공산 진영 독점체제를 만들어, 북한의 관리와 조직을 구성해나갔다.

두 번째로,

조선노동당(朝鮮勞動黨)을 조직하였다(1945. 10. 10).

처음에는 북한만의 지역성을 감안하여 북조선노동당(北朝鮮勞動黨)이라고 하였으나, 1949년 6월부터 남북의 세력을 통합한다는 의미에서 조선노동당으로 개칭하였다.

세번째로,

1946년 2월부터 북조선인민위원회를 조직하였고,

김일성이 인민위원장이 되어 공산정부 수립 전까지 전권을 행사하였다.

네 번째로,

1948년 8월 최고인민회의 대의원(남한의 국회의원과 같음)을 선출하여 인민공화국 헌법을 공표하였고(9월 2일) 곧 김일성을 수상으로 하여 조선민주주의인민공화국을 수립하였다(1948. 9. 9).

김일성은 북한으로 들어와 1당 독재·1인 독재·1족 독재 체제를 구축하기 위하여 무자비한 숙청을 감행하였다.

소련에서 귀국하여 국내에 기반이 없었기 때문에 자신의 실권 구축을 위해 더욱 숙청을 과감하게 진행하였다.

민족주의자(조만식 曺晩植) 국내파 공산주의자(현준혁 玄俊赫, 박헌영 朴憲永) 중국출신 연안파(延安派 중국 공산당이 옌안[延安]으로 퇴각하여 세력을 키울 때, 그와 연계하여 성장한 한국계 공산주의자, 윤공흠 尹公欽 등) 소련계(허가이 許哥而)를 차례로 제거하였다.

특히, 합작하여 활용한 다음 위험스럽게 생각되면 측근까지도 제거해버렸다.

김일성의 북한 통치는 다음의 3단계로 나누어 생각할 수 있다.

제1단계는

1945~1950년대의 폭력혁명기이다.

김일성은 국내로 들어와 기반을 다지고 독재 체제를 구축하며 경쟁세력을 숙청하고, 남한까지 공산화하기 위한 수단으로 6·25 전쟁을 도발하였다.

제2단계는

1960년대로, 이념적으로 공산주의 기본 역사관인 유물사관(唯物史觀)에 충실한 시기이다.

이른바 맑스-레닌주의에 몰입하여 강력한 공산혁명을 추진하였다.

자본주의(資本主義)는 자체모순에 의해 자멸하고 결국 사회주의(社會主義)로 전환된다는 신념 하에, 인류 역사는 물질과 계급에 의해 진행된다는 이념으로 무장하여, 강력한 공산주의 체제를 구축하고 인민들을 교육하였다.

제3단계는

1970년대 이후의 시기로, 공산권 내부의 변화 및 국제관계의 변화로 북한이 자주노선을 취한 시기이다.

소련으로부터의 지원이 단절되거나 소련 내부의 공산주의 평가 분위기 변화 그리고 중국에서의 문화혁명과 그 후의 평화 외교 등이 원인이 되어 독자노선을 택한 것이다.

이때부터, 주체사상(主體思想)이라는 새로운 독자적 이념을 강조하여, 김일성 사상으로 무장한 폐쇄적이고 독재적인 공산주의를 강화하였다.

김일성은 1족 독재 체제를 구축하기 위하여, 김정일(金正日)에게 정치 경험을 쌓게 한 후 후계자로 삼았다.

그러나, 말년에는 부자간의 갈등이 나타난 것으로 보인다.

1994년 7월 묘향산으로 휴양하러 갔다가 동월 8일 심근경색증으로 급작스럽게 사망하였다. 〈류재택〉

에필로그

"억세게 재수 좋은 사나이."

남들은 나를 억세게 재수 좋은 사나이라고들 한다.

내가 생각해도 그 소리가 참! 좋은 아름다운 멜로디 교향곡처럼 들린다.

『대통령을 만드는 사람(PRESIDENT-MAKER)』이 원고는 2011년도에 이미 탈고한 상태였지만 늦게나마 출간한 것에 대해 나를 사랑하고 아껴주시는 모든 분들에게 감사하게 생각합니다.

이시간을 통해 생전에 친자식처럼 보살펴 주시고 챙겨주신 세 분 큰 스님 성철, 석주, 법정 스님에게도 감사드리고 길상사를 기증하신 김영한 보살님게도 이 자리를 빌려 머리 숙여 감사를 드립니다.

생전에 나를 친자식처럼 아껴주시고 사랑해주신 세 분 스승님 혜안(慧眼)으로 알려진 관상과 풍수지리 일인자 청오 지창룡, 신안(神眼)으로 알려진 김일성 집권 49년 죽음을 사전에 정확하게 예언한 풍수지리 "소설 터"의 저자 육관도사 손석우, 수맥과 풍수의 저자 근영 임응승 신부님 세 분에게 고개 숙여 감사의 인사를 올립니다.

이 자리를 비롯해 미국에 계시는 존경하는 **AIEXANDER D LEE** 이 박사님과 형제 라원(창환) 회장님과 본인이 평소에 목숨처럼 아끼는 "풍수지리의 경전" 청오경, 금낭경 보다도 더 소중하게 생각하는 본인의 이 "석가출판사"의 상호를 그동안 『대통령을 만드는 사람(**PRESIDENT-MAKER**)』출간을 위해 물심양면으로 노력하고 헌신한 서영애 대표님과 정영하 실장님 두 분께 이 "석가 출판사"(釋迦出版社, **BUDDHA PUBLISHING**)라는 상호를 선물로 드립니다.

아무쪼록 부처님의 가피로 뜻하는 모든 소원 다 이루어지시기를 진심으로 빌면서 이 책이 나오기까지 피 눈물을 흘리면서 수고한 내 비서실장과 언제나 제곁에서 격려해주신 홍 회장님과 이 회장님께도 지면을 통해 진심으로 머리숙여 감사의 인사를 드리며 나를 사랑하는 모든 분들 그리고 코로나로 고생하시는 모든 국민 여러분들과 해외동포 근로자 여러분!

오늘도 국방임무를 위해 오늘도 밤낮으로 불침번을 서며 수고하시는 국군 장병 여러분들 북한동포 여러분 안녕과 건강을 기원하며 북한 김정은 위원장님에게 보내는 메시지는 금수산 태양궁전 알콜 속에 미라로 얌전히 누워 계시는 할아버지 김일성 주석과 아버지 김정일 국방위원장님을 제가 육관도사 손석우 선생님의 유훈(遺訓)으로 하루 빨리 좋은 명당(明堂)으로 모셔드리면 북한의 국운(國運)과 김정은 위원장의 건강과 천수(天壽)가 연장이 되어 부귀영화를 누릴 것이며 남북이 통일 되어 김정은 위원장님의 그 이름이 세계 만방에 떨칠 것입니다.

나는 김일성 주석님, 김정일 위원장, 김정은 위원장의 천수(天壽)를 사전에 예언한 『대통령을 만드는 사람(**PRESIDENT-MAKER**)』 윤석열을 사랑하는모임(윤사모) 중앙회 총재.

구룡당(九龍堂)에서 임인년 2022년 정초에 대국사(大國師) 제갈공명 청오 정와룡입니다.

저 서

- 『흑담사(MY NOVEL, HEUKDAMSA TEMPLE)』, 도서출판 장백산, 1995년 11월 25일
- 『와룡의 터(MY NOVEL, WARYONG'S FOUNDATION)』,

  도서출판답게, 2007년 10월 25일
- 『원자폭탄예언(MY NOVEL, ATOMIC BOMB PREDICTION)』,

  시사미디어, 2008년 2월 13일
- 『소망교회 터의 비밀(MY NOVEL, THE SECRET OF SOMANG

  PRESBYTERIAN CHURCH'S SITE)』, 좋은 출판사, 2010년 2월 9일
- 『청오경(靑烏經) (MY NOVEL, CHONG O SUTRA)』, 좋은 출판사, 2010년 2월 27일
- 『금낭경(錦囊經) (MY NOVEL, KEUM NANG SUTRA)』, 좋은 출판사, 2010년 2월 27일
- 『심봤다 심 봤어!(MY NOVEL, I GOT WILD GINSENG)』,

  좋은 출판사, 2010년 5월 15일
- 『나는 이미 알고 있었다.(MY NOVEL, I KNEW IT ALREADY)』

  좋은 출판사, 2010년 5월 15일
- 『깨달은 자(MY NOVEL, BUDDHA)』, 좋은 출판사, 2010년 9월 13일
- 『상감마마 절 받으십시오(LORD, YOUR SUBJECTS ARE BOWING

  PROSTRATE IN FRONT OF YOU.)』, 좋은 출판사, 2012년 9월 28일

필자약력

- 오바마 대통령 표창
- **LORDLAND UNIVERSITY** 명예철학박사
- 국회의사당을 광주로 운동본부 총재
- 기여 입학제 운동본부 총재
- 국·공립 무상교육 운동본부 총재
- 출산장려운동본부 총재
- 명사신문 발행인, 명사포럼 총재
- 대통령을 만드는 사람 총재
- 대통령을 만드는 사람들 총재

- 지청오 철학원
- 지청오 풍수학회 총재
- 지청오 관상학회 총재
- 한국관상학회 총재
- 토정 이지함학회 총재
- 전국 영남도민회 총재
- 연일정씨 대종회 총재
- 윤석열 사랑하는 모임(윤사모) 총재
- 태영호를 사랑하는 모임(태사모) 총재/후원회 회장
- 세종대왕연구소 건립추진
- 세종대왕유네스코 등재추진
- 세종대왕기념비 건립추진
- 세종대왕문화재지정추진
- 세종대왕생가 준수방(俊秀坊)터 복원추진
- 세종약수초정광천수개발추진
- 세종수
- 인왕산제추진
- 통일문 건립추진
- 도성개발추진
- 월가당 추진회
- 민주평통 전 상임위원
- 대한불교 대석가종
- 대극락사, 대석가사, 왕사
- 천국의 열쇠교회
- 구원의 손 영생
- 갤러리 고려청자
- 갤러리 황제
- **한국음악저작권협회 정회원**(회원번호 : 02465000)

참고문헌

『육갑경』, 마의천 著, 1991년 도서출판 동반인

『육갑』, 마의천 著, 1993년 도서출판 동반인

최고가 아니면 만들지 않는다 THE BEST OR NOTHING
나는 눈물로 천하를 얻었다 I WON THE WORLD BY TEARS

대통령을 만드는 사람
PRESIDENT-MAKER

초판인쇄 · 2022년 1월 21일
초판발행 · 2022년 1월 28일

지은이 | 정와룡
펴낸이 | 서영애
펴낸곳 | 석가 출판사

04559 서울시 중구 퇴계로45길 22-6(일호빌딩) 602호
전화 | (02)2276-0078
팩스 | (02)2267-7888

ISBN 979-11-6072-088-4 03110
값 15,000원